Das Bayerische Gesetz

über die

Selbstverwaltung

vom 22. Mai 1919

nebst

Vollzugsanweisung, Erläuterungen und Anhang

enthaltend die gültigen Bestimmungen

der rechtsrh. Gemeindeordnung, des Distriktsrats- und des Landratsgesetzes und des Kreislastenausscheidungsgesetzes,

den Abdruck einschlägiger Bekanntmachungen und Verordnungen

und einen besonderen Abschnitt:

Das Selbstverwaltungsgesetz in der Pfalz

herausgegeben von

Max Roesch,

Ministerialrat im Staatsministerium des Innern.

Zweite, vermehrte und verbesserte Auflage.

1920

München, Berlin und Leipzig.

J. Schweitzer Verlag (Arthur Sellier).

Druck von Dr. F. P. Datterer & Cie., München und Freising.

Vorwort zur ersten Auflage.

Homines civiles non nascuntur sed fiunt.
Spinoza, tract. pol.

Das Selbstverwaltungsgesetz ist wie die Zwölftafelgesetzgebung des alten Rom, ein Werk der Diktatur. Daraus erklären sich seine Vorzüge und seine Schwächen. Über solchen Gesetzen schwebt auch immer ein gewisses Dunkel. Es für das vorliegende Gesetz, so gut es geht, aufzuhellen, gehört zu den Zwecken dieses Buches.

Die Entstehungsgeschichte ist in der Einleitung gegeben. Die Erläuterungen beschränken sich auf das Neue und auf seine Absichten, sie sollen nur eine Ergänzung der vorhandenen Kommentare der alten Gesetze sein, gleichsam der Kitt an der Bruchstelle.

Der Anhang gibt den jetzigen Bestand der alten Gesetze wieder, daran schließen sich einige in der Vollzugsanweisung erwähnten Ministerialanordnungen, um die Brauchbarkeit des Buches zu erhöhen. Der Vollständigkeit wegen sind schließlich auch jene Verordnungen wiedergegeben, die das Verhältnis der neuen Bezirksverwaltung zum Kommunalverbande der Ernährungswirtschaft und zum Lieferungsverbande der Kriegsfürsorge zeigen.

Das Buch selbst treibt keine Politik. Auch an dieser Stelle ist eine gewisse Zurückhaltung geboten. Der aufmerksame Leser wird finden, daß das Schicksal des Gesetzes in merkwürdiger Weise verknüpft ist mit dem Gange der politischen Ereignisse. Der verhängnisvolle Februartag dieses Jahres ist auch für das Gesetz ein Wendepunkt geworden. Sein Gewand war bis dahin nur auf die notwendigsten Bedürfnisse der neuen Zeit zugeschnitten, jetzt erhielt es noch einige Zutaten, an denen die Fasson bezahlt werden muß. Der gewählte Gemeindebeamte mit Dienstvertrag und Versorgungsansprüchen ist im Grunde nicht viel verschieden von dem unwiderruflichen, aber er kostet mehr. Auch der abberufene Bezirksamtmann wird oft den Staatssäckel stärker in Anspruch nehmen. Hier liegt überhaupt die verwundbarste Stelle des Gesetzes. Der Wahlbeamte als Träger der staatlichen Verwaltung gehört in das angelsächsische Verfassungsrecht. Aber gerade die großen Länder dieses Systems Amerika und England, bauen es seit geraumer Zeit ab, belehrt durch das bessere deutsche Beispiel, das wir verlassen wollen. Stadt und Land wissen, was sie den unabhängigen Beamten des Staates wie der Gemeinden in diesem Kriege schulden. Auch der Freistaat weiß es.

Für das Wahlrecht, für das freie Spiel der Kräfte der Parteien und für die Selbstverwaltung hat das Gesetz freie Bahn geschaffen. Dabei ist manche liebe Reliquie aus der Biedermeierzeit der Verwaltung zerstört worden und manche alte, treu gehegte, überflüssige Form gefallen. Für die neuen Formen brauchen wir Besonnenheit, Verantwortlichkeitsgefühl und vor allem einen starken Sinn für Sparsamkeit, dann läßt sich mit dem Gesetze leben. Legen wir zu diesem Rezept noch den alten Fleiß, der einst die Tugend des deutschen Volkes war, dann haben wir alles beisammen um das harte Schicksal zu zwingen, das der verlorene Krieg auf unsere Schultern legt. —

Das Buch ist in der Hauptsache in Bamberg entstanden, im Drange der Geschäfte, der manchen Irrtum und manches Versehen entschuldigen muß. Der alten, lieben Stadt aber sei für die freundliche Aufnahme ihrer unfreiwilligen Gäste auch an dieser Stelle der herzlichste Dank gesagt.

München, 5. Juli 1919.

Der Verfasser.

Vorwort zur zweiten Auflage.

Die neue Auflage ist sehr rasch notwendig geworden. Sie berücksichtigt erschöpfend alle bis Ende 1919 erschienenen amtlichen Kundgebungen sowie die bisher mit dem Gesetze gemachten Erfahrungen. Auch Fragen und Zweifeln, die in Einzelstimmen, insbes. in der Bayer. Gemeindezeitung laut geworden sind, ist an den treffenden Stellen kurz Rechnung getragen worden. Noch während des Druckes ließ sich endlich auch die Einführung des Gesetzes in der Pfalz im Anhang unter Ziff. 6 besonders behandeln. Die neue Auflage hat also ihre eigene Berechtigung und Bedeutung. Sonst ist nach Art und Umfang der Charakter der ersten Auflage streng gewahrt worden. Es sollen die Materialien zum Verständnis und zum Vollzug gegeben werden. Das Buch soll aber ein handliches bleiben und praktischen Bedürfnissen dienen. Die politische Kritik ist also völlig ausgeschaltet geblieben, wie schon in der ersten Auflage, und auch die rechtswissenschaftliche ist tunlichst knapp gehalten, der Ton liegt auf den Ergebnissen, die Erwägungen sind oft nur angedeutet.

Begriff und Umfang der Selbstverwaltung sind jetzt ausführlicher behandelt. Das Wort Selbstverwaltung hüte man sich, zu einem bloßen Schlagwort abzuwürdigen. Viel zu häufig wird jetzt der Geist dieses Wortes gerufen, aber nicht immer mit Glück. Die Väter des Gesetzes waren sich nicht im Unklaren, daß ihre Schöpfung noch unvollkommen sei. Der weitere Ausbau soll aber auf ruhige und gesetzliche Weise vor sich gehen.

München, 3. November 1919.

Der Verfasser.

Inhaltsverzeichnis.

Abkürzungen.

AG.	=	Armengesetz vom 21 September 1914 (GVBl. S. 551).
DRG	=	Distriktsratsgesetz vom 28. Mai 1852 (GBl. S. 245).
E. I	=	Entwurf des Ministeriums Brettreich, s. Einleitung Ziff. 1.
E. II	=	„ „ „ Auer „ „ „ 1.
E. d. VGH.	=	Entscheidung des Verwaltungsgerichtshofs.
GBG.	=	Gemeindebeamtengesetz vom 15. Juli 1916 (GVBl. S. 113).
KGO.	=	Kirchengemeindeordnung v. 24. September 1912 (GVBl. S. 911).
Komm. I	=	Kommission für die Gemeindeordnung, s. Einleitung Ziff. 1.
Komm. II	=	„ für das Distriktsratsgesetz, „ „ „ 1.
LRG.	=	Landratsgesetz vom 28. Mai 1852 (GBl. 1851/52 S. 269).
ME.	=	Entschließung des Staatsmin. des Innern.
SG.	=	Selbstverwaltungsgesetz vom 22. Mai 1919 (GVBl. S. 239)
StBG.	=	Staatsbeamtengesetz vom 16. August 1908 (GVBl. S. 581 ff.).
VA.	=	Vollzugsanweisung zum Selbstverwaltungsgesetz v. 14 Juni 1919 (GVBl. S. 303).
VGG.	=	Verwaltungsgerichtsgesetz vom 8. August 1878 (GVBl. S. 369).
WG	=	Wahlgesetz vom 15. April 1919 (GVBl. S. 170 ff).
WO.	=	Wahlordnung vom 15. April 1919 (GVBl. S. 173 ff.).

Einleitung.

I. Geschichte des Gesetzes.

Die Bestrebungen nach Vereinfachung und Verbilligung der Staatsverwaltung hatten im Laufe des Sommers 1918 zu einem Gesetzentwurf geführt, den der Staatsminister von Brettreich der Kammer der Abgeordneten am 26. Juli 1918 zugehen ließ (Beil. 2584, Verh. d. K. d. Abg. 36. Landtagsversammlung IV. Session 1917/18). Der Entwurf bezweckte eine teilweise Änderung der beiden Gemeindeordnungen, des Distriktsratsgesetzes und des Verwaltungsgerichtsgesetzes. Er brachte für beide Gemeindeordnungen eine wesentliche Erleichterung der Staatsaufsicht und der Aufsicht auf das Rechnungswesen, suchte die Rechtszüge zu vermindern und die unteren und mittleren Selbstverwaltungskörper (Gemeinde und Distrikt) fester und tragfähiger zu machen. Die Zusammenlegung der Gemeinden und zwar ohne Unterschied der Größe, sollte in höherem Maß in die Gewalt der Staatsregierung gelegt werden und für die Folge nicht mehr wie bisher ausschließlich von der Zustimmung der beteiligten Gemeinden abhängig sein. Die mehreren Distrikte eines und desselben Bezirksamtes sollten zu einem einzigen Bezirke vereinigt werden.

Ein bedeutsamer Schritt war die Verleihung des Selbstverwaltungsrechtes an die Distrikte. Die Zusammensetzung der Distriktsräte ließ der Entwurf dagegen unverändert. Er verkannte nicht die Wichtigkeit der Frage, hielt sie aber noch nicht für spruchreif, da eine brauchbare Lösung noch nicht gefunden worden sei.

Im Verwaltungsgerichtsgesetze war das Bestreben des Entwurfes nach einer Verkürzung des Rechtszuges gerichtet.

Neben diesen größeren Gesichtspunkten, die den Entwurf in der Hauptsache beherrschten, war die Gelegenheit benützt, auch eine Reihe von Verbesserungen der drei behandelten Gesetze aufzunehmen, die zwar weniger bedeutend waren, aber ebenfalls darauf zielten, die Geschäfte zu vereinfachen. So hatte der Entwurf z. B. die gemeinsame Beratung bei den Regierungen, soweit sie gesetzlich vorgeschrieben war, überall beseitigt.

Der Novemberumsturz 1918 besiegelte auch das Schicksal dieses Entwurfes.

Das Ministerium Auer hatte am 22. Januar 1919 (GVBl. S. 22) das gemeindliche Wahlrecht dem Landtagswahlrechte möglichst genähert. Jeder 20 jährige bayerische Staatsangehörige ohne Unterschied des Geschlechtes wurde für berechtigt erklärt zu den Ämtern der Gemeinde zu wählen, wenn er sich am Tage der Wahl seit einem Jahr ununterbrochen in der Gemeinde aufgehalten hatte. Wählbar waren diejenigen Personen, welche das 25. Lebensjahr zurückgelegt hatten und keinem der 3 Ausschließungsgründe unterlagen (Entmündigung, vorläufige Bevormundung, Verlust der bürgerlichen Ehrenrechte). Das mit dem Bürgerrechte verbundene Wahlrecht ließ die Verordnung unberührt.

Dieser wichtige Schritt auf dem Gebiete des Gemeindewahlrechtes konnte nicht ohne Folge bleiben für das Wahlrecht zu den Ämtern der Distrikte und Kreise. Er führte aber noch weiter. Es lag im Geiste des geschehenen Umschwungs, nachdem schon dem Distrikte die Selbstverwaltung in Aussicht gestellt war, sie auch dem Kreise nicht zu verweigern. So ergab sich ein Zusammenhang mit dem Entwurfe des Ministeriums Brettreich vom Sommer 1918, der denn auch, allerdings mit bemerkenswerten Umänderungen die Grundlage zu dem Entwurfe wurde, den das Ministerium Auer dem Landtag im Februar 1919 vorlegen wollte.

Dieser zweite Entwurf nahm hinsichtlich des Gemeindewahlrechtes die Notverordnung vom 22. Januar 1919 unverändert auf, führte auf dem ganzen Gebiete der Gemeinde-, der Bezirks- (bisher Distrikts-) und der Kreisverwaltung das gleiche Wahlrecht und das gleiche Wahlverfahren (Verhältniswahl) ein, er setzte die Wahlzeit (Wahlperiode) einheitlich für das Land auf 5 Jahre fest und beseitigte für den Bezirkstag (Distriktsratsversammlung) und für den Kreistag (Landratsversammlung) die Vertretung der einzelnen Gemeinden und Distrikte, sowie des Grundbesitzes, beim Kreistag außerdem noch die Vertretung der Geistlichkeit und der Universitäten. Bezirkstag und Kreistag sollten aus einer im Entwurfe bestimmten Anzahl von Mitgliedern bestehen, die im ganzen Bezirk oder Kreis nach den Grundsätzen der Verhältniswahl von denselben Personen gewählt werden sollten, denen auch das Wahlrecht zu den Gemeindeämtern zustand, soferne sie nur die einjährige Aufenthaltszeit entsprechend im Bezirk oder Kreis zurückgelegt hatten.

Der Entwurf gab, wie bemerkt, nicht nur dem Bezirke (Distrikte), sondern auch dem Kreise das Selbstverwaltungsrecht und regelte die Staatsaufsicht einheitlich für Gemeinde, Bezirk und Kreis.

Besonders bemerkenswert war der Art. 7 dieses Gesetzentwurfes, der die Bestimmungen über das Gemeindekollegium mit Beendigung der nächsten regelmäßigen Gemeindewahlen außer Kraft treten ließ, die Verwaltung der Städte ausschließlich dem Stadtmagistrat übertrug und die Anzahl der bürgerlichen Magistratsräte auf das $1^1/_2$ fache der bisherigen Mitglieder-Zahlen erhöhen ließ.

Die Gemeindeversammlung hatte dieser Entwurf noch belassen, für die Beschlußfassung in Gemeinden mit mehr als 1000 Einwohnern aber eine erleichterte Form vorgesehen und die Berechtigung zur Teilnahme an der Gemeindeversammlung allen Gemeindewahlberechtigten eingeräumt.

Der Art. 20 dieses Entwurfes hob alle Vorschriften über die Bestätigung der Gemeindebeamten in den beiden Gemeindeordnungen auf. Die Änderungen der Art. 4/4 und 153/85 der beiden Gemeindeordnungen (Zusammenlegung der Gemeinden, Regelung des Ortschaftsrechtes) übernahm dieser Entwurf wörtlich vom ersten, auch der Wortlaut einiger anderer Bestimmungen lehnte sich dem früheren Entwurf an.

Das Verwaltungsgerichtsgesetz ließ dieser Entwurf in der Hauptsache unverändert.

Dieser 2. Entwurf war zwar noch nicht vom Minister unterschrieben, aber bereits im Drucke vervielfältigt und sollte zur gutachtlichen Äußerung an die Behörden, an die Verbände und Organisationen in weitester Ausdehnung zur gutachtlichen Beurteilung hinausgegeben werden. Das war am 21. Februar 1919, an jenem Tage, der dem Ministerium Auer ein beklagenswertes, jähes Ende bereitete.

Mitte März 1919 nach dem Wiederzusammentritte des Landtages nahm sich das neue Ministerium sofort des Entwurfes an. Diesem Ministerium ging aber in einigen Punkten der Entwurf nicht weit genug. Das Augenmerk richtete sich jetzt auf die einheitliche und gleichmäßige Durchführung der demokratischen Grundsätze in der Verfassung der Gemeinden, Bezirke und Kreise. Als solche Grundsätze galten insbesondere die möglichst weite Ausdehnung der unmittelbaren Wahl (Wahl durch das Volk), die Beseitigung der Lebenslänglichkeit der berufsmäßigen Gemeindebeamten und die Beschränkung ihrer Stimmrechte. Ein besonderer Gedanke ging noch dahin, den Bezirksamtmann zum wählbaren Gemeindebeamten des Bezirkes zu machen und zu diesem Zweck dem Bezirk einen größeren Wirkungskreis als bisher zu geben. Das neue Ministerium war durch Gesetz vom 28. März 1919 vom Landtag ermächtigt worden, die Verfassung und Verwaltung der Gemeinden, Bezirke (Distrikte) und Kreise auf der Grundlage eines umfassenden Selbstverwaltungsrechtes usw. alsbald mit gesetzlicher Kraft neu zu ordnen. Es hatte also die Machtvollkommenheit die demokratischen Grundsätze ohne die Mitwirkung der gewählten Volksvertretung zur Geltung zu bringen.

Das Ministerium des Innern hielt am 31. März 1919 eine Besprechung ab, an der Staats- und Gemeindebeamte, Vertreter dieser Beamtenvereinigungen, Vertreter der Gemeindeverbände, ehrenamtliche Mitglieder der Gemeinde=, Bezirks= und Kreisverwaltung teilnahmen. Hier wurden die Gesichtspunkte erörtert, nach denen der Entwurf einer Abänderung zu unterziehen sei. Es wurden 2 Kommissionen gebildet, die eine für die Gemeindeordnung, die andere für das Distriktsratsgesetz. Die beiden Kommissionen stellten je einen Berichterstatter auf. Die Kommission für das Distriktsratsgesetz beendete ihre Arbeit am 5. April 1919. Die Kommission für die Gemeindeordnung kam in München nicht mehr zusammen. Am 7. April 1919 war in München die Räterepublik erklärt worden, das Ministerium Hoffmann hatte seinen Sitz in Bamberg aufgeschlagen.

Der Wahltermin für die Gemeinde=, Bezirks= und Kreiswahlen war schon vorher auf den 25. Mai 1919 festgesetzt worden. Der Termin mußte allerdings schließlich auf den 15. Juni 1919 verlegt werden. Das nötigte dazu, so rasch als möglich am 15. April 1919 ein Wahlgesetz mit Wahlordnung und Vollzugsvorschriften zu erlassen. Im Zusammenhange mit diesem Wahlgesetze mußte auch der Teil des jetzigen Selbstverwaltungsgesetzes, der mit dem Wahlgesetze zusammenhängt, zunächst verabschiedet werden. Das geschah nach einigen in Bamberg abgehaltenen Besprechungen am 22. April 1919. Dieser Teil des Gesetzes führte noch die Bezeichnung: Gesetz über die Verfassung und Verwaltung der Gemeinden, Bezirke und Kreise.

Die um jene Zeit herrschenden Beschränkungen des Post=, Telegraphen= und Personenverkehrs hatten nicht nur manche Einladung zur Besprechung vereitelt, sondern auch manche Persönlichkeiten verhindert, der Einladung Folge zu leisten. In der Schlußbesprechung am 8. Mai 1919 unter dem Vorsitze des Staatsministers des Innern waren wieder Vertreter aller beteiligten Interessengruppen, insbesondere auch der größere Teil der Teilnehmer an der Beratung vom 31. März 1919 in München, anwesend. Es wurde das ganze Gesetz, auch die bereits verkündete erste Hälfte, nochmals in die Beratung einbezogen. Das Ergebnis war ein Entwurf, der mit nicht unwesentlichen Änderungen am 22. Mai 1919 in der alten fürstbischöflichen Residenz zu Bamberg vom Ministerrate zum Gesetz erhoben wurde.

Die politische Natur des Gesetzes in Verbindung mit seiner tiefeinschneidenden Bedeutung erklärt auch die verschiedene Art seiner Aufnahme. Dazu kamen die Mängel, von denen manche überhaupt nicht vermeidbar gewesen waren. Der Landtag kam erst am 24. Oktober 1919 dazu, die zum Selbstverwaltungsgesetz gestellten Anträge der Parteien zu behandeln. Der Angriff richtete sich zuletzt geschlossen gegen Art. 24 und 25, Vorschlag und Abberufung des Bezirksamtmanns. Am gleichen Tage, dem 24. Oktober 1919 beschloß der Landtag, diese beiden Artikel vorläufig außer Wirksamkeit zu setzen. Außerdem faßte er auch noch die

Entschließung, daß das Selbstverwaltungsgesetz alsbald einer Revision zu unterziehen sei. Das Gesetz wegen der Art. 24 und 25 ist im GVBl. Nr. 73 vom 4. Nov. 1919 verkündet und an diesem Tage in Kraft getreten.

In der Pfalz ist das Selbstverwaltungsgesetz erst am 6. Okt. 1919 (pfälz. KABl. Nr. 48 vom 19. Oktober 1919) von der franz. Besatzungsarmee anerkannt worden. Die allgemeinen Wahlen haben bis jetzt in der Pfalz nicht stattfinden können; s. auch Anhang Ziff. 6.

II. Form und Inhalt des Gesetzes.

Während der Entwurf des Ministeriums Brettreich sich noch an die gewohnten Formen halten konnte und eine ins einzelne gehende Überprüfung der behandelten Gesetze darstellte, war die jetzt dem Gesetzgeber gestellte Aufgabe innerhalb der zur Verfügung stehenden Zeit auf diesem Wege nicht mehr zu lösen. Es wäre nicht möglich gewesen, in einigen Wochen weder die alten Gesetze umzuarbeiten, noch solche neu herzustellen. Die gleichmäßige Anwendung gewisser Grundsätze, besonders für die Bezirks- und die Kreisverwaltung, die gleichmäßige Geltung gewisser Rechtsinstitute, wie z. B. der Staatsaufsicht, für alle 3 Gemeindegebilde hätte bei getrennter Behandlung der Gesetze zu häufigen Wiederholungen geführt. Es lag deshalb nahe, den Versuch zu machen die neuen Bestimmungen soweit als möglich jeweils für Gemeinde, Bezirk und Kreis zusammenzufassen.

Eine weitere Schwierigkeit lag auch in der weitgreifenden Wirkung der Änderungen insoferne, als die 4 Gesetze, um die es sich hier handelt, einen wesentlichen Bestandteil des öffentlichen Rechtes der inneren Verwaltung darstellen und mit einer Reihe anderer Gesetze und Vorschriften zusammenhängen, deren erschöpfende Erfassung nicht so leicht und so rasch möglich gewesen wäre.

Aber auch innerhalb der behandelten Gesetze selbst, besonders der beiden Gemeindeordnungen, bestehen soviele Zusammenhänge, daß sich hier die gleiche Schwierigkeit von neuem geboten hätte.

Der Entwurf des Ministeriums Auer sah deshalb davon ab, eine ins einzelne gehende Umarbeitung oder Neubearbeitung der Gesetze zu versuchen, er wendete die neuen Grundsätze auf die alten Gesetze an, faßte die Bestimmungen für Gemeinden, Bezirke und Kreise, soweit als es möglich war, jeweils in einen einzigen Artikel zusammen und begnügte sich in dem ersten Artikel damit, als allgemeine Regel auszusprechen, daß die mit den neuen Bestimmungen unverträglichen Vorschriften der alten Gesetze außer Kraft treten sollten. Dabei ist es denn auch in der weiteren Behandlung des Gesetzes geblieben und ist es nicht zu verkennen, daß sich hier eine Schwierigkeit für die Anwendung des Gesetzes bietet, die nur durch die Vollzugsvorschriften einigermaßen gemindert werden kann.

Dazu kommt noch ein Weiteres. Während sonst die Gesetze in den öffentlichen Beratungen der Volksvertretung und in deren schriftlicher Niederlegnng ein wichtiges, fast unentbehrliches Hilfsmittel für die Auslegung des Gesetzes bieten, brachten es die eigenartigen Zeitverhältnisse mit sich, daß das vorliegende Gesetz nach außen hin zum Verständnisse nichts weiter aufweisen kann als seinen eigenen Wortlaut. Auch diesem Mangel müssen die Vollzugsvorschriften abhelfen und es ist deshalb verständlich, wenn ihnen bei diesem Gesetz eine größere und entscheidendere Bedeutung zukommt, als es sonst der Fall zu sein pflegt.

Schließlich fehlt bei diesem Gesetz auch die Begründung, die sonst die Staatsregierung ihren Entwürfen mit auf den Weg zu geben pflegt. Es mangelt also ein richtiger Einblick in die treibenden Kräfte, die beim Werdegang des Gesetzes am Werke waren. In diese Lücken so gut als möglich einzutreten, soll auch die Aufgabe des vorliegenden Buches sein.

Der Inhalt des Gesetzes gliedert sich in folgender Weise:

1. Die Vorschriften über Wahlrecht, Ausschließungsgründe und Wählbarkeit sind in das Wahlgesetz vom 15. April 1919 übernommen worden. Siehe Art. 2—4 dieses Gesetzes. Der noch in der Notverordnung vom 22. Januar 1919 und im Entwurfe des Ministeriums Auer für den Aufenthalt in der Gemeinde, in der Ortschaft, im Bezirk, im Kreis verlangte Zeitraum von 1 Jahr ist im Wahlgesetz auf 6 Monate ermäßigt worden.

Alle Beschränkungen hinsichtlich der Wählbarkeit von Beamten des Staates, der Gemeinden und der öffentlichen Körperschaften hat das Selbstverwaltungsgesetz aufgehoben.

Die allgemeinen Ablehnungsgründe der Gemeindeordnungen, des Distrikts- und des Landratsgesetzes sind geblieben. In den einzelnen Verwaltungskörpern (Stadtrat, Gemeinderat, Ortsausschuß, Bezirkstag) und in den Ausschüssen schließen sich künftig nur noch Eltern und Kinder sowie Geschwister aus. Für den Kreistag gelten auch diese Ausschließungsgründe nicht. Eheleute schließen sich nicht aus.

Die Wahlen der Gemeinden und Ortschaften werden noch wie früher von der Aufsichtsbehörde geprüft. Art. 196/122 der Gemeindeordnungen sind in entsprechender Weise anzuwenden. Die Gewählten bedürfen durchwegs keiner Bestätigung mehr.

Der Dienst ist ehrenamtlich. Die Bürgermeister erhalten einen angemessenen Funktionsbezug, alle übrigen Gewählten haben Anspruch auf angemessene Aufwandsentschädigung, Angestellte und Lohnarbeter auch auf Ersatz für entgangenen Verdienst.

Den Beamten und Arbeitern des Staates, der Gemeinden und sonstigen öffentlichen Körperschaften muß die Möglichkeit gegeben werden, ihr Wahlamt auszuüben. Sie sind verpflichtet das Amt anzunehmen, wenn keine Ablehnungsgründe (Art. 174 rrh. GemO., insbes. Abs. II) bestehen; sie sind auch nicht verpflichtet, Ablehnungsgründe geltend zu machen. Einer Erlaubnis zur Übernahme des Amtes bedürfen sie nur, wenn ein Funktionsbezug mit ihm verbunden ist.

Die Wahlzeit (Wahlperiode) ist für alle Verwaltungen auf 5 Jahre festgesetzt. Die nächste Wahlzeit wird vom 1. Januar 1920 gerechnet. Die Wahlen werden künftig tunlichst für das ganze Land gleichzeitig gehalten werden, deshalb bestimmt das Staatsministerium des Innern den Zeitpunkt der regelmäßigen Wahlen.

2. Die Verwaltungskörper der 3 großen Gemeindegebilde sind der Stadt- oder Gemeinderat, der Bezirkstag, der Kreistag. Es gibt kein Gemeindekollegium und auch keine Gemeindeversammlung mehr.

Diejenigen Gemeinden, die bisher schon die Bezeichnung „Stadt" führten, haben künftig einen Stadtrat, alle anderen einen Gemeinderat. Märkte mit bisher städtischer Verfassung haben einen Gemeinderat, wenden aber die für die Magistrate geltenden Bestimmungen der Gemeindeordnung an.

A. Der Stadtrat oder der Gemeinderat besteht aus einem ersten Bürgermeister, aus höchstens 3 weiteren Bürgermeistern, aus 20 bis 50 Stadt- oder Gemeinderäten, je nach der Einwohnerzahl der Gemeinde, und endlich aus einer nach dem Bedürfnisse zu bemessenden Anzahl berufsmäßiger Stadt- oder Gemeinderäte.

Alle Gemeinden, auch die bisherigen Städte müssen künftig mindestens 2 Bürgermeister haben. In den bisherigen Landgemeinden und in den pfälzischen Gemeinden tritt der 2. Bürgermeister an die Stelle des Beigeordneten (Adjunkten). Jede Gemeinde, auch die kleinste, kann künftig berufsmäßige Bürgermeister anstellen. Von den Bürgermeistern darf nur die Hälfte, von dreien dürfen höchstens 2 berufsmäßig sein.

Die der Regierung unmittelbar unterstellten Städte sind gehalten, mindestens ein rechtskundiges, berufsmäßiges Stadtratsmitglied anzustellen. Diese Verpflichtung hat bisher schon bestanden. Ebenso ist die Vorschrift aufrechterhalten, daß die mittelbaren Städte rechts des Rheins einen Gemeindesekretär aufstellen müssen, der die Prüfung für den mittleren Staats- und Gemeindeverwaltungsdienst mit Erfolg abgelegt hat, wenn nicht einer der Bürgermeister diese Prüfung bestanden hat. Neu ist dagegen die Bestimmung, daß alle übrigen Gemeinden mit mehr als 1500 Einwohnern künftig die gleiche Verpflichtung haben, wie bisher die mittelbaren Städte.

Diese Bestimmung ist auch auf Verbände mehrerer Gemeinden ausgedehnt, wenn sie zusammen über 1500 Einwohner haben.

Die Anstellung der berufsmäßigen, gewählten Gemeindebeamten ist künftig keine lebenslängliche mehr, sie geschieht stets auf Dienstvertrag und auf die Höchstdauer von 10 Jahren. Alle diese Gemeindebeamten haben fernerhin Stimmrecht nur noch in Gegenständen ihrer Geschäftsaufgabe. Hierunter fallen die rechtskundigen, die technischen, fachmännischen, berufsmäßigen Mitglieder des Stadt- und Gemeinderates, die bisherigen Rechtsräte, Bauräte, Forsträte, Schulräte usw.; es fallen aber künftig auch alle berufsmäßigen gewählten Gemeindebeamten darunter, die keine besondere fachmännische Ausbildung besitzen, z. B. ein berufsmäßiger Stadtrat für die soziale Fürsorge, der bisher in irgendeinem Privatberufe tätig gewesen ist.

Die ersten Bürgermeister werden überall, auch in den Städten, von sämtlichen Wahlberechtigten (vom Volke) gewählt, ebenso die ehrenamtlichen Stadt- oder Gemeinderäte.

Die weiteren Bürgermeister und die berufsmäßigen Stadt- oder Gemeinderäte werden nur von den Mitgliedern des Stadt- oder Gemeinderates gewählt.

Alle Wahlen, bei welchen mehrere Personen zugleich gewählt werden, geschehen nach den Grundsätzen des Verhältniswahlrechtes, alle übrigen Wahlen geschehen mit absoluter Stimmenmehrheit. Wird die absolute Stimmenmehrheit im ersten Wahlgange nicht erreicht, so entscheidet die Stichwahl und bei Stimmengleichheit in der Stichwahl das Los. Bei den ersten Bürgermeistern tritt, wenn eine engere Wahl notwendig wird, der Stadt- oder Gemeinderat an die Stelle des Volkes. Die engere Wahl erstreckt sich hier auf die ersten 5 Bewerber, die die meisten Stimmen erhalten haben.

Den ersten Bürgermeister vertreten die weiteren Bürgermeister in ihrer Reihenfolge, dann die nichtberufsmäßigen Stadt- oder Gemeinderäte nach dem Lebensalter, die berufsmäßigen Stadt- oder Gemeinderäte sind künftig nicht mehr berechtigt, den ersten Bürgermeister allgemein zu vertreten.

Für die Geschäftsführung der Gemeinden (Städte und Märkte) mit bisher städtischer Verfassung gelten die Bestimmungen der rrh. Gemeindeordnung über die Stadtmagistrate entsprechend, für die übrigen Gemeinden die Bestimmungen über den Gemeindeausschuß, in der Pfalz gelten gleichmäßig die Bestimmungen über den Gemeinderat.

B. Für den Bezirkstag und für den Kreistag setzt das Gesetz die Anzahl der Mitglieder ein für allemal fest. Beim Bezirkstage beträgt sie ein Drittel der bisherigen Gemeindevertreter, beim Kreistage durchwegs 30 mit Ausnahme von Oberbayern, dessen Kreistag 45 Mitglieder hat.

Nach dem Sinne des Gesetzes sind diese Vertretungen keine Versammlungen, keine Parlamente mehr, sondern Verwaltungskörper wie der Stadtrat oder der Gemeinderat, daher auch die erhebliche Verminderung ihrer Stärke.

Die Bezirks- und die Kreisvertreter werden im ganzen Bezirke, Kreise von sämtlichen Wahlberechtigten nach den Grundsätzen des Verhältniswahlrechtes gewählt (Art. 6 des Wahlgesetzes).

Die sämtlichen zu einem Bezirksamte gehörigen Distrikte werden vom 1. Januar 1920 ab zu einem einzigen Bezirke vereinigt. Die Wahlen geschehen bereits für die vereinigten Bezirke, die Verwaltung wird für das laufende Jahr noch getrennt nach den Haushaltsplänen der einzelnen Distrikte von dem für den vereinigten Bezirk gewählten Bezirkstage geführt.

Streitigkeiten über die Auseinandersetzung des Vermögens werden im Wege des schiedsrichterlichen Verfahrens nach Art. 11 des Verwaltungsgerichtsgesetzes entschieden, hierbei werden die einzelnen Distrikte noch von den bisherigen Distriktsausschüssen vertreten.

3. Das Selbstverwaltungsrecht und die Staatsaufsicht auf die Selbstverwaltungskörper ist einheitlich vom Gesetze geregelt. Die Aufsicht über die unmittelbaren Städte haben, wie bisher, die Regierungen, Kammern des Innern, über alle übrigen Gemeinden das Bezirksamt. Die Staatsaufsicht der Regierung über die mittelbaren Städte (Art. 160 rrh. GemO.) ist beseitigt.

Die Aufsicht über die Bezirke übt die Regierung, Kammer des Innern, die Aufsicht über die Kreise das Staatsministerium des Innern.

Der Inhalt der Staatsaufsicht ist der gleiche geblieben wie bisher; sie besteht in dem Rechte der Kenntnisnahme von der ganzen Geschäftsführung, in der Rechnungs und Kassenvisitation, in der Überwachung der Gesetzlichkeit der Verwaltung und in dem Rechte, die Erfüllung der gesetzlichen Verpflichtungen nötigenfalls mit Zwang durchzusetzen.

Die für die Staatsaufsicht auf die Gemeinden bisher vorgeschriebenen Förmlichkeiten, insbesondere die vorgängige Aufforderung, um die Gemeinde in Verzug zu setzen, sind im Gesetze nicht mehr ausdrücklich geregelt. Eine Aufforderung oder Mahnung hat aber auch künftig dem staatsaufsichtlichen Einschreiten vorauszugehen.

Die gemeinsame (kollegiale) Beratung der Aufsichtsentschließungen bei den Regierungen ist nicht mehr notwendig. Für die Durchsetzung des Zwanges kennt das Gesetz jetzt auch die Einschreibung in den Voranschlag.

Das Beschwerderecht zu den höheren Aufsichtsstellen besteht wie bisher, der Verwaltungsgerichtshof kann künftig auch von den Bezirken und Kreisen angerufen werden, wenn eine Verletzung des Selbstverwaltungsrechtes behauptet wird. Wegen der Kreise sind die Ausführungen bei Art. 13 Anm. 3 zu vergleichen.

Eine Mitwirkung der Aufsichtsbehörden in Form der Genehmigung der Beschlüsse der Selbstverwaltungskörper besteht für Anlehensaufnahmen der Gemeinden, Bezirke und Kreise, soweit gewisse Beträge überschritten werden, und außerdem für bestimmte, vom Gesetz in Art. 15 aufgezählte einzelne Fälle (Ausleihung von Geldern unter Abweichung von den bestehenden Vorschriften oder an Mitglieder der Verwaltung, zur Veräußerung oder wesentlichen Veränderung von Gebäuden und Gegenständen von künstlerischem oder geschichtlichem Werte, bei der Veränderung des Zweckes gemeindlich verwalteter Stiftungen und endlich für Gemeinden unter 3000 Einwohnern, wenn sie größeren landwirtschaftlich benützten oder benützbaren Grund und Boden besitzen und Teile davon veräußern wollen).

Im übrigen bedürfen die Beschlüsse der Gemeindeverwaltungen nach Art. 159/91 der beiden GemO. keiner Genehmigung mehr. Ebensowenig die Beschlüsse des Bezirkstages, des Kreistages, die bisher von der Regierung (in gemeinsamer Beratung) oder von der allerhöchsten Stelle genehmigt werden mußten, wenn sie Rechtswirksamkeit erlangen sollten.

Die Prüfung des Rechnungswesens bildet einen wichtigen Teil der Staatsaufsicht und wurde bisher auch ständig geübt. Hier sollen Erleichterungen eintreten dürfen, es soll für einzelne Jahre die Prüfung entweder ganz ausfallen oder beschränkt werden. Das Gesetz sieht als Ersatz die Gründung von Prüfungsverbänden vor, denen die Gemeinden unter 10 000 Einwohnern und die Bezirke beitreten müssen und die wesentlich die bisherige aufsichtliche Prüfung ersetzen sollen.

Auch die Verbindung von Gemeinden zur Aufstellung gemeinsamer Rechner oder Einnehmer, die das Gesetz befördern will, wird das Rechnungs- und Kassenwesen voraussichtlich bedeutend verbessern.

Die Verleihung der Unmittelbarkeit an die Gemeinden kann bei Gemeinden mit wenigstens 10 000 Einwohnern künftig von Amts wegen erfolgen, bei Gemeinden mit mehr als als 5000 aber weniger als 10 000 Einwohnern ist die Zustimmung des Gemeinderates notwendig. Gemeinden unter 5000 Einwohnern sollen nach dem Sinne des Gesetzes künftig nicht mehr unmittelbar werden können. Nur die unmittelbaren Gemeinden sollen künftig die Bezeichnung „Stadt“ erhalten.

Die Entscheidung, ob die Gemeinde bei Verleihung der Unmittelbarkeit auch aus dem Bezirksverband auszuscheiden hat, steht in allen Fällen dem Ministerium des Innern zu, das auch die Entschädigung an den Bezirk für den Umlagenausfall nach Billigkeitsgründen festsetzt, wenn eine gütliche Vereinbarung nicht zustande kommt.

4. Der Bezirkstag, der Kreistag wählen ihren Vorsitzenden selbst. Für den Bezirkstag ist diese Bestimmung neu. Der Bezirksamtmann ist

nicht mehr ohne weiteres der Vorsitzende, er kann aber, wenn er im Bezirke wohnt, der Bezirksamtssitz also nicht in einer unmittelbaren Stadt sich befindet, in den Bezirkstag und zum Vorsitzenden gewählt werden. Er kann dann gleichzeitig die Funktion des bezirksamtlichen Kommissärs ausüben. Dasselbe gilt auch für Beamte der Regierung im Verhältnisse zum Kreistage.

Zu allen Sitzungen des Bezirkstages, des Kreistages, der Ausschüsse und der Sonderausschüsse kann das Bezirksamt, die Regierung Vertreter abordnen, die auf Verlangen jederzeit gehört werden müssen.

Der Bezirkstag, der Kreistag wählen wie bisher Ausschüsse, der Bezirkstag auch Sonderausschüsse. Für die Erledigung bestimmter Geschäftsaufgaben für den Bezirkstag, den Kreistag und für die Ausschüsse sollen Geschäftsordnungen aufgestellt werden, diese bedürfen keiner Genehmigung.

Die Wirkungskreise des Bezirkstages, des Kreistages, des Bezirks-, des Kreisausschusses sind sich im ganzen gleich geblieben. An den bisherigen Lasten und Verbindlichkeiten der Bezirke und Kreise, wie auch der Gemeinden, hat das Gesetz nichts geändert, auch das Ernennungsrecht der Beamten dieser Verwaltungskörper ist unverändert geblieben. Es ist der Gedanke des Gesetzes, daß wenn hier Änderungen eintreten sollen, die neue Regelung erst geschehen kann, wenn die neuen Verwaltungen in Tätigkeit sind und sich daran beteiligen können.

Neu sind die Sonderausschüsse des Bezirkstages, die hauptsächlich für drei Zwecke, für Schulwesen, soziale Fürsorge und für Land- und Forstwirtschaft gebildet werden sollen. Bei kleineren Bezirken kann von der Bildung solcher Ausschüsse Umgang genommen werden.

Die Beweglichkeit und das Tempo der Geschäftsführung wird insoferne gesteigert, als Bezirkstag und Kreistag nach ihrer freien Wahl Angelegenheiten den Ausschüssen zur unmittelbaren Erledigung übertragen können.

Der Vollzug der Beschlüsse des Bezirks-, des Kreistages wird nach wie vor in der Hauptsache Aufgabe des Bezirksamtes, der Regierung, Kammer des Innern, bleiben. Das gilt hauptsächlich für den Vollzug des Haushaltsplanes, den das Gesetz auch ausdrücklich erwähnt. Im übrigen kann die Frage durch die Geschäftsordnung und auch von Fall zu Fall in dem betreffenden Beschlusse geregelt werden.

5. Dem Bezirksausschuß werden künftig bestimmte Aufgaben der staatlichen Verwaltung übertragen; er tritt für eine Reihe im Art. 23 des Gesetzes aufgezählter Verwaltungsangelegenheiten an die Stelle der Bezirks- (bisherigen Distrikts-) Polizeibehörde. Das Bezirksamt behandelt diese Angelegenheiten, bis sie spruchreif sind und veranlaßt den Beschluß des Bezirksausschusses, der dann vom Bezirksamte vollzogen wird. So werden z. B. künftig die Beschlüsse über Einschaffung in das Arbeitshaus, über

Verwahrung in einer Heil- und Pflegeanstalt, über die Festsetzung von Baulinien, über Umfang der Kehr- und Wasenmeisterbezirke usw. vom Bezirksausschuß erlassen. Der Beschlußfassung wohnt der bezirksamtliche Beamte bei, der die Angelegenheit bisher behandelt hat, und gibt die erforderlichen Aufschlüsse. Dieselben Rechtsmittel, die gegen den Beschluß des Bezirksamtes bisher zustanden, stehen nun gegen den Beschluß des Bezirksausschusses zur Verfügung. Es handelt sich hier um Akte der Selbstverwaltung im angelsächsischen Sinne, es werden staatliche Verwaltungsaufgaben von gewählten, nicht berufsmäßigen Mitgliedern der Bezirksverwaltung übernommen.

Neben den im Art. 23 genannten Angelegenheiten kann das Staatsministerium des Innern auch weitere Gegenstände dieser Art dem Ausschusse zur Beratung und Beschlußfassung überweisen.

Der Bezirksausschuß soll auch die freiwillige Bildung von Zweckverbänden fördern, die Aufstellung gemeinschaftlicher Gemeindeschreiber, Rechner, Einnehmer, die Verbindung mehrerer Gemeinden zu gemeinschaftlicher Wegunterhaltung u. dgl. Hier wirkt er also anregend in der gleichen Weise wie es bisher der Bezirksamtmann allein tun mußte. Außerdem kann der Bezirksausschuß in Bezirksangelegenheiten Anregungen geben und Anträge stellen und in solchen Fragen auch vom Bezirksamte gehört werden.

6. Dem Bezirkstag war im Gesetze ein besonderer Einfluß auf die Besetzung der Bezirksamtmannstelle eingeräumt. Er konnte aus der Liste der in Frage kommenden Beamten drei Anwärter wählen. Einen davon sollte das Staatsministerium dann zum Bezirksamtmanne ernennen. Der Bezirkstag konnte die Abberufung eines wenigstens ein Jahr im Amte befindlichen Bezirksamtmanns durchsetzen, wenn sich zwei Drittel der Bezirksvertreter für einen solchen Antrag auf Abberufung ausgesprochen haben würden. Diese Bestimmung sollte keine rückwirkende Kraft haben, also nicht früher als ein Jahr nach Verkündung des Gesetzes in Kraft treten. Durch das Gesetz vom 24. Oktober 1919 sind beide Bestimmungen (Art. 24 und 25 des Gesetzes) vorläufig außer Wirksamkeit gesetzt worden.

7. Für die Folge können sich mehrere Gemeinden oder öffentlich-rechtliche Körperschaften zur gemeinsamen Erfüllung einzelner Aufgaben mit ministerieller Zustimmung zu einem Zweckverbande vereinigen. Die Aufgaben sind nicht näher bestimmt, wie in manchen anderen Zweckverbandsgesetzen; für jeden in den gesetzlichen oder freiwilligen Wirkungskreis der Gemeinden fallenden Zweck ist die Gründung eines Verbandes möglich. Vom Standpunkte des öffentlichen Rechtes ist der Zweckverband eine Einheit insbesondere gegenüber der Staatsaufsicht, nach außen hin bedarf er der besonderen Verleihung der Rechtsfähigkeit, wenn sie für den Zweck des

Unternehmens notwendig ist. Die Anerkennung als Verein des öffentlichen Rechts geschieht dann durch das Ministerium des Innern in Verbindung mit der Erteilung der Zustimmung.

Die zwangsweise Gründung eines Zweckverbandes erreicht das Gesetz in der Weise, daß der Bezirksausschuß durch einen mit Gründen versehenen Beschluß die mangelnde Zustimmung der Beteiligten ersetzen kann. Erforderlich ist ein öffentliches Interesse. Lehnt der Bezirksausschuß es ab, einen solchen Beschluß zu erlassen, so hat es dabei sein Verbleiben. Weitere Mittel stehen den Staatsaufsichtsbehörden nicht zu Gebote. Die Gründung von Zweckverbänden wird künftig hauptsächlich auf dem Gebiete des Wohnungswesens eine Rolle spielen.

8. Die neue Fassung des Art. 4 der beiden Gemeindeordnungen, wie sie das Gesetz bringt, gibt der Staatsregierung eine größere Machtvollkommenheit in bezug auf Verfügungen über den Bestand der Gemeinden, Ortschaften und abgesonderten Markungen. Künftig ist jede Veränderung, auch die einschneidende Maßnahme der Einverleibung einer Gemeinde in die andere, selbst gegen die Zustimmung der beteiligten Gemeinden zulässig. Die Bestimmung bedeutet also ein starkes Mittel im Kampfe gegen die vielen Tausende von Zwerggemeinden, sie wird aber auch dazu beitragen, die Vereinigung größerer Nachbargemeinden im Interesse des Gesamtwohles herbeizuführen.

Diese einschneidende Maßnahme ist aber auf der anderen Seite auch von einem verwaltungsrechtlichen Schutz umgeben. Das öffentliche Bedürfnis muß durch ein Verfahren unter entsprechender Anwendung des Art. 11 des Verwaltungsgerichtsgesetzes festgestellt sein. Mit diesem Verfahren wird auch das Verfahren über Teilung oder Auseinandersetzung des Vermögens soweit möglich verbunden.

Die Abs. III/II des Art. 5 der beiden Gemeindeordnungen hebt das Gesetz auf, weil sie der Vereinigung des Vermögens bei der Vereinigung der Gemeinden im Wege stehen würden.

9. Das Gesetz bringt eine neue und erschöpfende Regelung des Ortschaftsrechtes. Die Ortschaften mit eigenem Vermögen oder mit eigenen Markungen waren bisher, wenn auch nur in beschränktem Umfange, die Träger öffentlich-rechtlicher Aufgaben. Das führte zu vielen Unzukömmlichkeiten, was die Erfüllung dieser Leistungen anbelangt und außerdem auch zu verwickelten Streitigkeiten über die Ausscheidung des Kostenaufwandes zwischen Gemeinde und Ortschaft. Diesen Zustand beseitigt das Gesetz. es zwingt ferner die Ortschaften unter allen Umständen eine Vertretung aufzustellen, was bisher ihrem bloßen Belieben überlassen war, nur wenn keine Wahl zustande kommt oder wenn weniger als 3 wählbare Or.s-

einwohner vorhanden sind, kann die Verwaltung und Vertretung der Ortschaft auch dem Gemeinderat übertragen werden.

Für die Pfalz genügt es, den Abs. II der pfälzischen Gemeindeordnung aufzuheben, um die gleiche Wirkung zu erzielen.

10. Als Ersatz für den Wegfall des Gemeindekollegiums und der Gemeindeversammlung bringt das Gesetz die Volksabstimmung. Sie muß eintreten, wenn $^1/_4$ der Anzahl der bei den letzten regelmäßigen Gemeindewahlen in den Wählerlisten eingetragenen Wahlberechtigten es verlangt. Die Abstimmung geschieht schriftlich in Abstimmungslisten. Wenn sich bei dieser Abstimmung die absolute Stimmenmehrheit dafür ausspricht, so muß der gesamte Stadt- oder Gemeinderat sich einer Neuwahl unterziehen. Ausgenommen sind lediglich die berufsmäßigen Mitglieder des Stadt- oder Gemeinderates.

In gleicher Weise können die Wahlberechtigten auch verlangen, daß der Stadt- oder Gemeinderat bestimmte Projekte in Behandlung nimmt.

11. Die Änderungen des Verwaltungsgerichtsgesetzes hängen mit den sonstigen Bestimmungen des Selbstverwaltungsgesetzes zusammen. Den Bezirken und den Kreisen, die jetzt das Recht der Selbstverwaltung erhalten haben, wird auch das Recht eingeräumt, bei Verletzungen dieses Rechtes den Verwaltungsrichter anzurufen.

Für das Dienststrafverfahren gegen ehrenamtliche Gemeindebeamte ist jetzt dafür gesorgt, daß an den Verhandlungen der Disziplinarkammer und des Disziplinarhofes gegen solche Beamte auch Beisitzer aus dem Kreise der ehrenamtlichen Gemeindebeamten teilnehmen.

Die Dienstentsetzung nach Art. 167/97 Abs. 2 der beiden Gemeindeordnungen ist gegen berufsmäßige Stadt- oder Gemeinderäte nicht mehr zulässig.

12. In den Übergangsbestimmungen ist der Weg vorgezeichnet, wie die im Dienste stehenden berufsmäßigen Mitglieder des Magistrats, in der Pfalz die besoldeten berufsmäßigen Mitglieder des Gemeinderates, insbesondere auch die unwiderruflich angestellten in ein dem vorliegenden Gesetz entsprechendes Dienstverhältnis zur Gemeinde gebracht werden können. Dies geschieht durch eine Neuwahl, der sich diese Persönlichkeiten noch vor Ablauf von 3 Monaten nach dem Zusammentreten des neuen Stadt- oder Gemeinderates zu unterziehen haben. Von dieser Bestimmung werden die rechtskundigen Bürgermeister, die rechtskundigen Magistratsräte, die im Magistrat sitzenden technischen Beiräte (Schulräte, Bauräte, Forsträte) betroffen. Sie können auf die Wahl und damit auch auf ihr Amt verzichten und haben dann einen im Gesetze des näheren bestimmten Anspruch auf Versorgung. Für die ersten Bürgermeister kann die Neuwahl mit beiderseitigem Einverständnisse bis 1. Juli 1920 verschoben werden.

Das Gesetz ist sofort in Kraft getreten, nur die Bestimmungen über die Bildung der neuen Vertretungen über den Wegfall des Gemeindekollegiums und der Gemeindeversammlung, über die staatlichen Verwaltungsakte des Bezirksausschusses und über die Mitwirkung des Bezirkstages bei der Besetzung der Bezirksamtmannsstellen sollten erst mit dem Zusammentritte der neuen Verwaltungskörper in Kraft treten. Inzwischen sind diese letzteren Bestimmungen überhaupt vorläufig außer Wirksamkeit gesetzt worden (vgl. Ziff. 6 oben).

In der Pfalz ist das Gesetz erst am 6. Oktober 1919 in Kraft getreten (s. Ziff. I am Ende).

Das Gesetz als Ganzes betrachtet, im Zusammenhalte mit der Ausdehnung des Wahlrechtes und der Wählbarkeit ist die vollkommene Demokratisierung der Verwaltung der Gemeinden, der Bezirke und der Kreise. Es ist wohl der bedeutsamste Schritt in der Entwicklung der Gemeindegesetzgebung seit den letzten 100 Jahren. Die ersten Anfänge eines freien gemeindlichen Lebens gehen in Bayern auf das Gemeindeedikt von 1818 zurück; die Gemeindeordnung von 1869, die die Selbstverwaltung der Gemeinden begründete und ein für die damalige Zeit bemerkenswert freiheitliches Gesetz war, hätte in diesem Sommer ihr 50 jähriges Jubiläum feiern können. Dem Selbstverwaltungsgesetze wird voraussichtlich ein so langes Leben nicht beschieden sein. Es stellt eine Zwischenstufe dar, die zu weiterem Ausbau drängt. Es handelt sich nicht nur darum, eine neue Ordnung für die Gemeinden, sondern auch eine solche für die Bezirke und Kreise zu schaffen und womöglich diese drei Ordnungen in eine einzige zu vereinigen. Dazu wird man erst kommen können, wenn sich die neuen Verhältnisse eingelebt haben und die neuen Bestimmungen einigermaßen erprobt sind.

Gesetz über die Selbstverwaltung.

Vom 22. Mai 1919 (GVBl. S. 239).

Das Ministerium des Freistaates Bayern hat auf Grund des § 1 Ziff. 1 und des § 2 des Gesetzes vom 28. März 1919 über die Ermächtigung der Regierung zu gesetzgeberischen Maßnahmen im Nachgange zum Wahlgesetze vom 15. April 1919 („Freistaat" Nr. 8 vom 16. April 1919) und in teilweiser Abänderung des Gesetzes vom 22. April 1919 („Freistaat" Nr. 13 vom 24. April 1919) folgendes Gesetz beschlossen:

Art. 1. Die beiden Gemeindeordnungen, das Gesetz über die Distriktsräte und das Gesetz über die Landräte bestehen nur noch insoweit, als sich mit diesem Gesetze verträgt. Dies gilt auch, soferne in anderen Vorschriften auf die genannten Gesetze Bezug genommen ist.

An Stelle der Bezeichnungen Distriktsgemeinde, Distriktsrat, Distriktsausschuß, Distriktsratsmitglied treten die Bezeichnungen Bezirk, Bezirkstag, Bezirksausschuß, Bezirksvertreter; an Stelle der Bezeichnungen Kreisgemeinde, Landrat, Landratsausschuß, Landratsmitglied treten die Bezeichnungen Kreis, Kreistag, Kreisausschuß, Kreisvertreter.

Art. 2. Art. 173/103 der beiden Gemeindeordnungen werden aufgehoben.

Art. 3. Hinsichtlich der Ablehnung der Wahl zu den Ämtern der Gemeinde, der Ortschaft, des Bezirkes, des Kreises gelten die Art. 174/118 der beiden Gemeindeordnungen, Art. 8 des Distrikts-rats-, Art. 10 des Landratsgesetzes.

Im Stadtrat, im Gemeinderat, im Ortsausschuß, im Bezirkstag, in dessen Sonderausschüssen dürfen Eltern und Kinder, ferner Geschwister nicht zugleich Mitglieder sein.

In solchen Fällen ist die spätere Wahl ungültig. Bei gleichzeitiger Wahl schließen die Bürgermeister in ihrer Reihenfolge einander aus, die Bürgermeister schließen die Stadt- und Gemeinderäte aus, die Stadt- und Gemeinderäte schließen einander nach der Reihenfolge auf dem Wahlvorschlag, auf verschiedenen Wahlvorschlägen noch dem Lebensalter aus. Das berufsmäßige Mitglied schließt das nichtberufsmäßige aus. Unter mehreren berufsmäßigen entscheidet das Los.

Art. 4. Das Ergebnis der Wahl ist der Aufsichtsbehörde anzuzeigen. Bei Gemeinden und Ortschaften sind die Wahlverhandlungen der Aufsichtsbehörde zur Prüfung vorzulegen. Die Gewählten bedürfen keiner Bestätigung. Die Verpflichtung und Einweisung der ersten Bürgermeister wird von der Aufsichtsbehörde angeordnet.

Alle Gewählten versehen ihren Dienst ehrenamtlich. Die ehrenamtlichen Bürgermeister haben für die Dauer ihrer Amtsführung einen angemessenen Funktionsbezug zu beanspruchen. Die übrigen Gewählten haben Anspruch auf angemessene Aufwandsentschädigung, Angestellte und Lohnarbeiter außerdem auch auf Ersatz für entgangenen Verdienst.

Den Beamten und Arbeitern des Staates, der Gemeinden und sonstiger öffentlicher Körperschaften muß die zur Ausübung eines Wahlamtes der Gemeinde, der Ortschaft, des Bezirks, des Kreises erforderliche Dienstbefreiung gewährt werden. Bei Angestellten und Arbeitern ist die Übernahme eines solchen Amtes kein Kündigungsgrund.

Art. 5. Die Wahlzeit dauert für alle Vertretungen fünf Jahre. Die nächste Wahlzeit wird vom 1. Januar 1920 gerechnet. Es scheiden auch die Magistratsräte und die Armenratsmitglieder der jüngeren Wahlzeit aus. Die neugewählten Verwaltungen treten sofort in Tätigkeit.

Den Zeitpunkt der regelmäßigen Wahlen bestimmt das Staatsministerium des Innern.

Art. 6. Die Verwaltung der Stadt besorgt der Stadtrat, die der übrigen Gemeinden der Gemeinderat.

Die Bestimmungen über das Gemeindekollegium in den rechtsrheinischen Landesteilen treten außer Geltung.

Der Stadtrat oder der Gemeinderat besteht:

1. aus einem ersten Bürgermeister,
2. aus höchstens 3 weiteren Bürgermeistern.

Von sämtlichen Bürgermeistern (Ziff. 1 und 2) dürfen nicht mehr als die Hälfte, bei dreien höchstens zwei berufsmäßig sein.

3. In Gemeinden bis zu 10000 Einwohnern aus höchstens 20 Stadt- oder Gemeinderäten,
in Gemeinden mit 10000 aber weniger als 50000 Einwohnern aus höchstens 30 Stadt- oder Gemeinderäten,
in Gemeinden mit 50000 aber weniger als 100000 Einwohnern aus höchstens 40 Stadt- oder Gemeinderäten,
in Gemeinden mit 100000 und mehr Einwohnern aus höchstens 50 Stadt- oder Gemeinderäten,
4. Im Falle des Bedürfnisses aus einem oder mehreren berufsmäßigen Stadt- oder Gemeinderäten mit oder ohne fachmännische Vorbildung.

Die Anstellung der berufsmäßigen Bürgermeister, der berufsmäßigen Stadt- oder Gemeinderäte geschieht durch Dienstvertrag auf höchstens 10 Jahre. Es kann eine Probezeit bis zu einem Jahre vereinbart werden. Nach Ablauf des Dienstvertrages muß eine Neuwahl stattfinden, nach Ablauf der Probezeit kann der Stadt- oder Gemeinderat eine solche beschließen.

Die berufsmäßigen Stadt- oder Gemeinderäte haben Stimmrecht nur in Gegenständen ihrer Geschäftsaufgabe.

Der Dienstvertrag muß einen angemessenen Gehalt, für den Fall der Nichtwiederwahl eine angemessene Versorgung und für den Todesfall auch eine solche der Hinterbliebenen vorsehen. Die Wiederwahl nach Ablauf der Dienstvertrages muß angenommen werden.

Die der Regierung unmittelbar unterstellten Städte sind verpflichtet, mindestens ein rechtskundiges, berufsmäßiges Stadtratsmitglied anzustellen.

Die mittelbaren Städte rechts des Rheins und die übrigen Gemeinden mit mehr als 1500 Einwohner müssen einen Gemeindesekretär aufstellen, der die Prüfung für den mittleren Staats- und Gemeindeverwaltungsdienst mit Erfolg abgelegt hat, wenn nicht einer der Bürgermeister diese Prüfung bestanden hat.

Das gleiche gilt, wenn sich mehrere Gemeinden, die zusammen mehr als 1500 Einwohner zählen, zur gemeinschaftlichen Bestellung eines vollbeschäftigten Gemeindesekretärs vereinigen.

Art. 7. Die Mitglieder der Stadt- und Gemeinderäte werden folgendermaßen gewählt:

1. Die ersten Bürgermeister überall mit absoluter Stimmenmehrheit von sämtlichen Wahlberechtigten.

2. die weiteren Bürgermeister, wenn mehr Vertreter der gleichen Art, berufsmäßige oder ehrenamtliche auf einmal zu wählen sind, nach den Grundsätzen des Verhältniswahlrechts, sonst mit absoluter Stimmenmehrheit von den Stadt- oder Gemeinderäten;
3. die berufsmäßigen Stadt- oder Gemeinderäte, wenn mehrere solche auf einmal zu wählen sind, nach den Grundsätzen des Verhältniswahlrechts, sonst mit absoluter Stimmenmehrheit von den Stadt- oder Gemeinderäten. Die nach Art. 32 erforderlichen Wahlen geschehen in einzelnen Wahlgängen mit absoluter Stimmenmehrheit;
4. die übrigen Stadt- und Gemeinderäte nach den Grundsätzen des Verhältniswahlrechts von sämtlichen Wahlberechtigten.

Wird im Falle der Ziff. 1 die absolute Stimmenmehrheit nicht erreicht, so trifft der Stadt- oder Gemeinderat unter den 5 Bewerbern mit der höchsten Stimmenzahl die Auswahl mit absoluter Stimmenmehrheit. Wird diese auch hierbei nicht erreicht, so tritt Stichwahl ein. Ebenso entscheidet die Stichwahl, wenn im Falle der Ziff. 2 und 3 die absolute Stimmenmehrheit nicht erreicht wird.

Bei Stimmengleichheit in der Stichwahl entscheidet das Los.

Art. 8. Den ersten Bürgermeister vertreten zunächst die weiteren Bürgermeister nach ihrer Reihenfolge, danach die nichtberufsmäßigen Stadt- oder Gemeinderäte nach der Reihenfolge ihres Lebensalters.

Art. 9. Die Anzahl der Bezirksvertreter wird auf ein Drittel der bisherigen Zahl der Vertreter der Gemeinden festgesetzt. Bruchteile unter der Hälfte bleiben bei der Berechnung außer Betracht.

Der Art. 68 des Armengesetzes bleibt unberührt.

Art. 10. Die Anzahl der Kreisvertreter wird für Oberbayern auf 45 festgesetzt, für alle übrigen Kreise auf 30.

Art. 11. Mit Wirkung vom 1. Januar 1920 werden die zu einem Bezirksamte gehörigen mehreren Distrikte zu einem einzigen Bezirke vereinigt.

Streitigkeiten über die Auseinandersetzung des Vermögens werden nach Art. 11 des Verwaltungsgerichtsgesetzes entschieden. Jeder bisherige Distrikt wird in diesem Verfahren noch vom bisherigen Distriktsausschusse vertreten. Dieser ergänzt eintretende

Lücken durch Zuwahl aus den nach dem älteren Recht wählbaren Angehörigen des bisherigen Distrikts.

Die Verwaltung des vereinigten Bezirkes wird nach Beendigung der Wahl von der für den vereinigten Bezirk gewählten Vertretung übernommen. Der Haushalt für das laufende Jahr wird nach Maßgabe des aufgestellten Voranschlags noch getrennt für die beiden bisherigen Distrikte geführt.

Für die Berechnung der Zahl der Mitglieder des Bezirkstages ist die Summe der Vertreter der Gemeinden der bisherigen Distrikte maßgebend.

Art. 12. Die Gemeinden, die Bezirke, die Kreise sind Körperschaften des öffentlichen Rechts mit dem Rechte der Selbstverwaltung nach Maßgabe der Gesetze. Sie können Rechte erwerben und Verbindlichkeiten eingehen.

Aufgabe der Gemeinden, Bezirke und Kreise ist die Pflege des geistigen, sittlichen und wirtschaftlichen Wohles der Einwohner und deren Erziehung zur Gemeinschaft des ganzen Volkes.

Art. 13. Die Staatsaufsicht wird unter der obersten Leitung des Staatsministeriums des Innern

a) über die unmittelbaren Städte von der Regierung, Kammer des Innern, über alle übrigen Gemeinden vom Bezirksamte,
b) über die Bezirke von der Regierung Kammer des Innern,
c) über die Kreise vom Staatsministerium des Innern ausgeübt.

Die Aufsichtsbehörde kann gesetzwidrige Beschlüsse aufheben und die Erfüllung der gesetzlichen oder übernommenen Verpflichtungen erzwingen.

Wird die Verpflichtung bestritten, so hat die Aufsichtsbehörde Beschluß zu fassen. Gegen die Beschlüsse der Bezirksämter ist Beschwerde zur Regierung, gegen die Beschlüsse der Regierung Beschwerde zum Verwaltungsgerichtshofe nach Art. 10 Ziff. 1, 2 des VGG. zulässig. Alle Beschwerden sind innerhalb einer unerstrecklichen Frist von vier Wochen einzulegen.

Wird auch die endgültig festgestellte Verpflichtung nicht erfüllt, so hat die Aufsichtsbehörde das Recht des Zwangsvollzugs und der Einsetzung der Kosten in den Voranschlag. Sie kann in solchen Fällen rechtserhebliche Erklärungen an Stelle der Gemeinde, des Bezirkes, des Kreises schriftlich abgeben oder zur Abgabe solcher Erklärungen einen Bevollmächtigten für die Gemeinde, den Bezirk, den Kreis aufstellen.

In dringenden Fällen steht der Aufsichtsbehörde die Befugnis des vorigen Absatzes selbst dann zu, wenn die bestrittene Verpflichtung noch nicht endgültig festgestellt ist; die Aufsichtsbehörde kann auch vorläufige Anordnungen treffen.

Art. 14. Die Beschlüsse der Gemeinde, des Bezirkes, des Kreises bedürfen im Falle der Schuldaufnahme der Genehmigung der Aufsichtsbehörde, wenn der Betrag der aufzunehmenden Schuld in demselben Rechnungsjahre

1. in Gemeinden mit weniger als 5000 Einwohnern	20 000 ℳ
in Gemeinden mit 5000 aber weniger als 20 000 Einwohnern	100 000 ℳ
in Gemeinden mit 20 000 aber weniger als 50 000 Einwohnern	500 000 ℳ
in Gemeinden mit 50 000 aber weniger als 100 000 Einwohnern	1 Million
in allen übrigen Gemeinden	2 Millionen
2. in den Bezirken	1 Million
3. in den Kreisen	2 Millionen

übersteigt.

Anlehen sollen nur zu werbenden Zwecken und im übrigen nur zu Ausgaben von dauerndem Nutzen aufgenommen werden, soweit zu deren sofortiger Deckung die Leistungsfähigkeit der Gemeinden, Bezirke, Kreise nicht zureicht. Nur ausnahmsweise in Zeiten der Not sind auch Anlehen für die Deckung laufender Bedürfnisse zulässig. Bei wiederkehrenden Aufwendungen muß der Anlehensbetrag bis zu Wiederkehr des Bedürfnisses getilgt sein; Ausnahmen sind nur aus wichtigen Gründen zulässig. Es sind stets Tilgungspläne aufzustellen und der Aufsichtsbehörde vorzulegen.

Art. 15. Die Gemeinden, Bezirke und Kreise bedürfen der Genehmigung der Aufsichtsbehörde

1. bei Ausleihung von Geldern unter Abweichung von den bestehenden Vorschriften oder an Mitglieder der Verwaltung der Gemeinde, des Bezirkes, des Kreises,
2. zur Veräußerung oder wesentlichen Veränderung von Gebäuden oder sonstigen unbeweglichen oder beweglichen Gegenständen von künstlerischem oder geschichtlichem Werte.

Wenn bei gemeindlich verwalteten Stiftungen des öffentlichen Rechtes im Laufe der Zeit durch die Entwicklung der Verhältnisse oder die Entwertung des Geldes die Erfüllung des Stiftungszweckes unzeitgemäß geworden ist, so kann eine zeitgemäße Regelung unter möglichster Anlehnung an den Stiftungszweck durch den Stadt- oder Gemeinderat beschlossen werden.

Gemeinden unter 3000 Einwohnern mit vorwiegend landwirtschaftlicher Bevölkerung und einem eigenen geschlossenen, für wirtschaftliche Zwecke dienenden oder geeigneten Grundbesitze von mindestens 20 Hektar bedürfen zur Veräußerung von Grund und Boden der aufsichtlichen Genehmigung, wenn der Wert der einzelnen Veräußerungen oder der Gesamtwert aller Veräußerungen desselben Rechnungsjahres 1000 ℳ übersteigt.

Art. 16. Bei den Gemeinden, Ortschaften, Armenverbänden, Bezirken, Kreisen kann die Aufsichtsbehörde in einzelnen Jahren von der rechnerischen Prüfung der Rechnungen, wo sie nach den jetzigen Vorschriften geboten ist, absehen; sie kann auch die Vorlage der einzelnen Rechnungen in einzelnen Jahren überhaupt erlassen.

Die Staatsregierung wird ermächtigt, Vorschriften zu erlassen über die Gründung eines Verbandes zur Prüfung des gemeindlichen Rechnungs- und Kassenwesens. Die Gemeinden unter 10000 Einwohnern und die Bezirke können zum Beitritt verpflichtet werden.

Die Staatsregierung kann auch einen bestehenden Verband oder mehrere solche anerkennen und mit den Rechten des Abs. 2 Satz 2 ausstatten.

Art. 17. Durch Ministerialentschließung können Gemeinden mit wenigstens 10000 Einwohnern ohne weiteres, Gemeinden mit mehr als 5000 aber weniger als 10000 Einwohnern nur mit Zustimmung des Stadt- oder Gemeinderats vom Verwaltungsbezirk des Bezirksamt abgetrennt und der Regierung, Kammer des Innern, unmittelbar untergeordnet werden. Die Verwaltungen dieser Gemeinden erhalten dadurch die Befugnis der Bezirkspolizeibehörde. Alle unmittelbaren Gemeinden führen die Bezeichnung „Stadt".

Das Ministerium kann auch bestimmen, ob diese Gemeinden gleichzeitig aus dem Bezirksverband auszuscheiden haben und welche Entschädigung für den entstehenden Umlagenentgang dem Bezirke zu leisten ist.

Art. 18. Der Bezirkstag, der Kreistag wählt in getrennten Wahlgängen den Vorsitzenden, den Schriftführer und für beide einen Stellvertreter.

Der Bezirkstag, der Kreistag wird vom Vorsitzenden im Einvernehmen mit dem Bezirksamte, mit der Regierung, Kammer des

Innern, einberufen. Auf Verlangen eines Drittels der Bezirks-, der Kreisvertreter muß die Berufung innerhalb 4 Wochen geschehen.

Die Sitzungen werden dem Bezirksamte, der Regierung mindestens 24 Stunden vorher angezeigt. Das Bezirksamt, die Regierung kann Vertreter zur Sitzung abordnen, die auf ihr Verlangen jederzeit gehört werden müssen.

Art. 19. Der Bezirkstag, der Kreistag wählt aus seiner Mitte nach den Grundsätzen des Verhältniswahlrechtes einen Ausschuß von 5 bis 7 Mitgliedern und ebensoviele Ersatzmänner. Diese können auch als Stellvertreter bei Verhinderung von Mitgliedern vorübergehend einberufen werden. Den Vorsitzenden des Ausschusses, den Schriftführer und für beide einen Stellvertreter wählt der Ausschuß selbst. Die Sätze 1, 2 gelten entsprechend für die Wahl der weiteren Mitglieder und der Ersatzmänner des Landarmenrates.

Der Bezirkstag, der Kreistag regelt den Geschäftsgang durch eine Geschäftsordnung; diese setzt auch die Stärke des Ausschusses und die Entschädigung für die Mitglieder des Bezirkstages, des Kreistages und der Ausschüsse fest.

Art. 20. Zur Verwaltung von Anstalten, Einrichtungen und Stiftungen des Bezirkes, ferner zur endgültigen Erledigung eines bestimmten Aufgabenkreises oder bestimmter einzelner Aufgaben oder Geschäfte kann der Bezirkstag teils aus Mitgliedern des Bezirkstages, teils aus wählbaren Bezirksangehörigen Sonderausschüsse bilden und nach den Grundsätzen des Verhältniswahlrechtes wählen. Die Sonderausschüsse wählen ihren Vorsitzenden und Schriftführer sowie deren Stellvertreter. Die Vorsitzenden und ihre Stellvertreter müssen Mitglieder des Bezirkstages sein.

Die Beschlüsse der Sonderausschüsse müssen sich in dem vom Bezirkstag allgemein oder für den besonderen Fall gezogenen Grenzen und innerhalb des Voranschlages halten. Sie werden vom Bezirksamte vollzogen.

Art. 21. Zum Wirkungskreise des Bezirkes, Kreises gehören alle Angelegenheiten, die Rechte und Verbindlichkeiten des Bezirkes ges Kreises betreffen, insbesondere

a) die Prüfung und Feststellung des jährlichen Voranschlags aller Einnahmen und Ausgaben,
b) die Festsetzung des Umlagenbedarfs,
c) die Prüfung und Anerkennung oder Beanstandung der Rechnungen der Bezirks-, Kreiskasse, der Bezirks-, Kreisanstalten und der vom Bezirke, Kreise verwalteten Stiftungen,

d) die Aufnahme von Anlehen zur Bestreitung außerordentlicher Bedürfnisse und die Festsetzung des Tilgungsplanes,

e) die Erwerbung und Veräußerung von Grundstücken oder Rechten an einem Grundstücke des Bezirkes, Kreises sowie die Belastung eines Grundstückes des Bezirkes, Kreises mit einem solchen Recht,

f) die Errichtung, Veränderung und Aufhebung der Anstalten und Einrichtungen des Bezirkes, Kreises sowie die Erlassung von Satzungen für die Verwaltung dieser Anstalten und Einrichtungen.

Der Bezirkstag, Kreistag kann Angelegenheiten seiner Zuständigkeit auf Grund besonderer Beschlüsse nach näheren Weisungen dem Ausschusse zur Erledigung übertragen. Beschlüsse, die der aufsichtlichen Genehmigung bedürfen, hat der Bezirks-, Kreistag zu fassen.

In außerordentlichen dringlichen Fällen kann, wenn sonst die Berufung des Bezirks-, Kreistages nötig wäre, der Ausschuß die erforderlichen Beschlüsse fassen. Diese müssen dem Bezirks-, dem Kreistage beim nächsten Zusammentritt vorgelegt werden.

Art. 22. Der Bezirksausschuß, der Kreisausschuß wird vom Vorsitzenden einberufen und vertritt den Bezirk, den Kreis nach außen. Zur Beschlußfähigkeit ist die Anwesenheit von mehr als der Hälfte der ordentlichen Vollzahl der Mitglieder erforderlich.

Der Ausschuß hat

a) die Verwaltung des Vermögens zu teilen,

b) die Aufsicht auf die Anstalten des Bezirkes, des Kreises zu führen,

c) alle an den Bezirkstag, Kreistag zu bringenden Gegenstände vorzubereiten und vorzuberaten,

d) die Rechnungen des Bezirkes, des Kreises vor der Vorlage an den Bezirkstag, Kreistag zu prüfen,

e) den jährlichen Voranschlag herzustellen, den zur Erhebung bestimmten Hundertsatz der Bezirks-, Kreisumlage zu berechnen.

Der Bezirksausschuß hat ferner die Umlagen auf die einzelnen Gemeinden und Eigentümer ausmärkischer Grundstücke zu verteilen.

Die Zahlungsanweisungen für den Bezirk erläßt innerhalb des Voranschlags das Bezirksamt, für den Kreis die Regierung, Kammer des Innern. Die Sitzungen der Ausschüsse sind dem Bezirksamte, der Regierung mindestens 24 Stunden vorher bekanntzugeben. Das Bezirksamt, die Regierung, Kammer des Innern, kann Vertreter abordnen, die auf ihr Verlangen jederzeit gehört werden müssen.

Art. 23. Der Bezirksausschuß tritt für folgende Verwaltungsangelegenheiten, welche vom Bezirksamte vorzubehandeln und sodann dem Ausschusse zur Entscheidung vorzulegen sind, an die Stelle der Bezirks- (bisherigen Distrikts-)polizeibehörde:

a) Erlaß bezirkspolizeilicher Vorschriften und zwar auch in den Fällen des Art. 5 PStGB.

b) Polizeiliche Eingriffe in die persönliche Freiheit, nämlich korrektionelle Nachhaft (Besserungsnachhaft), Polizeiaufsicht, Verwahrung gemeingefährlicher Geisteskranker.

c) Festsetzung von Baulinien.

d) Heimatschutz und Denkmalpflege.

e) Bildung und Änderung der Kehr- und Wasenmeisterbezirke, Festsetzung der Impforte, Begutachtung hinsichtlich der Standesamtsbezirke.

f) Verleihung von Kaminkehrbezirken.

g) Beschlußfassung bei Dienststrafentsetzung der Bürgermeister, der Stadt- oder Gemeinderatsmitglieder, der Ortspfleger und Ortsausschußmitglieder.

h) Allgemeine Richtlinien über die Verleihung von Wirtschaftskonzessionen und die polizeiliche Bewilligung von Tanzmusiken und zur Veranstaltung sonstiger Lustbarkeiten und Schaustellungen, soweit nicht Verordnungen und ministerielle Vorschriften vorliegen.

i) Aufsicht über die Innungen gemäß §§ 96 und 100 h der Reichsgewerbeordnung.

k) Regelung der Sonntagsruhe gemäß §§ 100 b II, 105 c IV und 105 f der Reichsgewerbeordnung.

l) Arbeiterschutz gemäß § 120 d der Reichsgewerbeordnung.

m) Verweigerung der Ausstellung von Führerscheinen, Zurücknahme der Fahrerlaubnis gemäß Reichsgesetz vom 3. Mai 1909 über den Verkehr mit Kraftfahrzeugen.

Das zuständige Staatsministerium kann weitere Angelegenheiten dieser Art dem Ausschusse zur Beratung und Beschlußfassung überweisen.

Diese Beschlüsse des Bezirksausschusses sind vom Bezirksamte zu vollziehen.

Der Bezirksausschuß soll die freiwillige Bildung von Zweckverbänden fördern (Gemeinschaftliche Gemeindeschreiber, Rechner,

Einnehmer, gemeinschaftliche Wegunterhaltung, gemeinschaftliche Einrichtungen für Schulwesen, Volksbildung, Wohnungswesen, Feuerlöschwesen und dergleichen).

Der Bezirksausschuß kann auch in anderen, den Bezirk berührenden, in den Geschäftsbereich des Bezirksamtes gehörigen Angelegenheiten Anregungen geben und Anträge stellen, die vom Bezirksamte zu verbescheiden sind.

Das Bezirksamt kann in allen wichtigeren, das Gesamtinteresse des Bezirkes berührenden Angelegenheiten das Gutachten des Ausschusses erholen, welcher hierzu beschlußmäßig Stellung zu nehmen hat.

Art. 24.[1] Bei Erledigung einer Bezirksamtmannsstelle steht dem Bezirksausschusse das Recht zu, an der Wiederbesetzung mitzuwirken. Das Staatsministerium des Innern überweist dem Bezirksausschusse eine unter tunlichster Berücksichtigung etwa schon vorgebrachter Wünsche zusammengestellte Liste der in Frage kommenden Beamten.

Der Bezirksausschuß wählt drei der dort angeführten Anwärter. Das Staatsministerium des Innern ernennt einen der Gewählten zum Bezirksamtmann.

Art. 25.[1] Der Bezirkstag kann die Abberufung eines wenigstens ein Jahr im Amte befindlichen Bezirksamtmanns beantragen.

Ein solcher Antrag muß von mindestens einem Drittel der Bezirksvertreter beim Vorsitzenden des Bezirkstages eingereicht werden, darf erst frühestens vier Wochen nach Antragstellung auf dem Bezirkstage beraten werden und ist zu berücksichtigen, wenn zwei Drittel der Bezirksvertreter dem Antrage beistimmen. Das Staatsministerium des Innern wird in diesem Fall alsbald den Bezirksamtmann abberufen.

Art. 26. Eine Gemeinde kann sich durch Gemeindebeschluß mit anderen Gemeinden und öffentlich-rechtlichen Körperschaften zur gemeinsamen Erfüllung einzelner Aufgaben mit ministerieller Zustimmung zu einem Zweckverbande vereinigen. Das gleiche gilt für die Vereinigung von Zweckverbänden untereinander und mit anderen Gemeinden. Die Verhältnisse regeln sie durch eine Satzung, die der aufsichtlichen Genehmigung bedarf. Sie muß auch Bestimmungen über die Auflösung enthalten. Die Bestimmungen über Staatsaufsicht finden entsprechende Anwendung. Für Streitigkeiten der Mitglieder des Zweckverbandes unter sich infolge der Eingehung, der Auflösung oder des Bestehens des Verbandes gilt Art. 11 des Verwaltungsgesetzes.

---

[1] Art. 24 und 25 sind durch Ges. vom 24. Oktober 1919, GVBl. Nr. 73 S. 699, vorläufig außer Wirksamkeit gesetzt worden.

Erfordert das öffentliche Interesse die Bildung eines Zweckverbandes, so kann die mangelnde Zustimmung der Beteiligten durch einen mit Gründen versehenen Beschluß des Bezirksausschusses ersetzt werden. Das gleiche gilt für die Veränderung und für die Auflösung eines solchen Verbandes. Gehören die Gemeinden verschiedenen Bezirken desselben Kreises an oder ist eine unmittelbare Stadt beteiligt, so tritt an Stelle des Bezirksausschusses der Kreisausschuß, gehören die Gemeinden verschiedenen Kreisen an, so bestimmt das Staatsministerium des Innern den zuständigen Kreisausschuß.

Art. 27. 1. Art. 4 der rechtsrheinischen und der pfälzischen Gemeindeordnung erhalten die nachstehende Fassung:

Änderungen im Bestande der Gemeinden, Ortschaften oder abgesonderten Markungen bedürfen der Genehmigung des Staatsministeriums des Innern. Sie setzen in der Regel die Zustimmung der beteiligten Gemeinderäte voraus.

Auch ohne diese Zustimmung ist die Genehmigung zulässig, wenn ein dringendes öffentliches Bedürfnis festgestellt ist. Auf die Zuständigkeit und das Verfahren zur Feststellung des Bedürfnisses findet der Art. 11 des Verwaltungsgerichtsgesetzes entsprechend Anwendung. Das Verfahren über die Teilung oder Auseinandersetzung des Vermögens ist, wenn möglich, damit zu verbinden. Die Kosten trägt der Staat, mit Ausnahme der Parteivertretungskosten.

Wird bei einer Änderung im Bestand einer Gemeinde, Ortschaft oder abgesonderten Markung vereinbart, daß ein Grundstück von einer Gemeinde, Ortschaft oder abgesonderten Markung auf eine andere Gemeinde, Ortschaft oder abgesonderte Markung übergehen soll, so tritt die Eigentumsänderung auf Grund der Genehmigung der Vereinbarung durch das Staatsministerium des Innern in dem Zeitpunkt ein, in dem die Änderung im Bestande der Gemeinde, Ortschaft oder abgesonderten Markung wirksam wird. In der Vereinbarung kann ein anderer Zeitpunkt bestimmt werden.

Die Aufsichtsbehörde kann die Neuwahl des Stadt- oder Gemeinderates anordnen, sie kann für den Rest der laufenden Wahlzeit die Anzahl der Mitglieder des Stadt- oder Gemeinderates vermehren und die Wahl für die neuen Stellen auf Teile des Gemeindebezirkes beschränken. Die Gewählten versehen ihr Amt nur für den Rest der laufenden Wahlzeit.

Das Staatsministerium des Innern kann die Zuständigkeit zur Genehmigung von Änderungen im Bestande von Gemeinden, Ortschaften oder abgesonderten Markungen auf die Regierungen, Kammern des Innern, übertragen.

2. Im Art. 5 der rechtsrheinischen Gemeindeordnung wird der Abs. 3, im Art. 5 der pfälzischen Gemeindeordnung wird der Abs. 2 gestrichen.

Art. 28. 1. Der Art. 153 der rechtsrheinischen Gemeindeordnung erhält folgende Fassung:

Wenn in einer Gemeinde eine oder mehrere Ortschaften bestehen, obliegen die Leistungen des Art. 38 Abs. 1 der Gemeinde.

Die Ortschaft hat das Recht der Verwaltung ihres Ortschafts- und Stiftungsvermögens und die Sorge für dessen Unterhaltung. Zu diesem Zwecke genießt sie die Rechte einer öffentlichen Körperschaft und kann Umlagen erheben. Bestehende Verpflichtungen der Ortschaften zu Leistungen des Art. 38 Abs. 1 werden aufgehoben, ohne Unterschied, ob sie auf Herkommen, Vereinbarung oder Gesetz beruhen, neue dürfen nicht mehr begründet werden. Die freiwillige Weitererfüllung solcher Verpflichtungen ist nur zu Lasten des Ortsvermögens zulässig; Ortsumlagen dürfen für diesen Zweck nicht erhoben werden.

Die Wege, Straßen, Brücken, Fähren und Stege, die Gebäude, die öffentlichen Uhren und Begräbnisplätze, die öffentlichen Brunnen, Wasserleitungen und Abzugskanäle der Ortschaft, soweit sie künftig von der Gemeinde zu unterhalten sind, gehen mit dem Inkrafttreten des Gesetzes auf die Gemeinde über. Die Gemeinde ist verpflichtet, den Teil der ungetilgten Ortschaftsschulden zu übernehmen, der nachweisbar auf die Herstellung oder den Erwerb dieser Gegenstände erwachsen ist. Streitigkeiten sind nach Art. 11 des Verwaltungsgerichtsgesetzes auszutragen. Die völlige oder teilweise Vereinigung des übrigen Ortschaftsvermögens mit dem Vermögen der Gemeinde bedarf der Zustimmung der Ortsversammlung und der Genehmigung der Aufsichtsbehörde.

Jede Ortschaft, der die besondere Verwaltung ihres Vermögens zusteht, hat für diese Verwaltung aus den wählbaren Ortseinwohnern einen aus einem Pfleger und höchstens drei weiteren Mitgliedern bestehenden Ausschuß auf fünf Jahre, den Pfleger mit absoluter Mehrheit, den Ausschuß nach den Grundsätzen des Verhältniswahlrechts zu wählen.

Der Pfleger ist Vorstand des Ortsausschusses und führt den Vorsitz in der Ortsversammlung. Im Verhinderungsfalle wird er durch das an Lebensjahren älteste Ausschußmitglied vertreten. Die Bestimmungen der Gemeindeordnungen über das Gemeinde-

und Stiftungsvermögen gelten entsprechend. Die den Gemeindeausschüssen zukommenden Befugnisse werden durch den Ortsausschuß ausgeübt. Dieser vertritt die Ortschaft nach außen und verwaltet das Ortschaftsvermögen durch die aus seiner Mitte aufgestellten oder die besonderen Verwalter. Weder der Pfleger noch sein Stellvertreter dürfen eine Kassenverwaltung selbst führen.

Sind nicht wenigstens drei wählbare Ortseinwohner vorhanden oder kommt keine Wahl zustande, so kann die vorgesetzte Behörde die Anordnungen für die Verwaltung und Vertretung der Ortschaft treffen und diese auch dem Ausschusse der Gemeinde übertragen.

Befindet sich ein gesondertes Gemeinde- oder Stiftungsvermögen im Eigentum einer Ortschaft, die einer Stadtgemeinde zugeteilt ist, oder im Eigentum eines Bezirkes der Gemeinde, so sind die nötigen Anordnungen über die Verwaltung dieses Sondervermögens, wenn hierüber Streit entsteht, nach Art der obigen Bestimmungen durch die Verwaltungsbehörde zu treffen.

Die in Abs. 2, 4 bezeichneten Befugnisse werden jedoch, wo es sich um das gesonderte Vermögen eines städtischen Bezirkes handelt, ausschließlich von den an den Nutzungen dieses Vermögens teilnehmenden Gemeindebürgern ausgeübt.

2. Im Art. 85 der pfälzischen Gemeindeordnung wird der Abs. 2 gestrichen.

Art. 29 Die Art. 146—149/79—81 der beiden Gemeindeordnungen werden aufgehoben.

Wenn 1/4 der Anzahl der bei der letzten regelmäßigen Gemeindewahl in den Wählerlisten eingetragenen Wahlberechtigten es beantragt, ist den Wahlberechtigten Gelegenheit zu geben, darüber abzustimmen, ob der Stadt- oder Gemeinderat sich einer Neuwahl zu unterziehen hat. Die Abstimmung geschieht schriftlich in Abstimmungslisten. Stimmt mehr als die Hälfte der in den Abstimmungslisten eingetragenen Wahlberechtigten dafür, so ist die Neuwahl vorzunehmen. Abstimmung und Neuwahl sind so zu beschleunigen, daß der Neuwahltermin innerhalb drei Monaten nach Einreichung des Antrags anberaumt werden kann. Die Neugewählten versehen ihre Ämter nur auf die Dauer der laufenden Wahlzeit, auf die berufsmäßigen Mitglieder des Stadt- oder Gemeinderats erstreckt sich die Neuwahl nicht.

Die nämliche Zahl der Wahlberechtigten kann verlangen, daß der Stadt- oder Gemeinderat bestimmte Unternehmungen und Einrichtungen in Bearbeitung nimmt. Wird das ausgearbeitete Projekt vom Stadt- oder Gemeinderat abgelehnt, so ist es spätestens innerhalb eines Vierteljahres nach den nächsten Gemeindewahlen dem neuen Stadt- oder Gemeinderate wieder zur Entscheidung zu unterbreiten.

Art. 30. Im Verwaltungsgerichtsgesetz erhält Art. 10 Ziff. 1 folgende Fassung:

1. Verfügungen in Gegenständen der Staatsaufsicht über die Bezirke und Kreise, wenn der Bezirk, der Kreis behauptet, die Verfügung verletze sein gesetzliches Selbstverwaltungsrecht oder belaste ihn mit einer gesetzlich nicht begründeten Leistung.

Ferner wird dem Art. 11 folgender Absatz hinzugefügt:

Wird in dem Schiedsspruch ein einer Gemeinde, einer Ortschaft, einer abgesonderten Markung oder einem Schulverband gehörendes Grundstück auf eine andere Gemeinde, Ortschaft oder abgesonderte Markung oder einen anderen Schulverband übertragen, so tritt die Eigentumsänderung mit der Rechtskraft des Schiedsspruchs ein. Im Schiedsspruche kann ein anderer Zeitpunkt bestimmt werden.

Art. 31. Dem Abs. 1 des Art. 167/97 der beiden Gemeindeordnungen wird folgender Satz angefügt:

Bei dem Verfahren gegen nichtberufsmäßige Gemeindebeamte werden die beiden dem Berufskreise des Beschuldigten zu entnehmenden Mitglieder der Disziplinarkammer (Art. 121 Abs. 2 des Staatsbeamtengesetzes) ebenso wie die drei entsprechenden Mitglieder des Disziplinarhofes (Art. 125 Abs. 2 StBG.) aus den nicht berufsmäßigen Gemeindebeamten ausgewählt.

Art. 167/97 Abs. 2 der beiden Gemeindeordnungen gilt für die berufsmäßigen Stadt- oder Gemeinderäte nicht. An die Stelle des Gemeindekollegiums tritt in unmittelbaren Städten der Kreisausschuß, sonst der Bezirksausschuß.

Übergangsbestimmungen.

Art. 32. Wer zur Zeit des Inkrafttretens dieses Gesetzes rechtskundiges oder technisches Magistratsmitglied ist, muß sich um die Mitgliedschaft im Stadt- oder Gemeiderate zu erlangen, gemäß den Vorschriften dieses Gesetzes binnen drei Monaten nach dem erstmaligen Zusammentreten des neuen Stadt- oder Gemeinderates einer Neuwahl unterziehen. Der Wahltermin ist für die sämtlichen vom Stadt- oder Gemeinderate zu wählenden Person auf den gleichen Zeitpunkt festzusetzen. Für die ersten Bürgermeister kann die Neuwahl mit beiderseitigem Einverständnis bis längstens 1. Juli 1920 verschoben werden.

Die bisherigen rechtskundigen und technischen Magistratsmitglieder haben alsbald nach der Neuwahl des Stadt- oder Gemeinderats das Recht, auf ihre Wiederwahl zu verzichten.

Machen sie von diesem Rechte Gebrauch oder werden sie nicht wieder gewählt, so gilt — wenn nicht im Einzelfalle besondere weitgehende Vereinbarungen getroffen werden — folgendes:

1. Soweit sie nicht in einem Dienstesprovisorium stehen, werden sie in den dauernden Ruhestand versetzt. Für die Berechnung des Ruhegehalts sind die Bestimmungen des Art. 39 und 45 des Staatsbeamtengesetzes vom 16. August 1908 über die Berechnung des Wartegeldes anzuwenden. Dabei werden der Berechnung die Gesamtbezüge des Beamten zugrunde gelegt. Art. 42 und 43 Ziff. 2 des Staatsbeamtengesetzes finden keine Anwendung. Enthält die Gemeindesatzung oder ein Dienstvertrag für die Berechnung des Wartegeldes oder des Ruhegehaltes günstigere Bestimmungen, so gelten die Bestimmungen der Gemeindesatzung oder des Dienstvertrages. Auch hierbei werden der Berchnung die Gesamtbezüge des Beamten zugrunde gelegt. Enthält die Gemeindesatzung oder der Dienstvertrag Bestimmungen sowohl über Wartegeld als auch über Ruhegehalt, so steht dem Beamten die für ihn günstigere Versorgung zu.

2. Soweit sie noch in einem Dienstesprovisorium stehen, erhalten sie den Ruhegehalt nach Ziff. 1 nur für die Restzeit des Provisoriums. Unter Dienstesprovisorium ist das Rechtsverhältnis zu verstehen, das im Sinne des Art. 74 Abs. 2 der rechtsrheinischen Gemeindeordnung vor der dort vorgeschriebenen Wiederwahl besteht, bei technischen Magistratsmitgliedern ein entsprechendes vertragsmäßig vereinbartes Rechtsverhältnis.

Art. 33. Die Art. 6 Abs. I, II und V, 23 24, 25 und 29 treten erst nach Zusammentreten der neugewählten Gemeinde-, Bezirks-, Kreisvertretungen, die übrigen Bestimmungen treten sofort in Kraft.

In den rechtsrheinischen Landesteilen versieht bis dahin die Geschäfte des Stadtrates der Magistrat, soweit notwendig unter Mitwirkung des Gemeindekollegiums, die des Gemeinderates der Gemeindeausschuß. Die Anzahl der Stadträte bestimmt der Stadtmagistrat allein, ohne Mitwirkung des Gemeindekollegiums. Die Geschäfte des Bezirksausschusses und Bezirkstages versieht bis dahin der zuständige Distriktsausschuß, die des Kreisausschusses und Kreistages der ständige Landesratsausschuß.

Bamberg, den 22. Mai 1919.

Hoffmann. Endres. Frauendorfer. Steiner. Segitz. Schneppenhorst.
J. V. **Gasteiger.** J. V. **Dr. Haller.**

Gesetz über die Selbstverwaltung.

Vom 22. Mai 1919.
(GVBl. S. 239).

Mit der Vollzugsanweisung.

vom 14. Juni 1919 (GVBl. S. 303).

Das Ministerium des Freistaates Bayern hat auf Grund des § 1 Ziff. 1 und des § 2 des Gesetzes vom 28. März 1919 über die Ermächtigung der Regierung zu gesetzgeberischen Maßnahmen im Nachgange zum Wahlgesetze vom 15. April 1919 („Freistaat" Nr. 8 vom 16. April 1919) und in teilweiser Abänderung des Gesetzes vom 22. April 1919 („Freistaat" Nr. 13 vom 24. April 1919) folgendes Gesetz beschlossen:

Erläuterungen.

1. Das Gesetz vom 28. März 1919 (GVBl. S. 112) ermächtigte das Gesamtministerium Gesetze und Verordnungen ohne Mitwirkung des Landtages zur beschleunigten Durchführung bestimmter sozialer Maßnahmen zu erlassen. Ziff. 1 des § 1 dieses Gesetzes lautete: Die Verfassung und Verwaltung der Gemeinden, Bezirke (Distrikte) und Kreise ist auf der Grundlage eines umfassenden Selbstverwaltungsrechtes und des allgemeinen, gleichen, geheimen und unmittelbaren Verhältniswahlrechtes alsbald neu zu ordnen.

Das Ermächtigungsgesetz ist durch Gesetz vom 24. Juni 1919 (GVBl. Nr. 38 S. 325) wieder aufgehoben worden.

Art. 1.

I Die beiden Gemeindeordnungen, das Gesetz über die Distriktsräte und das Gesetz über die Landräte bestehen nur noch insoweit, als sich mit diesem Gesetze verträgt. Dies gilt auch, soferne in anderen Vorschriften auf die genannten Gesetze Bezug genommen ist.

II An Stelle der Bezeichnungen Distriktsgemeinde, Distriktsrat, Distriktsausschuß, Distriktsratsmitglied treten die Bezeichnungen Bezirk, Bezirkstag, Bezirksausschuß, Bezirksvertreter;

an Stelle der Bezeichnungen Kreisgemeinde, Landrat, Landratsausschuß, Landratsmitglied treten die Bezeichnungen Kreis, Kreistag, Kreisausschuß, Kreisvertreter.

Vollzugsanweisung.[1])

§ 1. Das Selbstverwaltungsgesetz (SG.) bezieht sich zunächst auf die beiden Gemeindeordnungen, das Distriktsrats- und das Landratsgesetz, es ergreift aber auch alle Bestimmungen in anderen Gesetzen, welche auf diesen Gesetzen fußen oder mit ihnen zusammenhängen. So sind auch die Art. 29—31 des Umlagengesetzes aufgehoben, weil das SG. in Art. 6 Abs. 2 die Gemeindekollegien und in Art. 29 Abs. 1 die Gemeindeversammlungen beseitigt. Aufgehoben sind auch solche Bestimmungen, die sich mit den Grundsätzen des Gesetzes nicht vertragen, z. B. die in Art. 6 Abs. 2 des Distriktsratsgesetzes enthaltene Beschränkung der Wählbarkeit der Beamten einer bestimmten Distriktsverwaltungsbehörde, oder die in Art 14 des nämlichen Gesetzes angedrohte Verurteilung unentschuldigt ausgebliebener Mitglieder in die Kosten der vereitelten Sitzung. Endlich liegt auch die sinngemäße Abänderung noch mit dem Gesetze verträglicher Bestimmungen in seiner Absicht, z. B. folgt aus Art. 3 im Zusammenhalte mit Art. 5 SG., daß in Art. 174 Abs. 1 Ziff. 3 der rechtsrh. GemO statt 6 Jahre zu lesen ist 5 Jahre.

Erläuterungen.

1. Über die Bedeutung des Art. 1 vgl. die Einleitung, Ziff. 2, Eingang. Ob sich eine Bestimmung noch mit dem Gesetze verträgt, wird nicht in allen Fällen unzweifelhaft sein, der in der Gesetzessprache neue Ausdruck ist aber gewählt, um anzudeuten, daß es sich um eine Zumutung handelt, die bisher noch nicht an die Gesetzesauslegung gestellt worden ist Man muß sowohl den Sinn des neuen wie den des alten zunächst richtig bestimmen, ehe man die Frage selbst entscheiden kann Beispielsweise stimmte nach Art. 25 Abs. 2 LRG. der Präsident des Landrats nicht mit, er gab nur den Stichentscheid bei Stimmengleichheit. Das entspricht der Auffassung vom Landrat als einem Parlamente, wo diese Regel so ziemlich allgemein gültig ist und der gewählte Präsident sogar oft aus seiner Partei ausscheidet Nach dem Sinne des SG sind die Kreistage Verwaltungsorgane so gut als der Stadtrat. Der Kreisausschuß verhält sich also zum Kreistage wie der besondere Ausschuß nach Art. 106 der rrh. GemO. zum Stadtrate. Es wäre ungereimt, in einem Verwaltungskörper irgendeinem Mitglied, am wenigsten dem Vorsitzenden und Vorstande dieser Verwaltung das Stimmrecht zu entziehen. Insoferne verträgt sich Art. 25 Abs. 2 a. a. O. nicht mehr mit dem SG Vgl. auch VA. § 18 a. E.

---

[1]) Das Staatsministerium des Innern hat zum Vollzuge des SG am 14. Juni 1919 (GVBl. S. 303) eine Vollzugsanweisung erlassen. Sie wird fortlaufend im Anschlusse an die einzelnen Artikel des Gesetzes abgedruckt. Die späteren Berichtigungen insbes. die MinBek. v. 22. Nov. 1919 (StA. Nr. 286 v. 26. Nov. 1919) sind berücksichtigt.

2. Die Bezugnahme auf eines der im Art. 1 aufgezählten Gesetze braucht keine ausdrückliche zu sein, es genügt, wenn die Bestimmungen nur erkennbar auf einem dieser Gesetze fußen. So nehmen z. B. Art. 29—30 des UmlG. vom 14. August 1910, abgesehen von einem Hinweis in Art. 30 Ziff. 2, nicht besonders auf die Gemeindeordnungen Bezug. Diese Bestimmungen sind aber nach Art. 49 des UmlG. zu schließen, ein Ersatz für die dort aufgehobenen Art. 47/43 der beiden Gemeindeordnungen. Dieser Zusammenhang genügt aber um die Bestimmungen durch Art. 6 Abs. 2 und Art. 29 Abs. 1 SG. als aufgehoben zu betrachten.

Art. 2.

Art. 173/103 der beiden Gemeindeordnungen werden aufgehoben.

Vollzugsanweisung.

§ 2. Alle Beschränkungen der Wählbarkeit von Staats-, Gemeindebeamten und Beamten öffentlicher Körperschaften sind beseitigt, also auch Art. 6 Abs. 2 des DRG. Der Bezirksamtmann, wie der Assessor und alle übrigen Beamten des Bezirksamtes können zu Mitgliedern des Bezirkstages, ebenso auch der Regierungspräsident und die Beamten der Regierung zu Mitgliedern des Kreistages gewählt werden, wenn sonst die Voraussetzungen der Wählbarkeit vorliegen. Diese Mitgliedschaft hindert auch nicht, daß der Gewählte zugleich die Tätigkeit des Regierungskommissärs ausübt, in gleicher Weise wie ein bayerischer Minister zugleich Mitglied des Landtages oder ein Reichsminister zugleich Mitglied der Nationalversammlung sein kann.

Erläuterungen.

1. Die Art. 2—5 des E. II beschäftigten sich mit dem Wahlrechte, mit den Ausschließungsgründen, mit der Wählbarkeit und mit der Form der Wahl (Verhältniswahl). Diese Fragen sind im WG. besonders geregelt worden. Vgl. die Einleitung Ziff. 1. Die Regelung ist möglichst einheitlich für Gemeinde, Ortschaft, Bezirk und Kreis. Vgl. die Handausgabe von Jan, Die bayer. Gemeinde-, Bezirks- und Kreiswahlen S. 18ff. Das Wahlrecht ist dem Landtagswahlrechte möglichst angenähert. Der Entwurf II verlangte neben der Vollendung des 20. Lebensjahres und dem Besitze der bayer. Staatsangehörigkeit noch einen Aufenthalt von 1 Jahr in der Gemeinde, der Ortschaft, dem Bezirke, dem Kreise. Das stimmte auch mit der Notverordnung vom 22. Januar 1919, GVBl. S. 22, überein. Die übrigen Bundesstaaten, insbesondere Preußen, hatten sich mit 6 Monaten begnügt, die Bestimmung in Art. 50 Abs. 1 Ziff. 3 der rrh. GemO. zeigt ebenfalls, daß schon das bisherige Recht ein Zeitraum von 6 Monaten als genügend erachtete, um dem Zuziehenden den Charakter des Fremden zu nehmen. Diese Erwägungen führten dazu, auch im SG. den Zeitraum auf 6 Monate zu ermäßigen.

2. Der E. II hatte das mit dem Bürgerrechte verbundene Wahlrecht unberührt gelassen und in der Begründung darauf hingewiesen, daß auf diese Weise auch juristische Personen und solche natürliche Personen, die die Voraussetzungen für den Erwerb des Bürgerrechtes erfüllen, bereits vor Ablauf des dort noch einjährigen Zeitraums das Wahlrecht mit dem Bürgerrecht erwerben können Den Art. 17 rrh. GemO. (Zwang zur Erwerbung des Bürgerrechtes) hatte aber der E. II bereits aufgehoben Man hielt es bei Erlaß des Gesetzes für richtiger, das Wahlrecht vom Bürgerrechte völlig loszulösen, Art 2 Abs. 2 WG. Auf diese Weise ist das Bürgerrecht, dessen wichtigster Inhalt das Wahlrecht war, wenn auch nicht unmittelbar aufgehoben, so doch bedeutungslos geworden, vgl. VA. § 33. Die neue Verf.-Urk vom 14 Aug. 1919 (GVBl. Nr 58 S. 531) hat dafür den Begriff des Gemeindebürgerrechts geschaffen, das im Gegensatz zum früheren Bürgerrecht nicht mehr auf Verleihung beruht, sondern unter gewissen Voraussetzungen von selbst erworben wird Nach § 11 VU. hat jeder Staatsbürger in der Gemeinde seines Wohnsitzes das Gemeindebürgerrecht, das er nur ausüben kann, wenn er seit mindestens 6 Monaten im Gemeindebezirke wohnt Staatsbürger hinwiederum ist jeder Angehörige des bayer Staates, der das 20. Lebensjahr vollendet hat (§ 6 VU.). Dieses Gemeindebürgerrecht deckt sich nicht mit dem gemeindlichen Wahlrecht (vgl. übrigens auch BayGemZ. Jahrg 1919, Nr 24 S. 530 u. Nr. 30 S. 664). Innerhalb der Gemeindeordnungen wird man annehmen können, daß das neue Gemeindebürgerrecht, das durch den Wohnsitz, nicht mehr durch den Aufenthalt entsteht, an die Stelle des bisherigen Bürgerrechtes tritt, ebenso wie früher der Unterstützungswohnsitz an die Stelle des Heimatrechtes. Man wird aber auch hier im Streitfall die Entscheidung dem einschlägigen Verfahren überlassen müssen, z. B. bei Ansprüchen auf Stiftungsgenuß dem Verwaltungsrechtsverfahren. Der früher wichtige Begriff der Selbständigkeit spielt für die Folge wohl nur noch im Art. 50 Abs. 1 Ziff 3 eine Rolle Gemeindedienste werden auch künftig nur den selbständigen Personen angesonnen werden können, weil unselbständige nicht in der Lage sind, über ihre Zeit zugunsten der Gemeinde zu verfügen. Steuerleistung und Armenunterstützung haben im Gebiete des Gemeinderechtes ihre bisherige Bedeutung verloren.

3. Das jetzige Gemeindewahlrecht unterscheidet sich vom bisherigen in der Gemeindeordnung geregelten Wahlrechte hauptsächlich nach folgenden Richtungen:

a) Für die Wählbarkeit ist der Eintrag in die Wählerliste nicht erforderlich, nur für die Wahlberechtigung (Art. 176/105 Abs 6 GemO.).

b) Das Erfordernis, daß eine bestimmte Anzahl von Wählern abgestimmt haben müsse, gilt für die Folge nicht mehr, gleichviel ob nach den Grundsätzen des Verhältniswahlrechtes oder der Mehrheitswahl gewählt wird (Art. 184/146 GemO.).

c) Ersatzmänner werden nicht mehr besonders gewählt (Art. 187/124 GemO.).

d) Die Gemeindewahlen (ebenso wie die Bezirks- und Kreiswahlen) werden für die Folge wohl in der Regel an einem und demselben Tage gehalten werden (Art. 176/105 GemO.). Daher bestimmt auch jetzt das Ministerium den Zeitpunkt der regelmäßigen Wahlen (Art. 5 Abs. 2 SG.).

4. Die Beschränkungen der Wählbarkeit sind aufgehoben. Der Beamte kann gewählt werden, nur die in Art 174 Abs. 2 rrh.

GemO. aufgezählten Beamten können ablehnen, sofern nicht die allgemeinen Ablehnungsgründe des Art. 174 Abs. 1 rrh. GemO. vorliegen. Zur Annahme eines Amtes mit Funktionsbezug bedarf es der Erlaubnis, der Staatsbeamte muß stets die Anzeige nach Art. 18 Abs. 2 Ziff. 2 des Staatsbeamtengesetzes erstatten. Es handelt sich hier nur um ehrenamtliche Stellen, ein berufsmäßiges Gemeindeamt kommt hier nicht in Frage. Es ist aber denkbar und möglich, daß die ehrenamtliche Stelle den Beamten ebenso in Anspruch nimmt wie eine berufsmäßige. Das Gesetz räumt aber in Art. 4 Abs. 4 dem Beamten nur einen Anspruch auf Dienstbefreiung, nicht auf Urlaub ein (vgl. § 4 der MinBek. vom 17. April 1909, GVBl. S. 427). Damit soll zum Ausdrucke gebracht werden, daß in der Regel die Übernahme eines Wahlamtes für Gemeinde, Bezirk und Kreis den Beamten nicht voll in Anspruch nehmen wird, daß er also in größerem oder geringerem Umfange für seinen Dienst noch bereitstehen soll. Jene besonderen Ausnahmefälle, wo diese Grenze überschritten wird, hat der Dienstherr jeweils von Fall zu Fall mit dem Beamten zu regeln. Z. B. kann ein Rechtsrat zugleich ehrenamtlicher Bürgermeister sein. Für die aktiven Staatsbeamten kann die Erlaubnis zur Übernahme eines mit einem Funktionsbezuge versehenen Ehrenamtes an gewisse Bedingungen geknüpft werden, z. B. Ersatz der Stellvertretungskosten aus dem Teile des Funktionsbezuges, der für die Dienstleistung (im Gegensatz zur Aufwandsentschädigung) ausgeschieden wird (Art. 18 Abs. 3 Ziff. 2 StBG.). Für die aktiven Gemeindebeamten bietet der dem Art. 18 des StBG. nachgebildete § 9 Abs. 3 Ziff. 2 der ministeriellen Mustersatzung (MBl. 1916 S. 105 ff.) die gleiche Möglichkeit. Für die im Ruhestand befindlichen Beamten des Staates und Gemeinden gelten bei einem Funktionsbezug die Art. 44 Ziff. 3 und 66 Ziff. 2 des StGB. bzw. § 48 Ziff. 2 der Mustersatzung. Der E. II hatte übrigens die Bestimmungen des Art. 173/103 beider Gemeindeordnungen noch unberührt gelassen.

5. Bis zu einer anderweitigen Regelung durch das Reich sind auch die berufsmäßigen Heeresangehörigen, Offiziere, zu den Ämtern der Gemeinden, Bezirke und Kreise wählbar. Die Militärbeamten gehören nicht zu den Heeresangehörigen, sie sind wie jeder andere Staatsbeamte wählbar.

Art. 3.

I Hinsichtlich der Ablehnung der Wahl zu den Ämtern der Gemeinde, der Ortschaft, des Bezirkes, des Kreises gelten die Art. 174/118 der beiden Gemeindeordnungen, Art. 8 des Distriktsrats-, Art. 10 des Landratsgesetzes.

II Im Stadtrat, im Gemeinderat, im Ortsausschuß, im Bezirkstag, in dessen Sonderausschüssen dürfen Eltern und Kinder, ferner Geschwister nicht zugleich Mitglieder sein.

III In solchen Fällen ist die spätere Wahl ungültig. Bei gleichzeitiger Wahl schließen die Bürgermeister in ihrer Reihenfolge einander aus, die Bürgermeister schließen die Stadt- und

Gemeinderäte aus, die Stadt- und Gemeinderäte schließen einander nach der Reihenfolge auf dem Wahlvorschlag, auf verschiedenen Wahlvorschlägen nach dem Lebensalter aus. Das berufsmäßige Mitglied schließt das nichtberufsmäßige aus. Unter mehreren berufsmäßigen entscheidet das Los.

Vollzugsanweisung.

§ 3. In Art. 174 Abs. 1 Ziff. 3 und Art. 8 Abs. 1 des DRG. ist statt 6 Jahre zu lesen 5 Jahre. Die Ablehnung kann gegenüber dem Wahlkommissär, gegenüber der Gemeindeverwaltung, dem Bezirkstage, dem Kreistage, dem Bezirksamte, der Regierung erklärt werden. Schweigen innerhalb der in § 77 der Wahlordnung vorgesehenen Frist gilt als Annahme. Eheleute schließen sich in den Verwaltungskörper nicht aus. Für den Kreistag gibt es überhaupt keine Ausschließungsgründe.

Erläuterungen.

1. Die bisherigen Bestimmungen über das Recht, die Wahl abzulehnen, sind geblieben. Für die Pfalz gilt Art. 118 weiter, danach kann die Wahl zu den Gemeindeämtern ohne weiteres abgelehnt werden. Für das rechtsrheinische Bayern sind dagegen die Ablehnungsgründe in Art. 174 hinsichtlich der Gemeindeämter enthalten, ohne solche Gründe muß das Amt angenommen werden. Für die Ämter des Bezirkes und des Kreises war das Recht der Ablehnung bisher schon einheitlich geregelt und besteht so fort.

2. Die Schwägerschaft hat aufgehört, ein Ausschließungsgrund zu sein, deshalb bildet auch die Stiefverwandschaft keinen Ausschließungsgrund. Stiefvater und Stiefsohn, Halbgeschwister schließen sich nicht aus. Die Ehe gilt weder rechtlich, noch wirtschaftlich, noch politisch als Hindernis der gegenseitigen Selbständigkeit, Eheleute schließen sich nicht aus.

3. Als spätere Wahl gilt auch der nächste Wahlgang, wenn z. B. bei den regelmäßigen Gemeindewahlen der Vater zum zweiten Bürgermeister gewählt wird und sofort danach der Sohn zum dritten Bürgermeister, so ist die Wahl des Sohnes ungültig. Daraus folgt auch, daß die Ausschließung ein für allemal wirkt, d. h. daß der Ausgeschlossene auch dann nicht eintritt, wenn später der Ausschließende wegfällt. Der Ausschließungsgrund selbst kann überhaupt nicht wegfallen, weil nur die volle Blutsverwandtschaft noch als solcher gilt, es kann aber durch Tod oder Wegzug der Ausschließende wegfallen.

4. Auch die berufsmäßigen Mitglieder schließen sich nach den Vorschriften des Abs. 3 aus, zwei Rechtsräte dürfen nicht Geschwister sein, auch nicht ein Rechtsrat oder ein Schulrat, wenn sie beide Mitglieder der Gemeindeverwaltung sind. Der Umstand, daß sie nur begrenztes Stimmrecht haben (Art. 6 Abs. 5 des Ges.) ändert darin nichts.

5. Wenn im Falle des Abs. 3 die beiden Personen am gleichen Tage geboren sind und der Zeitpunkt der Geburt sich nicht genau feststellen läßt, bleibt nichts übrig, als das Los entscheiden zu lassen.

6. Berufsmäßige und nichtberufsmäßige Mitglieder dürfen eigentlich nicht in einem und demselben Wahlgang gewählt werden (§ 7b der VA). Satz 3 des Abs. 2 hat aber Bedeutung bei einem Verstoß gegen dieses Verbot, sofern nicht die Wahl angefochten wird Treffen sie erst infolge einer späteren Wahl zusammen, so entscheidet Satz 1 des Abs. 3. Dadurch erledigt sich die in BayGemZ Nr. 18, Jahrg. 1919 aufgeworfene Frage

Art. 4.

I Das Ergebnis der Wahl ist der Aufsichtsbehörde anzuzeigen. Bei Gemeinden und Ortschaften sind die Wahlverhandlungen der Aufsichtsbehörde zur Prüfung vorzulegen. Die Gewählten bedürfen keiner Bestätigung. Die Verpflichtung und Einweisung der ersten Bürgermeister wird von der Aufsichtsbehörde angeordnet.

II Alle Gewählten versehen ihren Dienst ehrenamtlich. Die ehrenamtlichen Bürgermeister haben für die Dauer ihrer Amtsführung einen angemessenen Funktionsbezug zu beanspruchen Die übrigen Gewählten haben Anspruch auf angemessene Aufwandsentschädigung, Angestellte und Lohnarbeiter außerdem auch auf Ersatz für entgangenen Verdienst.

III Den Beamten und Arbeitern des Staates, der Gemeinden und sonstiger öffentlicher Körperschaften muß die zur Ausübung eines Wahlamtes der Gemeinde, der Ortschaft, des Bezirks, des Kreises erforderliche Dienstbefreiung gewährt werden. Bei Angestellten und Arbeitern ist die Übernahme eines solchen Amtes kein Kündigungsgrund.

Vollzugsanweisung.

§ 4. Die Aufsichtsbehörde bestimmt sich nach Art. 13 SG Für die Gemeinde- und Ortschaftswahlen gilt Art 196/122 der beiden Gemeindeordnungen mit Ausnahme des Art 196 Abs. 2 weiter Die ersten Bürgermeister haben sich unterschriftlich zu verpflichten, daß sie ihre Obliegenheiten gewissenhaft erfüllen und ihr Amt nach den gesetzlichen Vorschriften verwalten Diese Verpflichtung besorgt die Aufsichtsbehörde entweder unmittelbar oder durch Beauftragte Die übrigen Gewählten werden nicht verpflichtet Gegen die Festsetzung oder Unterlassung der Festsetzung des angemessenen Funktionsbezuges, der Aufwandsentschädigung, des Ersatzes für entgangenen Verdienst kann die Beschwerde zur Aufsichtsbehörde ergriffen werden. Der Funktionsbezug der ehrenamtlichen Bürgermeister kann für versorgungsfähig erklärt werden

Erläuterungen.

1. Die Wahlen der Gemeinden und Ortschaften unterliegen auch fernerhin der Prüfung der Aufsichtsbehörde, Art 196/122

gilt mit Ausnahme des Abs. 2 des Art. 196 rrh. GemO. weiter. Der zweite der drei Nichtigkeitsgründe ist jetzt gegenstandslos geworden, s. die Anmerkung 3 bei Art. 2. Das Recht der Wähler, die Wahl auch von sich aus anzufechten (Abs. 5/4 a. a. O.) ist geblieben; erfahrungsgemäß wird aber, wo das Verhältniswahlverfahren eingeführt ist und sich eingelebt hat, von diesem Rechte sehr selten Gebrauch gemacht.

Die Wahlen der Bezirke und Kreise unterliegen nach wie vor dem ausschließlichen Prüfungsrechte des Bezirkstages, des Kreistages, Art. 10 DRG., Art. 13 LRG.

2. Das Gesetz will, daß aus der Übernahme des Amtes für niemanden eine Schädigung seines Einkommens eintritt und daß auch der Arbeiter und der Angestellte künftig in der Lage ist ohne Gefahr für seine wirtschaftliche Existenz sich dem ehrenamtlichen Gemeindedienste zu widmen. Da jetzt alle Gewählten auch Verwaltungsaufgaben zu erfüllen haben und in die Lage kommen können, den größten Teil ihrer Zeit und Arbeitskraft opfern zu müssen, so besteht hinsichtlich der Aufwandsentschädigung keine Beschränkung auf bestimmte Stellen. Die Bürgermeister haben einen Funktionsbezug zu beanspruchen. Soweit der Funktionsbezug den wirklichen Aufwand übersteigt, wird er als Einkommen zu betrachten und steuerpflichtig sein. Unter Aufwand ist neben den baren Auslagen jede Einbuße mitbegriffen, die der Gewählte durch Ausübung seines Amtes erleidet.

3. Wegen der Beamten vgl. auch die Anmerkung 4 bei Art. 2. Die Staatsarbeiter werden ihren Verdienstentgang regelmäßig bei der Gemeinde anfordern.

Art. 5.

I Die Wahlzeit dauert für alle Vertretungen fünf Jahre. Die nächste Wahlzeit wird vom 1. Januar 1920 gerechnet. Es scheiden auch die Magistratsräte und die Armenratsmitglieder der jüngeren Wahlzeit aus. Die neugewählten Verwaltungen treten sofort in Tätigkeit.

II Den Zeitpunkt der regelmäßigen Wahlen bestimmt das Staatsministerium des Innern.

Vollzugsanweisung.

§ 5. Mit dem Ende der laufenden Wahlzeit endet auch die Berufung aller jener Mitglieder von Kommissionen, Ausschüssen usw., die von den bisherigen Vertretungen auf die Dauer ihrer eigenen Wahlzeit, also nicht auf eine bestimmte Anzahl von Jahren gewählt sind. Hierunter fallen:

a) der Landarmenrat, der Armenrat,
b) der Waisenrat,
c) die nach Art. 106/67 der beiden Gemeindeordnungen gebildeten Ausschüsse,
d) die vom Bezirkstage zu wählenden Sachverständigen zur Bildung des Ausschusses für die Entschädigung bei Viehverlusten (Art. 4 des AG. zum Reichsviehseuchengesetze vom 13. August 1910, GVBl. S. 615),

e) die vom Bezirkstage zu wählenden Mitglieder der Einquartierungskommission (ME. vom 27. August 1875; Weber, GS. Bd. 11 S. 134),

f) die vom Bezirkstage zu wählenden zwei landwirtschaftlichen Unternehmer, aus denen die Mitglieder der Genossenschaftsversammlung für die land- und forstwirtschaftliche Berufsgenossenschaft entnommen werden.

Es wird stets die ganze Gemeindevertretung erneuert, teilweise Erneuerungen, wie sie die bisherige rechtsrheinische Stadtverfassung für den Magistrat (2 Wahlzeiten zu je 3 Jahren) und für das Gemeindekollegium (3 Wahlzeiten zu je 3 Jahren) kannte, gibt es für die Folge nicht mehr.

Erläuterungen.

1. Die fünfjährige Wahlzeit (Wahlperiode) ist einheitlich für das ganze Land und für alle Verwaltungen festgesetzt. Diese Bestimmung erstreckt sich von selbst auf alle jene Wahlen, die von den Verwaltungen auf die Dauer ihrer Wahlzeit vorgenommen werden, z. B. die Wahlen zum Landarmenrat und zum Armenrat. Im Gegensatz hiezu stehen diejenigen Wahlen, die auf eine bestimmte Anzahl von Jahren geschehen.

2. In allen gesetzlichen Bestimmungen und sonstigen Vorschriften, in denen noch auf die früheren Wahlzeiten Bezug genommen ist, wie z. B. in Art. 174 Abs. 1 Ziff. 3 rrh. GemO. ist die neue Wahlzeit zu lesen.

3. Auch für die Wahl der Vertrauensmänner zur Auswahl der Schöffen und Geschworenen sind die neugewählten Vertretungen für zuständig erklärt worden (Bek. des Justiz-Min. v. 15. Sept. 1919, StA. Nr. 229, Beiblatt zum JMBl. S. 173). Für den Bezirkstag können einstweilen auch die Bezirksausschüsse die Wahl vornehmen (Bekanntm. des Justiz-Min. vom 30. Okt. 1919, StA. Nr. 266 vom 1. Nov. 1919).

4. In der Regel werden künftig die Wahlen zu den drei Vertretungen (Gemeinde, Bezirk und Kreis) möglichst an einem Tage gehalten werden, vgl. Anm. 3 bei Art. 2.

Art. 6.

I Die Verwaltung der Stadt besorgt der Stadtrat, die der übrigen Gemeinden der Gemeinderat.

II Die Bestimmungen über das Gemeindekollegium in den rechtsrheinischen Landesteilen treten außer Geltung.

III Der Stadtrat oder der Gemeinderat besteht:

1. aus einem ersten Bürgermeister,
2. aus höchstens 3 weiteren Bürgermeistern.

Von sämtlichen Bürgermeistern (Ziff. 1 und 2) dürfen nicht mehr als die Hälfte, bei dreien höchstens zwei berufsmäßig sein.

3. In Gemeinden bis zu 10 000 Einwohnern aus höchstens 20 Stadt- oder Gemeinderäten,
in Gemeinden mit 10 000 aber weniger als 50 000 Einwohnern aus höchstens 30 Stadt- oder Gemeinderäten,
in Gemeinden mit 50 000 aber weniger als 100 000 Einwohnern aus höchstens 40 Stadt- oder Gemeinderäten,
in Gemeinden mit 100 000 und mehr Einwohnern aus höchstens 50 Stadt- oder Gemeinderäten.
4 Im Falle des Bedürfnisses aus einem oder mehreren berufsmäßigen Stadt- oder Gemeinderäten mit oder ohne fachmännische Vorbildung.

IV Die Anstellung der berufsmäßigen Bürgermeister, der berufsmäßigen Stadt- oder Gemeinderäte geschieht durch Dienstvertrag auf höchstens 10 Jahre. Es kann eine Probezeit bis zu einem Jahre vereinbart werden. Nach Ablauf des Dienstvertrages muß eine Neuwahl stattfinden, nach Ablauf der Probezeit kann der Stadt- oder Gemeinderat eine solche beschließen.

V Die berufsmäßigen Stadt- oder Gemeinderäte haben Stimmrecht nur in Gegenständen ihrer Geschäftsaufgabe.

VI Der Dienstvertrag muß einen angemessenen Gehalt, für den Fall der Nichtwiederwahl eine angemessene Versorgung und für den Todesfall auch eine solche der Hinterbliebenen vorsehen. Die Wiederwahl nach Ablauf des Dienstvertrages muß angenommen werden.

VII Die der Regierung unmittelbar unterstellten Städte sind verpflichtet, mindestens ein rechtskundiges, berufsmäßiges Stadtratsmitglied anzustellen.

VIII Die mittelbaren Städte rechts des Rheins und die übrigen Gemeinden mit mehr als 1500 Einwohnern müssen einen Gemeindesekretär aufstellen, der die Prüfung für den mittleren Staats- und Gemeindeverwaltungsdienst mit Erfolg abgelegt hat, wenn nicht einer der Bürgermeister diese Prüfung bestanden hat.

IX Das gleiche gilt, wenn sich mehrere Gemeinden, die zusammen mehr als 1500 Einwohner zählen, zur gemeinschaftlichen Bestellung eines vollbeschäftigten Gemeindesekretärs vereinigen.

Vollzugsanweisung.

§ 6. Der Stadt- oder Gemeinderat ist künftig das einzige Verwaltungsorgan der Gemeinde. Er hat auch alle Befugnisse, die bisher das Gemeindekollegium oder die Gemeindeversammlung hatte. Die Bestimmungen über das Gemeindekollegium sind aufgehoben, die Bestimmungen über den Magistrat sind sinngemäß auf den Stadtrat, die Bestimmungen über den Gemeindeausschuß auf den Gemeinderat anzuwenden, in der pfälzischen Gemeindeordnung decken sich diese Bestimmungen.

Wer als erster Bürgermeister vom Volke gewählt ist, gilt im Zweifel zunächst als nicht berufsmäßiger Bürgermeister, er muß die Wahl annehmen, wenn die Voraussetzungen der Wählbarkeit vorliegen und kein Ablehnungsgrund geltend gemacht werden kann. Fehlt beim Gewählten die Voraussetzung des Art. 2 Ziff. 3 des Wahlgesetzes vom 15. April 1919, so ist wegen Art. 4 Abs. 2 des Wahlgesetzes die Anstellung als berufsmäßiger Bürgermeister möglich. Solche Stimmen sind also gültig. Sonst bestimmt sich nach den Beschlüssen des Stadt- oder Gemeinderates und nach den Vereinbarungen mit dem Gewählten, ob er als berufsmäßiger oder als ehrenamtlicher Bürgermeister zu betrachten ist. Im ersteren Falle muß ein Dienstvertrag abgeschlossen werden. Der Dienstvertrag muß Bestimmungen enthalten über Zeitdauer, Gehalt, Ruhegehalt, Witwen- und Waisengeld, über Anrechnung von Dienstjahren, von Nebenbezügen, über das Verbot der Übernahme von Nebenbeschäftigungen, über Urlaub.

Der freiwillige Rücktritt vom Amte soll nur unter Verzicht auf alle Ansprüche aus dem Dienstvertrage möglich sein, ebenso die Nichtannahme der Wiederwahl. Über die Ansprüche aus dem Dienstvertrag entscheiden die ordentlichen Gerichte.

Die Anzahl der weiteren Bürgermeister, der Stadt- oder Gemeinderäte, der berufsmäßigen Stadt- oder Gemeinderäte bestimmt der Stadt- oder Gemeinderat. Es kann jede Gemeinde, auch die kleinste, 2 oder 3 weitere Bürgermeister wählen, einen weiteren Bürgermeister muß jede Gemeinde haben. Dies gilt insbesondere für die Gemeinden, welche bisher die rechtsrheinische Stadtverfassung hatten. Jede Gemeinde kann auch berufsmäßige Stadt- oder Gemeinderäte anstellen.

Führte eine Gemeinde bisher schon die Bezeichnung Stadt, so heißt die Gemeindeverwaltung Stadtrat, außerdem Gemeinderat; die Märkte mit städtischer Verfassung haben Gemeinderäte.

Die Höchstzahlen der Stadt- oder Gemeinderäte nach Ziff. 3 dürfen nicht überschritten werden, maßgebend ist die letzte amtliche und amtlich bekannt gegebene Volkszählung. Eine Vermehrung der Stadt- oder Gemeinderäte ist auch während der laufenden Wahlzeit zulässig, die Aufsichtbehörde ist hievon in Kenntnis zu setzen; sie hat den Wahltermin anzuberaumen. Die Vermehrung soll immer in der Weise erfolgen, daß die Nachwahl im Wege der Verhältniswahl möglich ist; die Gewählten versehen ihr Amt nur auf die Dauer der noch laufenden Wahlzeit.

Die berufsmäßigen Stadt- oder Gemeinderäte haben Sitz im Stadt- oder Gemeinderate, dagegen Stimmrecht nur in Gegenständen ihrer Geschäftsaufgabe. Die Gemeindesekretäre haben nur beratende Stimme, die Vorschriften des Art. 72 Abs. 3/Art. 62 Abs. 1 der beiden Gemeindeordnungen sind unberührt geblieben.

Erläuterungen.

1. Der Art. 6 des SG. ist aus dem Art. 7 des E. II hervorgegangen. Dieser Art. 7 hatte folgenden Wortlaut:

I. Die Bestimmungen über das Gemeindekollegium treten mit Beendigung der nächsten regelmäßigen Gemeindewahlen außer Kraft. Die Verwaltung der kreisunmittelbaren Städte besorgt allein der Stadtmagistrat. Die Anzahl der bürgerlichen Magistratsräte kann durch Beschluß des Magistrats auf das eineinhalbfache der in Art. 71 der rrh. GemO. enthaltenen Zahlen gebracht werden. Den Bürgermeister, die rechtskundigen Magistratsräte sowie die technischen Beiräte für Schulangelegenheiten, Forstwirtschaft, Gesundheitspflege und Medizinalwesen wählt der Magistrat. Das Wahlverfahren regelt das Staatsministerium des Innern. Zur Gültigkeit der Wahl sind zwei Drittel der Stimmen notwendig, die sich aus der ordentlichen Vollzahl der Magistratsmitglieder berechnen.

II. Die bürgerlichen Magistratsräte werden von den wahlberechtigten Gemeindeangehörigen gewählt.

III. Die rechtskundigen Magistratsräte und die technischen Beiräte haben Wahlrecht und volles Stimmrecht in allen Angelegenheiten.

IV. Art. 79—81 der pf. GemO. gelten für die kreisunmittelbaren Städte der Pfalz mit pfälzischer Gemeindeverfassung (Art. 19 dieses Gesetzes) nicht weiter. Auf diese Städte findet der letzte Satz des Abs. 1 oben entsprechende Anwendung (Art. 119 pf. GemO.).

Dazu äußerte sich die Begründung folgendermaßen:

„Der Entwurf kommt den oft geäußerten Wünschen entgegen und beseitigt die Einrichtung des Gemeindekollegiums der rechtsrheinischen Städteverfassung. Dadurch wird die Verwaltung vereinfacht, beschleunicht und erleichtert. Das Gemeindekollegium vertrat die Gemeinde gegenüber dem Magistrate (Art. 111 rrh. GemO.), ersetzte also für die Städte die Gemeindeversammlung. Ein Verwaltungsorgan war das Gemeindekollegium nicht, die Bezeichnung Zweikammersystem ist zwar geläufig, aber nicht richtig. Fällt für die rechtsrheinischen Städte mit der Einrichtung des Gemeindekollegiums auch die Vertretung der gesamten Gemeinde weg, so ist es angemessen, wenigstens für die pfälzischen unmittelbaren Städte die entsprechende Einrichtung der Gemeindeversammlung (Art. 79—81) aufzuheben. Art. 122 der rrh. GemO. gilt für die wenigen Fälle seiner Anwendung weiter. Wo bisher die Zustimmung, Mitwirkung, Wahlberechtigung des Gemeindekollegiums in der Gemeindeordnung oder in anderen Vorschriften vorgesehen war, fällt sie künftig ohne Ersatz weg; Wahlrechte gehen auf den Magistrat über.

Die Bürgermeister, rechtskundigen Magistratsräte und technischen Beiräte sollen künftig vom Magistrate gewählt werden. Eine ähnliche Bestimmung hatte schon der nicht zur Annahme gelangte Entwurf des ersten Gemeindebeamtengesetzes vorgeschlagen.

Die vorgeschlagene Vermehrung der Anzahl der bürgerlichen Magistratsräte entspricht einem häufig geäußerten Bedürfnisse. Zu einer Beschränkung des Stimmrechts der rechtskundigen Räte und der technischen Beiräte, wie sie bisweilen in der Öffentlichkeit vertreten wurde, ist kein Anlaß gegeben. Durch das volle Stimmrecht werden diese Mitglieder auch wohl für die Führung der Stadtverwaltung mitverantwortlich."

Man sieht daraus, wie der Übergang zu den neuen Formen gedacht war Eine eigentliche Änderung in der Gemeindeverfassung sollte nur bei den Städten eintreten, die Landgemeindeverfassung wäre unberührt geblieben. Die einheitliche Durchführung der demokratischen Grundsätze (vgl. die Einleitung unter Ziff. 1) drängte aber schließlich dazu, die dem Gemeindekollegium entsprechende Einrichtung der Gemeindeversammlung in den Landgemeinden ebenfalls wegfallen zu lassen und so die Verfassung der Gemeinden völlig gleichzustellen Immerhin läßt sich aus diesen Vorgängen erkennen, daß die Bestimmungen der Gemeindeordnung, die sich auf den Magistrat beziehen, auf den Stadtrat, und in gleicher Weise die auf den Gemeindeausschuß bezüglichen auf den Gemeinderat anzuwenden sind Maßgebend ist der Besitzstand: Städte mit bisher Landgemeindeverfassung wenden die Bestimmungen über den Gemeindeausschuß, Märkte mit bisher Stadtverfassung wenden die Bestimmungen über den Magistrat an ME. v. 22. Aug. 1919 (MBl. S 225, StA. Nr 219 v 7 Sept 1919). In der pfälzischen Gemeindeordnung bestand schon bisher kein Unterschied zwischen Stadt- und Landverfassung, hier sind die Bestimmungen über den Gemeinderat ohne weiteres für den Stadt- und Gemeinderat anwendbar Das Gesetz bringt diese Auffassung auch in Abs 2 dadurch zum Ausdrucke, daß es nur die Bestimmungen über das Gemeindekollegium, nicht aber die über den Magistrat außer Geltung setzt

2. Wo bisher die Zustimmung des Gemeindekollegiums vorgeschrieben war, entscheidet der Stadtrat künftig allein, gemeinsame Wahlrechte gehen auf den Stadtrat über, vgl die Wahl des Armenrates nach Art. 25 Abs. 2 des AG. oder die Wahl des Waisenrates nach Art 96 des Ausführungsgesetzes vom 9 Juni 1899 in der Fassung des Art 96 des AG.

3. In den bisherigen Landgemeinden tritt an Stelle des Beigeordneten künftig der zweite Bürgermeister Es kann aber jede bisherige Landgemeinde auch drei weitere Bürgermeister und nach Bedürfnis auch berufsmäßige Gemeinderäte aufstellen.

Die Bezeichnung Oberbürgermeister ist im Gesetze nicht mehr vorgesehen, sie wird auch als Titel nicht mehr verliehen (ME. v. 10. Juli 1919).[1]

4. Das Gesetz beseitigt die Unwiderruflichkeit bei den gewählten Gemeindebeamten, es gibt künftig nur Anstellung auf Dienstvertrag In der Rechtslehre wie in der Rechtswissenschaft ist die Frage bestritten, ob zur Entscheidung über vermögensrechtliche Ansprüche aus dem öffentlichrechtlichen Dienstverhältnisse die Gerichte oder die Verwaltungsbehörden berufen sind Für Bayern neigt sich entschieden die Auffassung überwiegend der ersteren Meinung zu E. d. VerwGH. v. 28. Dez. 1917 Samml. Bd. 39 S. 83. Nur wenn die Ansprüche nicht auf einem besonderen Dienstvertrage, sondern auf einer gemeindlichen Satzung beruhen, so nahm man so ziemlich unbestritten die verwaltungsrechtliche Zuständigkeit an E. d. VerwGH. Samml. Bd. 9 S. 419 und die ungedr E. d. VerwGH. vom 29. Nov 1918 Nr 36. In diesem Sinne wollte auch der Entwurf I bereits die ganze Frage dadurch regeln, daß die Art 170—172 des ersten Gemeindebeamtengesetzes

[1] Nicht veröffentlicht.

in der Fassung nach der 2. Lesung mit geringfügigen Änderungen übernommen wurden (Verh. d. K. d. Abg. 1915, Beil. 1212). Der E. II und das SG. mußten sich beschränken und sahen davon ab, die Sache ausdrücklich zu regeln. Die VA. erkennt aber in § 6 ausdrücklich die Zuständigkeit der ordentlichen Gerichte für Streitigkeiten aus dem Dienstvertrag an. Ebenso Art. 129 der Reichs-Verf.

5. Eine Mindestziffer für die Besetzung des Stadt- oder Gemeinderates schreibt das Gesetz nicht vor. Nach der in Ziff. 1 oben gegebenen Erläuterung ist an die in Art. 71/56a und 124 GemO. vorgeschriebenen Zahlen anzuknüpfen.

6. Noch der E. II hielt an dem Stimmrechte der berufsmäßigen Stadt- oder Gemeinderäte fest, bis es namentlich im Hinblick auf jene Stadtverwaltungen mit besonders starker Vertretung des berufsmäßigen Elementes und in der Absicht die Frage gleichmäßig zu regeln, am gangbarsten erschien, das Stimmrecht der berufsmäßigen Mitglieder einzuschränken. Die Einschränkung auf die Gegenstände der Geschäftsaufgabe ist so zu verstehen, daß der Beamte nur in jenen Angelegenheiten mitstimmen darf, die er entweder selbst als Berichterstatter vorträgt, oder die er als der zuständige gemeindliche Beamte und als selbständiger Berichterstatter (Referent) behandelt hat; es ist nicht an dem, daß etwa die rechtskundigen Stadträte in allen Fragen stimmen dürfen, welche rechtlicher Natur sind. Von einer Beschränkung des Rechtes im Stadtrate zu sitzen, spricht das Gesetz nicht. Die berufsmäßigen Stadt- oder Gemeinderäte haben hiernach das Recht, den Sitzungen des Stadt- oder Gemeinderates anzuwohnen.

Die nach Art. 72 Abs. 1 rrh. GemO. aufgestellten Beamten sind nicht Mitglieder des Stadt- oder Gemeinderates, sie können nicht einmal mit beratender Stimme zugelassen werden, sie können aber wie bisher die Unwiderruflichkeit erlangen, Art. 77 Abs. 3 rrh. GemO. Die besondere Bestimmung des Gemeindebeamtenrechtes in Art. 132 Abs. 1/64 der beiden GemO. verwehrt in den Gemeinden mit bisher Landgemeindeverfassung die Anstellung unwiderruflicher Beamter.

7. Bisher konnten (Art. 81/59a Abs. 1 GemO.) die rechtskundigen und technischen Magistratsmitglieder, in der Pfalz die besoldeten Gemeinderatsmitglieder, ihre Stelle jederzeit niederlegen, womit auch alle Ansprüche auf Gehalt und Ruhegehalt wegfielen. Dieser Grundsatz gilt jetzt allgemein für alle berufsmäßigen gewählten Gemeindebeamten. Er gilt auch für den Fall der Wiederwahl. Die Bestimmung, daß die Wiederwahl angenommen werden muß, hat nur die Bedeutung, daß niemand in der Lage sein soll, sich durch Verzicht auf Wiederwahl vorzeitig in den Genuß der Versorgung zu bringen. Der Verzicht auf die Wiederwahl ist z. B. zulässig, wenn der Wiedergewählte bereits das Lebensalter erreicht hat, in dem er nach dem Dienstvertrage das Recht hat, seine Ruhestandsversetzung zu begehren. Außerdem kann durch eine von § 6 Abs. 3 der VA. abweichende Vereinbarung getroffen werden. Es handelt sich hier nur um eine Sollvorschrift.

8. Die Verpflichtung der unmittelbaren Städte, mindestens ein rechtskundiges Stadtratsmitglied anzustellen, ist geblieben. Dagegen müssen jetzt nicht nur die mittelbaren Städte, sondern alle

Gemeinden mit mehr als 1500 Einwohnern, auch in der Pfalz, einen geprüften Gemeindesekretär aufstellen. Diese Bestimmung gilt auch für den Fall, daß sich mehrere Gemeinden, die zusammen mehr als 1500 Einwohner zählen, im Wege des Art 26 SG. zur Aufstellung eines gemeinschaftlichen Sekretärs verbinden Für bereits vor Erlaß des Gesetzes angestellte Sekretäre gewährt das Ministerium Nachsicht, wenn sie innerhalb angemessener Frist die Prüfung nachträglich ablegen

9. **Mittelbare Städte** sind hier nur die Städte mit bisher Stadtverfassung (ME. v 11 Nov 1919)[1])

Art. 7.

I Die Mitglieder der Stadt- und Gemeinderäte werden folgendermaßen gewählt:

1 Die ersten Bürgermeister überall mit absoluter Stimmenmehrheit von sämtlichen Wahlberechtigten;

2 die weiteren Bürgermeister, wenn mehr Vertreter der gleichen Art, berufsmäßige oder ehrenamtliche, auf einmal zu wählen sind, nach den Grundsätzen des Verhältniswahlrechts, sonst mit absoluter Stimmenmehrheit von den Stadt- oder Gemeinderäten;

3 die berufsmäßigen Stadt- oder Gemeinderäte, wenn mehrere solche auf einmal zu wählen sind, nach den Grundsätzen des Verhältniswahlrechts, sonst mit absoluter Stimmenmehrheit von den Stadt- oder Gemeinderäten. Die nach Art. 32 erforderlichen Wahlen geschehen in einzelnen Wahlgängen mit absoluter Stimmenmehrheit;

4. die übrigen Stadt- und Gemeinderäte nach den Grundsätzen des Verhältniswahlrechts von sämtlichen Wahlberechtigten.

II Wird im Falle der Ziff. 1 die absolute Stimmenmehrheit nicht erreicht, so trifft der Stadt- oder Gemeinderat unter den 5 Bewerbern mit der höchsten Stimmenzahl die Auswahl mit absoluter Stimmenmehrheit. Wird diese auch hierbei nicht erreicht, so tritt Stichwahl ein. Ebenso entscheidet die Stichwahl, wenn im Falle der Ziff. 2 und 3 die absolute Stimmenmehrheit nicht erreicht wird.

III Bei Stimmengleichheit in der Stichwahl entscheidet das Los.

Vollzugsanweisung.

§ 7. Die Bestimmung entspricht dem Art 7 des Wahlgesetzes vom 15. April 1919.

a) Die ersten Bürgermeister und die nichtberufsmäßigen Stadt- oder Gemeinderäte werden von sämtlichen Wahlberechtigten

---

[1]) Nicht veröffentlicht.

unmittelbar, die einen mit absoluter Stimmenmehrheit (eine Stimme mehr als die Hälfte der abgegebenen Stimmen), die anderen nach den Grundsätzen des Verhältniswahlrechtes gewählt.

b) Die weiteren Bürgermeister und die berufsmäßigen Stadt- oder Gemeinderäte werden von den Stadt- oder Gemeinderäten gewählt, die das volle Stimmrecht besitzen. In diesem Sinne gehören zu den Stadt- oder Gemeinderäten auch die sämtlichen Bürgermeister, aber nicht die berufsmäßigen Stadt- oder Gemeinderäte. Hier entscheidet entweder die absolute Mehrheit der abgegebenen Stimmen, wenn nur für eine einzelne Stelle gewählt wird, sonst sind die Grundsätze des Verhältniswahlrechts maßgebend. Dabei sind berufsmäßige und nichtberufsmäßigen Stellen je in getrennten Wahlgängen zu besetzen. Für diese Wahlen ist die Wahlordnung, insbes. § 81, nebst Vollzugsvorschriften entsprechend anwendbar.

Wird bei der Wahl des ersten Bürgermeisters durch das Volk die absolute Stimmenmehrheit nicht erreicht, so tritt der Stadt- oder Gemeinderat unter den 5 nötigenfalls durch das Los zu bestimmenden Bewerbern mit der höchsten Stimmenzahl und, wenn weniger als 5 Bewerber aufgetreten sind, unter diesen die Auswahl mit absoluter Stimmenmehrheit. Wird diese auch hierbei nicht erreicht, so tritt hier, ebenso wie bei Ziff. 2 und 3 des Art. 7 Abs. 1 Stichwahl ein, d. h. es wird nur noch zwischen den 2 Bewerbern mit den höchsten Stimmenzahlen gewählt, so daß Stimmen, die auf andere Namen fallen, ungültig sind. Haben mehrere Personen gleichviele Stimmen erhalten, so daß bei ihrer Berücksichtigung die Zahl 2 überschritten würde, so entscheidet wie oben das Los, wer von ihnen in die Stichwahl zu bringen ist.

Die Bezirks- und Kreisvertreter werden zufolge der allgemeinen Vorschriften des Art. 6 des Wahlgesetzes vom 15. April 1919 im Wege der Verhältniswahl gewählt.

Erläuterungen.

1. Die Ziff. 1 des Abs. 1 wird nicht selten mißverstanden. Die ersten Bürgermeister werden von sämtlichen Wahlberechtigten mit absoluter Stimmenmehrheit der abgegebenen gültigen Stimmen gewählt. Als absolute Mehrheit gilt auch ein Bruchteil über die Hälfte. Der E. II hatte noch ähnlich dem Vorgang in der Pfalz die Wahl des ersten Bürgermeisters dem Stadt- oder Gemeinderat übertragen wollen. Man war jedoch der Meinung, daß die unmittelbare Wahl in den Landgemeinden rechts des Rheins, die dem demokratischen Grundsatz am besten entspreche, unter keinen Umständen aufgegeben werden und daß ein Unterschied zwischen Stadt und Land nicht gemacht werden dürfe.

2. Bei der Stichwahl für den ersten Bürgermeister treten an Stelle von wegfallenden Kandidaten die mit den nächsthöheren Stimmzahlen Gewählten ein, unter Umständen muß Neuwahl durch das Volk stattfinden, jedenfalls wenn nach der Stichwahl der endgültig Gewählte wegfällt.

Art. 8.

Den ersten Bürgermeister vertreten zunächst die weiteren Bürgermeister nach ihrer Reihenfolge, danach die nichtberufsmäßigen Stadt- oder Gemeinderäte nach der Reihenfolge ihres Lebensalters.

Vollzugsanweisung.

§ 8. Der erste Bürgermeister wird durch den zweiten, der zweite durch den dritten usw. vertreten, danach kommen die nichtberufsmäßigen Stadt- oder Gemeinderäte an die Reihe, die berufsmäßigen sind, weil sie auch nicht das volle Stimmrecht besitzen, von der Vertretung des Bürgermeisters überhaupt ausgeschlossen.

Der Art. 101 Abs. 3 und Art. 145 Abs. 7 der rechtsrh. GemO wird durch das SG. nicht berührt. Die Bildung von Geschäftsabteilungen ist für das rechtsrheinische Bayern dadurch möglich, daß die weiteren Bürgermeister als deren Vorstände bestimmt werden, für die Pfalz gibt Art. 78 die Möglichkeit, die Sache durch die Geschäftsordnung zu regeln.

Die Erlassung einer Geschäftsordnung ist übrigens auch für das rechtsrheinische Gebiet zulässig.

Von einer Ordnung der Rangverhältnisse wurde abgesehen; wenn ein Bedürfnis danach gefühlt wird, kann sie vom Stadt- oder Gemeinderate getroffen werden.

Erläuterungen.

1. Im Gegensatze zur bisherigen Regelung in Art. 101 Abs. 2 rrh. GemO. sind künftig die berufsmäßigen gewählten Mitglieder des Stadt- oder Gemeinderates nicht mehr berechtigt, den ersten Bürgermeister allgemein zu vertreten. Man glaubte diese Folge aus Art. 6 Abs. 5 SG. ziehen zu müssen, nachdem die berufsmäßigen Stadt- oder Gemeinderäte nicht mehr das volle Stimmrecht in allen Angelegenheiten besitzen. Dagegen hat das Staatsmin. in einer E. an den bayer. Städtebund vom 27. August 1919 anerkannt, daß die berufsmäßigen Mitglieder den Bürgermeister innerhalb ihres Wirkungskreises vertreten können, also soweit sie auch stimmberechtigt sind Es muß indes ein Beschluß des Stadtrats oder eine Bestimmung der Geschäftsordnung vorliegen.

2. Die Bildung von Geschäftsabteilungen stößt im rechtsrheinischen Bayern insoferne auf Schwierigkeiten, als Art. 101 Abs. 3 und 145 Abs. 4 rrh. GemO. verlangen, daß alle Ausfertigungen vom geschäftsleitenden Vorstand unterzeichnet werden müssen, während in Art. 78 pf. GemO. eine solche Bestimmung fehlt, vielmehr die Regelung des formellen Geschäftsganges ohne Beschränkung der Geschäftsordnung überlassen wird. Auf dem in der VA. § 8 angedeuteten Weg ist es auch für das rechtsrheinische Bayern möglich, Geschäftsabteilungen einzurichten. Auch gegen die Erlassung einer Geschäftsordnung bestehen vom Standpunkte der rechtsrheinischen Gemeindeordnung keine Bedenken.

Der E. I hatte in seinem Art. 15 eine Bestimmung vorgesehen, wonach in Art. 101 Abs. 3 rrh. GemO. der Satz angefügt werden sollte: „Die Geschäftsordnung kann für bestimmte bezeichnete Fälle abweichende Anordnungen treffen." Der E. II, der sich, wie bereits in Anm. 4 bei Art. 6 bemerkt worden ist, auf das notwendigste beschränken wollte, sah davon ab, diese Bestimmung zu übernehmen.

3. Bei gleichem Lebensalter wird man auch hier, wie oben Anm. 4 bei Art. 3, das Los entscheiden lassen müssen.

Art. 9.

I Die Anzahl der Bezirksvertreter wird auf ein Drittel der bisherigen Zahl der Vertreter der Gemeinden festgesetzt. Bruchteile unter der Hälfte bleiben bei der Berechnung außer Betracht.

II Der Art. 68 des Armengesetzes bleibt unberührt.

Vollzugsanweisung.

§ 9. Bei der Berechnung der Anzahl der Bezirksvertreter werden nur diejenigen Mitglieder des bisherigen Distriktsrates gezählt, die unter Art. 2 Abs. 1 lit. a des DRG. fallen, besteht z. B. ein Distrikt aus 36 Gemeinden, von denen 34 je einen Vertreter, 2 aber, weil sie 3000 und 5000 Einwohner zählen, 2 und 3 Vertreter haben, so ist die maßgebende Anzahl 39, die Anzahl der Bezirksvertreter also 13. Bei der Teilung durch 3 ergibt erst der Rest 2 einen Vertreter mehr, $\frac{1}{3}$ von 40 ist also 13, $\frac{1}{3}$ von 41 aber 14. In einigen Bezirken wird die Zahl der Vertreter kleiner als 10 sein (z. B. Garmisch, Viechtach). Der Bezirkstag soll keine Versammlung (Parlament), sondern ein Verwaltungsorgan sein, vergleichbar dem Gemeinderat, aber noch kleiner als dieser, um hier, wo die Mitglieder nicht an einem und demselben Orte wohnen, den Zusammentritt möglichst zu erleichtern.

Die Vorschriften über die Verwaltung der Bezirksarmenpflege, Art. 65 bis 69 des Armengesetzes vom 21. August 1914, werden überhaupt nicht vom Gesetze getroffen. Die Bestimmungen des Art. 68 über die Zusammensetzung des Bezirkstages für die Behandlung der Armenangelegenheiten waren aber ausdrücklich aufrechtzuerhalten.

Für die Bildung des Armenrates und des Waisenrates ist die gemeinschaftliche Bekanntmachung der Staatsministerien der Justiz und des Innern vom 12. Juni 1919 Nr. 5704 a und des Innern vom 20. Juni 1919 Nr. 5704 a 4 (StA. Nr. 145 vom 14. Juni 1919 und Nr. 154 vom 22. Juni 1919) maßgebend.[1])

Erläuterungen.

1. Der Art. 9 entspricht genau dem Art. 8 des E. II, der zum erstenmal die neue Zusammensetzung des Distriktsrates regeln wollte. Die Begründung führt dazu folgendes aus:

---

[1]) Im Anhang abgedruckt.

„Die bisherige Anzahl der Distriktsratsmitglieder war viel zu groß. Das zeigt die folgende Tabelle, die in den Ziffern vor den Klammern die Anzahl der Gemeindevertreter angibt, wie sie für die Berechnung des Drittels maßgebend war, und in Klammern die Anzahl der überhaupt gewählten Mitglieder des früheren Distriktsrates, also einschließlich der Vertreter des Grundbesitzes, aber immer noch ausschließlich der beiden Pfarrer, des Vertreters des Ärars und des Bezirksarztes.

Die Zusammenlegung der mehreren Distrikte eines Bezirksamtes zu einem einzigen Distrikte würde, wenn nicht eine bedeutende Einschränkung der Anzahl eintritt, das Übel noch vermehren. Es würde in 20 Bezirksämtern die Zahl der Mitglieder des vereinigten Bezirkstages zwischen 99 und 140 schwanken. Auch der dritte Teil dieser Ziffern wäre noch immer zu groß.

Es muß also für die Berechnung des Drittels der Stand unter Abzug der Sondervertretung des Grundbesitzes zugrunde gelegt werden.

Die vorgeschlagene Beschränkung, deren Wirkung aus den Beispielen der folgenden Tabelle ersichtlich ist, genügt dem Bedürfnis, erleichtert die Verhandlungen und ermöglicht auch ohne besondere Kosten den Bezirkstag, wo es nötig ist, öfter im Jahr einzuberufen.

I. Ämter mit einem Distrikt.

Aichach	jetzt	76 (105),	künftig	25
Erding	„	49 (67),	„	16
Weilheim	„	48 (66),	„	16
Regen	„	29 (40),	„	10
Straubing	„	45 (62),	„	15
Ludwigshafen . . .	„	63 (87),	„	21
Burglengenfeld . .	„	57 (78),	„	19
Hof	„	42 (58),	„	14
Fürth	„	41 (57),	„	14
Augsburg	„	39 (55),	„	13

II. Ämter mit mehreren Distrikten.

München r. J. „ l. J.	jetzt	47 (65),	nach der Zusammenlegung			16
Traunstein Trostberg	„	56 (78),	„	„	„	19
Passau I „ II	„	41 (56),	„	„	„	14
Kaiserslautern Otterberg	„	69 (95),	„	„	„	23
Pirmasens Dahn Waldfischbach	„	81 (109),	„	„	„	27
Rockenhausen Obermoschel Winnweiler	„	65 (90),	„	„	„	22

Stadtamhof Regenstauf	jetzt 72 (99),	nach	der	Zusammenlegung	24
Tirschenreuth Waldsassen	„ 53 (75),	„	„	„	18
Weiden Neustadt W. N.	„ 65 (90),	„	„	„	22
Bamberg II Burgebrach	„ 66 (90),	„	„	„	22
Teuschnitz Ludwigstadt Nordhalben	„ 36 (49),	„	„	„	12
Wunsiedel Kirchenlamitz Thiersheim	„ 55 (76),	„	„	„	18
Nürnberg Altdorf	„ 41 (56),	„	„	„	14
Schwabach Roth	„ 55 (75),	„	„	„	18
Weißenburg Ellingen Pappenheim	„ 67 (92),	„	„	„	22
Gerolzhofen Volkach Wiesentheid	„ 77 (105),	„	„	„	26
Schweinfurt Werneck	„ 66 (92),	„	„	„	22
Würzburg l. M. „ r. M.	„ 47 (65),	„	„	„	16
Dillingen Höchstädt a. D. Lauingen	„ 78 (107),	„	„	„	26
Günzburg Burgau	„ 65 (90),	„	„	„	22
Lindau Weiler	„ 33 (45),	„	„	„	11
Neu-Ulm Weißenhorn	„ 54 (74),	„	„	„	18
Memmingen Ottobeuren	„ 55 (76),	„	„	„	18

Der Versuch, die Bevölkerungsziffer als Maßstab zugrunde zu legen, trägt der Gruppierung nach Gemeinden nicht genügend Rechnung und läßt sich auch wegen der großen Zahlen in der Pfalz nicht einheitlich für das ganze Land durchführen, weil dort noch die größeren Städte dem Distrikt angehören. Aus diesen Gründen ist die Anknüpfung an die gegenwärtigen Zahlenverhältnisse wohl das zweckmäßigste.

Die Vorschriften über die Verwaltung der Bezirksarmenpflege, Art. 65 bis 69 des Armengesetzes vom 21. August 1914, sollen überhaupt nicht vom Entwurf getroffen werden, die Bestimmungen des Art. 68 über die Zusammensetzung des Distriktsrates für die Behandlung der Armenangelegenheiten waren aber ausdrücklich aufrecht zu erhalten."

2. Es ist zuzugeben, daß in einigen wenigen Bezirksämtern, wie Garmisch, Regen, Viechtach, bei dieser Art der Berechnung der Bezirkstag sehr klein ausfallen, daß er nicht einmal die Zahl 10 erreichen wird. In Tölz fällt der Bezirkstag mit dem Bez.-Ausschuß zusammen. Es kam in Frage, eine Ziffer als Mindeststärke des Bezirkstages zu bestimmen. Dagegen sprach aber wieder die grundsätzliche Absicht, den Bezirkstag möglichst klein zu lassen, um seinen Charakter als Verwaltungsorgan zu wahren, dadurch aber auch die Verantwortlichkeit der Mitglieder zu erhöhen und schließlich auch gerade in Bezirken mit schwierigeren Verkehrsverhältnissen, wie Viechtach und Regen, die Leichtigkeit der Einberufung des Bezirkstages nicht zu vermindern. Dafür wurden auf anderem Wege Mittel geschaffen, insbesondere durch Zuwahl in die Sonderausschüsse, eine Verstärkung ohne Verletzung der Grundsätze zu gewinnen. Auch die VA. stellt in § 19 ein weiteres Mittel für diesen Zweck zur Verfügung, indem sie zuläßt, für die Wahl der Ersatzmänner des Ausschusses auf Ersatzmänner bei der Wahl der Bezirksvertretung zurückzugreifen. Es wird abzuwarten sein, ob sich die jetzigen Bestimmungen des Gesetzes nach dieser Richtung bewähren. Ein Antrag des Abg. Eichner (Beil. 379 der Landtagsverh. 1919) wollte die Mindeststärke des Bezirkstags auf 16 festgesetzt wissen.

Art. 10.

Die Anzahl der Kreisvertreter wird für Oberbayern auf 45 festgesetzt, für alle übrigen Kreise auf 30.

Vollzugsanweisung.

§ 10. Die Anzahl der Kreisvertreter ist gesetzlich festgelegt; sie ist unabhängig von der Einwohnerzahl. Die Vertretungen der einzelnen Distrikte, der unmittelbaren Städte, ferner die Sondervertretungen des Grundbesitzes, der Geistlichkeit und der Universitäten sind beseitigt.

Erläuterungen.

Der Art. 9 des E. II hatte für Oberbayern die Anzahl der Kreisvertreter auf 50, für Mittelfranken auf 30 und für alle übrigen Kreise auf 25 vorgeschlagen. Im Anschluß an die bei dem vorhergehenden Art. 9 gegebene Begründung hinsichtlich der Stärke der Bezirkstage führt die Begründung zu Art. 9 des E. II folgendes an:

„Ähnliche Erwägungen wie bei Art. 8 sprechen auch dafür, die Anzahl der Kreisvertreter einzuschränken. Die nachstehende Tabelle gibt den Stand in derselben Weise wie vorher für die Distrikte. Die

Ziffern vor den Klammern zeigen die Anzahl der Gemeindevertreter an, die Ziffern in den Klammern die Anzahl der Mitglieder mit Zurechnung der Vertreter des Grundbesitzes, der Geistlichkeit und der Universitäten.

Oberbayern . .	53 (62)	künftig 50
Niederbayern .	19 (26)	″ 25
Pfalz	17 (24)	
Oberpfalz	19 (26)	
Oberfranken	25 (32)	
Mittelfranken . . .	41 (49)	″ 30
Unterfranken . . .	27 (36)	″ 25
Schwaben	33 (40)	

Bei der Berechnung wurden zwei Drittel der Anzahl der Gemeindevertreter unter Auf- oder Abrundung zugrunde gelegt und bei der Pfalz dabei berücksichtigt, daß die größeren Stäte, die jetzt unmittelbar geworden sind, bisher keine ausgeschiedene Vertretung beim Landrate gehabt haben. Auch hier sprechen ähnliche Gründe, wie vorher beim Bezirke, für einen Anschluß an die gegebenen Zahlenverhältnisse, um dem Verhältnisse zwischen Stadt und Land Rechnung zu tragen, das bei gleicher Bevölkerungsziffer sehr verschieden sein kann.“

Art. 11.

I Mit Wirkung vom 1. Januar 1920 werden die zu einem Bezirksamte gehörigen mehreren Distrikte zu einem einzigen Bezirke vereinigt.

II Streitigkeiten über die Auseinandersetzung des Vermögens werden nach Art. 11 des Verwaltungsgerichtsgesetzes entschieden. Jeder bisherige Distrikt wird in diesem Verfahren noch vom bisherigen Distriktsausschusse vertreten. Dieser ergänzt eintretende Lücken durch Zuwahl aus den nach dem älteren Recht wählbaren Angehörigen des bisherigen Distrikts.

III Die Verwaltung des vereinigten Bezirkes wird nach Beendigung der Wahl von der für den vereinigten Bezirk gewählten Vertretung übernommen. Der Haushalt für das laufende Jahr wird nach Maßgabe des aufgestellten Voranschlags noch getrennt für die beiden bisherigen Distrikte geführt.

IV Für die Berechnung der Zahl der Mitglieder des Bezirkstages ist die Summe der Vertreter der Gemeinden der bisherigen Distrikte maßgebend.

Vollzugsanweisung.

§ 11. Bei der Vereinigung der Distrikte zu einem einzigen Bezirke soll grundsätzlich eine Vereinigung des Verwaltungs-, des Finanzvermögens und der Schulden eintreten. Der Übergang der Vermögensrechte ist als Gesamtrechtsnachfolge zu betrachten. Der Eigentumsübergang an eingetragenen Grundstücken oder grundstücksgleichen Rechten vollzieht sich außerhalb des Grundbuches, so daß das Grundbuch berichtigt werden muß. Zu diesem Zweck ist das Grundbuchamt zu verständigen.

Die Vereinigung soll ausgleichend wirken. Es ist zu vermeiden, irgendwelche Sonderrechte oder Vorrechte für den einen oder anderen Distrikt zu begründen, nur wo subjektive öffentliche oder private Rechte es verlangen, z. B. das Recht der Angehörigen eines Distrikts eine bestimmte Anstalt zu benützen oder an einer Stiftung teilzunehmen, soll an den früheren Grenzen der beiden Distrikte festgehalten werden.

Die Bezirksamtsvorstände werden mit den Verhältnissen der einzelnen Distrikte so bekannt sein, daß sie die gütliche Regelung der vermögensrechtlichen Seite in den meisten Fällen erreichen werden.

Es empfiehlt sich ferner eine gewisse Rücksichtnahme in der Weise, daß sich der Bezirkstag abwechselnd auch in den anderen oder in den beiden anderen Distrikten versammelt, daß dort Einhebe- und Auszahlungsstellen bestehen bleiben, daß unter Umständen der Name des neuen Bezirkes die Namen der vereinigten Distrikte enthält, wie das bei Memmingen-Ottobeuern seinerzeit bereits geschehen ist.

In der Pfalz gehören die unmittelbaren Städte noch dem Bezirksverband an, sie können jetzt nach Art. 17 dieses Gesetzes auch gegen den Willen der Stadt wie des Bezirkes abgetrennt werden. Dies wird sich auch empfehlen wegen der besonderen bezirkspolizeilichen Zuständigkeit des Bezirksausschusses nach Art. 23 dieses Gesetzes, die mit der gleichen Zuständigkeit der unmittelbaren Städte sich nicht vertragen würde.

Die Berechnung der einzelnen Vertreter des vereinigten Bezirkes zeigt folgendes Beispiel: Wenn das Bezirksamt aus drei Distrikten besteht mit 22, 19 und 18 Gemeindevertretern, so hat der vereinigte Bezirk 20 Vertreter

Erläuterungen.[1])

1. Der E I hatte bereits die Zusammenlegung der mehreren zu einem Bezirksamte gehörigen Distrikte im Art. 60 vorgesehen. Den Zeitpunkt der Vereinigung sollte das Staatsministerium des Innern bestimmen. Streitigkeiten über die Auseinandersetzung des Vermögens sollten nach Art. 11 VGG. entschieden werden. An diese Bestimmung knüpfte der Art. 16 des E. II an. Er hat denselben Wortlaut wie jetzt der Art. 11 SG. Aus der Begründung des E. I sei das folgende hervorgehoben:

„Die Umlagenbelastung der Distrikte, allein nach dem Hundertsatze betrachtet, ist eine sehr verschiedene. Sie schwankt in den Kreisen

Oberbayern	zwischen	53	und	18 %	Durchschnitt	31 %
Niederbayern	„	68	„	26 „	„	37 „
Pfalz	„	91	„	12 „	„	27 „
Oberpfalz	„	58	„	19 „	„	40 „

[1]) Siehe Anhang 6, SG in der Pfalz

Oberfranken	zwischen	78	und	14 1/2 %,	Durchschnitt	38 %
Mittelfranken	„	89	„	21 „	„	46 „
Unterfranken	„	66	„	20 „	„	33 „
Schwaben	„	54	„	20 „	„	29 „

Diese Ungleichheit rührt davon her, daß im allgemeinen die Ausgaben der Distrikte für öffentliche Zwecke geringere Unterschiede aufweisen als die Leistungsfähigkeit der Distrikte.

Die große Verschiedenheit dieser Leistungsfähigkeit ist wieder hauptsächlich eine Folge der großen Verschiedenheit des Umfanges der Distrikte. Der Distrikt Weißenburg z. B. zählt nur 8 Gemeinden, der Distrikt Aichach dagegen 75.

Die letzte zusammenfassende Erhebung über die Verhältnisse der Distrikte stammt aus dem Jahre 1907: ‚Die bayerischen Distriktsfinanzen', Heft 75 der Beiträge zur Statistik des Königreichs Bayern 1910. Wenn auch diese Erhebung sonst bereits veraltet ist, für den Vergleich der Distrikte unter einander liefert sie ein auch heute noch brauchbares Bild.

Auch hier ist ein Ausgleich durch Zusammenlegung dringend geboten. Es liegt nahe die Distrikte, die zu einem Bezirksamte gehören, zu vereinigen. Das wird eine erhebliche Geschäftsvereinfachung für die Verwaltungsbehörden bringen. Es gibt 9 Bezirksämter mit 3, 82 mit 2, 72 mit 1 Distrikte. Zwar ist gerade unter den Distrikten eines und desselben Bezirksamtes Leistungsfähigkeit und Hundertsatz der Umlage bisweilen sehr verschieden, aber gerade dieser Umstand spricht nicht gegen, sondern für die Vereinigung. Denn die Distriktsbildung, die sich an die alten Landgerichte anschloß, konnte für die Leistungsfähigkeit nur ein Zufallsergebnis liefern. Schon die Durchschnittssätze der Tabelle oben zeigen, wie ausgleichend die Zusammenlegung wirken wird."

Die für den E. I noch bestehenden Bedenken, daß die Vertretungen der vereinigten Distrikte zu groß werden könnten, mußten für den E. II wegfallen, weil dieser bereits mit der neuen Zusammensetzung des Bezirkstages rechnen durfte.

2. Die Vereinigung der mehreren Distrikte tritt am 1. Januar von Rechts wegen ein. Die beiden Distrikte gehen als selbständige Rechtspersönlichkeiten unter, das Vermögen wird gemeinschaftlich. Der neue Bezirk ist als Gesamtrechtsnachfolger der 2 oder 3 Distrikte zu betrachten, die bisher den Amtsbezirk gebildet haben. Es wird wohl in den meisten Fällen dadurch eine Vermögensauseinandersetzung sich erübrigen Es liegt sogar in der Absicht des Gesetzes, weder Vorzugsrechte noch Vorzugslasten bestehen zu lassen oder etwa neu zu begründen. Vor solchen Versuchen muß ganz besonders da gewarnt werden, wo sich der eine Distrikt von dem anderen in bezug auf die Leistungsfähigkeit wesentlich unterschieden hat. Der Vorgang der Vereinigung soll wie die Eingehung einer Ehe nach dem Rechte der Gütergemeinschaft behandelt werden. Immerhin sind Fälle denkbar, wo für den einen oder anderen Distrikt auf Grund besonderer Rechtsverhältnisse bestimmte Rechtsansprüche gegenüber dem anderen oder gegenüber Dritten vorzubehalten sind. Kann das nicht ohne weiteres geschehen, muß insbesondere ein Auseinandersetzungsverfahren nach Art. 11 VGG. ein-

treten, so wird, um dieses Verfahren überhaupt zu ermöglichen, angenommen, daß der Distrikt noch existiert und er wird in diesem Verfahren vom bisherigen Distriktsausschusse vertreten. Diesen Ausweg hatte bereits der E. I vorgesehen und der E. II und das SG. haben ihn von dort unverändert übernommen.

3. Die für den vereinigten Bezirk gewählte Vertretung soll die Verwaltung sofort übernehmen. Das soll verhindern, daß etwa da, wo Distrikte mit sehr verschiedener Leistungsfähigkeit zusammengelegt werden, der leistungsschwächere mit Rücksicht auf diese Vereinigung noch besondere Ausgaben zu seinen eigenen Gunsten machen wollte. Die Verwaltung wird aber bis 1. Januar 1920, was den Haushalt anbelangt, getrennt nach den aufgestellten Haushaltplänen geführt. Es werden sich manche Schwierigkeiten aus diesen Anordnungen ergeben, der Gesetzgeber hat aber erwartet, daß die Amtsvorstände sie bewältigen werden.

Art. 12.

I Die Gemeinden, die Bezirke, die Kreise sind Körperschaften des öffentlichen Rechts mit dem Rechte der Selbstverwaltung nach Maßgabe der Gesetze. Sie können Rechte erwerben und Verbindlichkeiten eingehen.

II Aufgabe der Gemeinden, Bezirke und Kreise ist die Pflege des geistigen, sittlichen und wirtschaftlichen Wohles der Einwohner und deren Erziehung zur Gemeinschaft des ganzen Volkes.

Vollzugsanweisung.

§ 12. Die Staatsaufsicht ist in den Art. 12, 13 und 14 einheitlich für Gemeinden, Bezirke und Kreise geregelt. Art. 1/1 der beiden Gemeindeordnungen ist durch Art. 12 ersetzt.

Der Abs. 2 soll nur die Berechtigung der Gemeinden, Bezirke und Kreise aussprechen, ihre Tätigkeit auf diese Gebiete zu erstrecken. Eine Handhabe für die Staatsaufsicht soll er nicht bieten.

Die Obliegenheiten der Gemeinden, Bezirke und Kreise läßt das Gesetz unberührt. Es gelten für die Gemeinden insbesondere Art. 38/29 der beiden Gemeindeordnungen weiter, ebenso Art. 27 und 28 des Distriktsratsgesetzes für die Bezirke und das Kreislastenausscheidungsgesetz vom 23. Mai 1846 (GBl. 1846 S. 45) für die Kreise.

Ebenso bleiben bis zu einer anderweitigen Regelung die Vorschriften aufrechterhalten, welche die Ernennung der Bezirks- und Kreisbeamten und die Aufbringung ihrer Bezüge betreffen. Für den Bezirkskassier gelten die Art. 20 und 21 des DRG. weiter.

Ebenso bleiben die bisherigen Bestimmungen in Kraft, welche den Vollzug des Kreishaushaltes betreffen (Führung der Kreiskassenrechnung, Erhebung der Einnahmen usw.).

Vor der Besetzung der Stelle eines Bezirkstechnikers soll in der Regel ein öffentliches Ausschreiben zur Bewerbung ergehen.

Vor der endgültigen Wahl ist der Landesverband der Bezirksbaumeister Bayerns zu hören.

Als Mindestvorbildung soll das erfolgreiche Bestehen der Schlußprüfung einer staatlich anerkannten Baugewerkschule und der Nachweis einer mehrjährigen praktischen Tätigkeit im öffentlichen oder privaten Baudienste verlangt werden.

Erläuterungen.

1. Der Abs. 1 des Art. 12 bildete im E. II den Abs. 1 des Art. 14. Der Abs. II des Art. 12 ist vom Berichterstatter der Komm. I vorgeschlagen und in dem vorgeschlagenen Wortlaut auch in das Gesetz aufgenommen worden. Während der E. I nur den Distrikten das Recht der Selbstverwaltung geben wollte, hat bereits der E. II das Recht auch auf die Kreise ausgedehnt und es einheitlich für die Gemeinden, Bezirke und Kreise geregelt. Die jetzigen in drei Artikel auseinandergezogenen Bestimmungen (Art. 12—14 SG.) waren im E. II in einem einzigen vereinigt.

2. Zum Begriffe der Selbstverwaltung vgl. den bemerkenswerten Aufsatz in der Bayer. Gemeindezeitung Nr. 26, Jahrgang 1919, ferner Ziff. 4 der im Anhang unter G abgedruckten ME. vom 1. September 1919: „Das Wesen der Selbstverwaltung liegt in der Befreiung von der alten Staatskuratel und in der breiten Heranziehung des Volkes zur Entscheidung über die Bezirks- und Kreisangelegenheiten."

Die Selbstverwaltung wird nach Maßgabe der Gesetze eingeräumt.

1. Das Recht zur Erhebung von Verbrauchssteuern und von örtlichen Abgaben bemißt sich bei den Gemeinden nach Art. 40/31 der beiden Gemeindeordnungen; Bezirk und Kreis haben dieses Recht überhaupt nicht.

2. Das Beamtenrecht bemißt sich bei den Gemeinden und Bezirken nach der Gemeindeordnung und dem Distriktsratsgesetze mit den durch das Gemeindebeamtengesetz vom 16. Juli 1916 eingetretenen Änderungen. Das Recht zur Anstellung unwiderruflicher Beamter bleibt nach wie vor auf Gemeinden mit bisher magistratischer Verfassung beschränkt. Für die Kreise sind die bisherigen Rechtsverhältnisse geblieben. Die Kreisbeamten haben bisher als königliche Beamte gegolten, sie sind auch durch das StGB. Art. 188, 189 und die auf Grund des Art. 189 erlassenen Verordnungen besonders behandelt worden, das Ernennungsrecht stand nicht dem Kreise, sondern in der Regel dem Könige zu und ist durch die Verordnung vom 15. November 1918, GVBl. S. 1231, auf das zuständige Ministerium übergegangen. An diesen Verhältnissen soll vorläufig nichts geändert werden.

3. Auch das Recht, die Titulatur der Beamten zu bestimmen, bleibt beschränkt. Es darf insbesondere keine Bezeichnung gewählt werden, die mit den staatlichen sich decken würde, soweit nicht bisher schon Ausnahmen gegolten haben, und ebensowenig eine Bezeichnung, die als Titel bisher verliehen wurde. Die Wahl der Bezeichnung Oberbürgermeister für den ersten Bürgermeister durch die Gemeinden wäre z. B. unzulässig.

4. Rechnungs- und Kassenwesen der Gemeinden und Bezirke bestimmt sich wie bisher nach den Gemeindeordnungen und nach dem

Distriktsratsgesetze (vgl. übrigens auch Art. 16 dieses Gesetzes), aber auch das der Kreise soll unverändert in der bisherigen Weise fortgeführt werden. Es liegt nicht in der Absicht des Gesetzes und es wäre auch ohne empfindliche Störung des Kreishaushalts gar nicht möglich, die Verhältnisse denen des Bezirkes oder der Gemeinde anzugleichen.

5. Für die Gemeinden bleiben auch jene Beschränkungen in Geltung, die ihrer Natur nach mit dem Selbstverwaltungsrechte nicht zusammenhängen z. B. Art. 67/51 Abs. 2 und Art. 69/53 der beiden Gemeindeordnungen, die zum Stiftungsrechte gehören, ferner Art. 31/24 Abs. 3 und Art. 55 Abs. 4/40 Abs. 3 der beiden Gemeindeordnungen, die die Mitgliedschaftsrechte der Gemeindeangehörigen regeln.

Im allgemeinen drängt das Selbstverwaltungsrecht, insbes. der Kreise zu einem weiteren Ausbau, der sich voraussichtlich mit der Neubearbeitung der Gemeindeordnungen, das Distr.- und das Landr.-Ges. vollziehen wird. Das Recht der Kreisbeamten, Haftung und Dienststrafrecht der Mitglieder des Bezirks- und Kreistages bedarf erst der gesetzlichen Regelung, die sich nun nach Anhörung mit den neuen Selbstverwaltungskörpern vollziehen kann.

Art. 13.

I Die Staatsaufsicht wird unter der obersten Leitung des Staatsministeriums des Innern

a) über die unmittelbaren Städte von der Regierung, Kammer des Innern, über alle übrigen Gemeinden vom Bezirksamte,
b) über die Bezirke von der Regierung, Kammer des Innern,
c) über die Kreise vom Staatsministerium des Innern

ausgeübt.

II Die Aufsichtsbehörde kann gesetzwidrige Beschlüsse aufheben und die Erfüllung der gesetzlichen oder übernommenen Verpflichtungen erzwingen.

III Wird die Verpflichtung bestritten, so hat die Aufsichtsbehörde Beschluß zu fassen. Gegen die Beschlüsse der Bezirksämter ist Beschwerde zur Regierung, gegen die Beschlüsse der Regierung Beschwerde zum Verwaltungsgerichtshofe nach Art. 10 Ziff. 1, 2 des VGG. zulässig. Alle Beschwerden sind innerhalb einer unerstrecklichen Frist von vier Wochen einzulegen.

IV Wird auch die endgültig festgestellte Verpflichtung nicht erfüllt, so hat die Aufsichtsbehörde das Recht des Zwangsvollzugs und der Einsetzung der Kosten in den Voranschlag. Sie kann in solchen Fällen rechtserhebliche Erklärungen an Stelle der Gemeinde, des Bezirkes, des Kreises schriftlich abgeben oder zur Abgabe solcher Erklärungen einen Bevollmächtigten für die Gemeinde, den Bezirk, den Kreis aufstellen.

V In dringenden Fällen steht der Aufsichtsbehörde die Befugnis des vorigen Absatzes selbst dann zu, wenn die bestrittene Verpflichtung noch nicht endgültig festgestellt ist; die Aufsichtsbehörde kann auch vorläufige Anordnungen treffen.

Vollzugsanweisung.

§ 13. Die Bestimmungen treten für die Gemeinden an Stelle der Art. 157/89 der beiden Gemeindeordnungen, für die Bezirke und Kreise sind sie neu.

Das Recht der Kenntnisnahme von der Tätigkeit der Gemeindebehörde, insbesondere das Recht der Amts- und Kassenvisitation (bisher Art. 157/89 Abs. 2 der beiden Gemeindeordnungen) ist ein selbstverständlicher Teil der Staatsaufsicht und nicht mehr ausdrücklich im Gesetz erwähnt.

Die Leistungsfähigkeit der Gemeinde, des Bezirkes, des Kreises hinsichtlich der aufzuerlegenden Verpflichtung ist eine selbstverständliche Voraussetzung des staatsaufsichtlichen Einschreitens. Sie ist auch für die Folge sorgsam zu prüfen und im etwa ergehenden Beschlusse festzustellen.

Das Gesetz sieht von besonderen Förmlichkeiten ab, die die Gemeinde, den Bezirk, den Kreis in bezug auf die Leistung in Verzug setzen. Es ist auch für die Folge notwendig, daß die Gemeinde, der Bezirk, der Kreis zunächst auf ihre Verpflichtung aufmerksam gemacht und über die einschlägigen gesetzlichen Bestimmungen belehrt werden; erst wenn diese Schritte erfolglos geblieben sind, kann der staatsaufsichtliche Zwang ausgeübt werden.

Erläuterungen.

1. Für die Staatsaufsicht, so wie sie jetzt für Gemeinden, Bezirke und Kreise gleichmäßig geordnet ist, hatte der E. I, allerdings nur für die Distrikte, bereits die Grundlage geschaffen. Die Begründung führte dazu folgendes aus:

„Die Staatsaufsicht im Sinne des Entwurfs zerfällt in drei Teile:

1. die Rechtsaufsicht, daß die gesetzlichen Schranken eingehalten werden,
2. die Pflichtaufsicht, daß die gesetzlichen Aufgaben erfüllt werden. Endlich
3. das Mitwirkungsrecht der Aufsichtsbehörde und zwar gesetzlich beschränkt auf die Fälle des Abs. 7 und 8.

Die Aufhebung eines gesetzwidrigen Beschlusses kann unter Umständen in einer Verfügung der Aufsichtsbehörde erblickt werden, die stillschweigend einen Beschluß der Gemeinde, des Bezirkes, des Kreises unbeachtet läßt. Auch in diesem Fall ist Beschwerde zulässig. Wird sie mit der Behauptung begründet, daß das Selbstverwaltungsrecht verletzt sei, so kann der Verwaltungsgerichtshof angerufen werden.

Die Pflichtaufsicht ist in Abs. 4—6 des näheren geordnet. Ist der Streit über die Verpflichtung zuungunsten der Körperschaft ausgetragen, so hat die Aufsichtsbehörde das Recht des Zwangsvollzugs, sie kann die Handlung oder Leistung an Stelle oder auf Kosten der Körperschaft selbst vornehmen (Zwangsersatzvornahme) und die Kosten in den Voranschlag zwangsweise einsetzen (Zwangseinschreibung, Zwangsetatisierung).

Diese Bestimmungen gelten auch, wenn ein zivilrechtliches Erkenntnis vollstreckt werden will.

Die Aufsichtsbehörde kann sich zunächst damit begnügen, die schuldige Leistung in den Voranschlag einzustellen und mit der Zwangsersatzvornahme oder der dienstlichen Einwirkung auf den Beamten, der für den Vollzug durch die Körperschaft verantwortlich ist, noch zuwarten, bis sich die Notwendigkeit weiterer Zwangsmaßnahmen herausstellt. In der Regel wird die Zwangseinschreibung genügen.

Der Aufsichtsbehörde muß auch das Recht zustehen, in dringenden Fällen noch vor der endgültigen Festsetzung der Verpflichtung Zwangsmaßnahmen zu ergreifen oder vorläufige Anordnungen zu treffen.

Die der Genehmigung vorbehaltenen Fälle sind lediglich im Interesse der Körperschaft selbst ausgewählt."

Jetzt ist die Rechtsaufsicht mit dem ersten Halbsatze des Abs. 2 des Art. 13, die Pflichtaufsicht mit dem 2. Halbsatze getroffen. Das Mitwirkungsrecht (Prüfung und Genehmigung der Beschlüsse) ist jetzt in den Art. 14 und 15 des SG. enthalten. Die Form der Pflichtaufsicht (der Leistungszwang) ist in Abs. 3 und 4 geordnet.

2. Die neuen Bestimmungen unterscheiden sich sachlich wenig von denjenigen, die bisher für die Gemeinden gegolten haben. Nur der Formenzwang, wie ihn Art. 157/89 der beiden Gemeindeordnungen ausgeprägt hatten, ist verschwunden. Zwar wird auch jetzt der natürliche Gang der Dinge eine Anmahnung der Gemeinde, des Bezirkes, des Kreises an die Erfüllung ihrer Pflicht und die Belehrung über deren gesetzliche Grundlage sein, aber eine so formalistische notwendige Voraussetzung wie bisher ist diese Mahnung und Aufforderung für die Folge nicht mehr. Wenn aus Form und Inhalt eines Beschlusses der Gemeinde, des Bezirkes oder Kreises hervorgeht, daß sich die Verwaltung über die Rechtslage im klaren ist, aber trotzdem die Verpflichtung bestreitet, so ist die Aufsichtsbehörde sofort berechtigt, Beschluß über die bestrittene Verpflichtung zu fassen.

Die Leistungsfähigkeit ist die selbstverständliche Voraussetzung. Von einem Verwaltungsermessen kann man nur insoferne reden, als die Aufsichtsbehörde auch dann, wenn die Leistungsfähigkeit gegeben ist, sich dahin schlüssig machen kann, vom Zwang abzusehen. Aber wenn ein Zwang wirklich ausgeübt wird, muß auch die Leistungsfähigkeit gegeben sein. Die Beurteilung, ob dies der Fall ist, liegt, richtig betrachtet, nicht im Verwaltungs-, sondern im richterlichen Ermessen. Bisher hat indes die Rechtsprechung daran festgehalten, daß der Verwaltungsgerichtshof zur Entscheidung dieser Frage mit Rücksicht auf Art. 13 Abs. 1 Ziff. 3 VGG. nicht zuständig sei.

3. Der E. II wollte die Staatsaufsicht über die Kreise den Kreisregierungen übertragen. Das hätte den Weg vereinfacht, weil die Regierung die Verhältnisse aus eigener Anschauung kennt und jedenfalls rascher hätte arbeiten können. Dazu wäre aber noch der Vorteil gekommen, daß es auf diese Weise auch dem Kreis in der Regel möglich gewesen wäre, bei behaupteter Verletzung des Selbstverwaltungsrechtes den Verwaltungsgerichtshof anzurufen. Gegen die Aufsichtsentscheidungen des Ministeriums ist dies nicht zulässig. Ob sich hier ein Ausweg in der Weise finden läßt, daß in solchen Fällen das Ministerium die Regierung mit dem Vollzug in einer Form beauftragt, die eine Beschwerde zum Verwaltungsgerichtshofe möglich macht oder, ob aus § 22 Abs. 4 der bayr. VerfUrkunde, die den Gemeinden und Gemeindeverbänden Anspruch auf verwaltungsrechtlichen Schutz gibt, eine solche Folge gezogen werden will, muß der Rechtsprechung überlassen werden.[1])

4. Das Recht der Einsetzung der Ausgaben in den Voranschlag, die Zwangseinschreibung (Zwangsetatisierung) ist in dieser allgemeinen Anwendung für das bayerische Verwaltungsrecht neu, im besonderen ist sie aber bereits in Art. 141 Abs. 5/79 Abs. 7 der beiden Gemeindeordnungen bei der Aufstellung des Ortspolizeipersonals als Zwangsmaßregel zugelassen worden. Dieses Mittel wird in vielen Fällen die beste Art des Zwangsvollzuges sein, wenn es sich z. B. um die notwendige Anstellung eines Beamten, um die Errichtung eines Gebäudes, um die Eingehung einer Versicherung u. dgl. handelt.

5. In jenen Fällen, wo das bürgerliche Recht bestimmte Erklärungen verlangte, z. B. vor dem Grundbuchamte bei der Veränderung dinglicher Rechte, war bisher der Vollzug dadurch erschwert, daß ein Zwang zur Abgabe solcher Erklärungen nicht gut auszuüben war. Der 2. Satz des Abs. 4 soll diesem Mangel abhelfen. Wenn die Verpflichtung feststeht, kann auf Grund des Beschlusses ein Beamter des Bezirksamtes, der Regierung die notwendige Erklärung namens des Bezirkes, des Kreises beispielsweise vor dem Grundbuchamt abgeben.

6. Die Staatsaufsicht auf die Polizeiverwaltung bestimmt sich nach Art. 156/88 der beiden GemO.

7. Über die Beschwerdeführung bei Benachteiligung Einzelner durch Beschlüsse der Bezirke oder Kreise vgl. Ziff. 7 der im Anhang unter G abgedruckten ME. vom 1. Sept. 1919.

Art. 14.

[1]Die Beschlüsse der Gemeinde, des Bezirkes, des Kreises bedürfen im Falle der Schuldaufnahme der Genehmigung der Aufsichtsbehörde, wenn der Betrag der aufzunehmenden Schuld in demselben Rechnungsjahre

1. in Gemeinden mit weniger als 5000 Einwohnern	20 000 ℳ
in Gemeinden mit 5000 aber weniger als 20 000 Einwohnern	100 000 ℳ
in Gemeinden mit 20 000 aber weniger als 50 000 Einwohnern	500 000 ℳ
in Gemeinden mit 50 000 aber weniger als 100 000 Einwohnern	1 Million
in allen übrigen Gemeinden	2 Millionen

[1]) Mittlerweile hat der VGH. in einer E. v. 30. Dez. 1919 seine Zuständigkeit angenommen.

2. in den Bezirken . . . . 1 Million
3. in den Kreisen . . . . 2 Millionen
übersteigt.

II Anlehen sollen nur zu werbenden Zwecken und im übrigen nur zu Ausgaben von dauerndem Nutzen aufgenommen werden, soweit zu deren sofortiger Deckung die Leistungsfähigkeit der Gemeinden, Bezirke, Kreise nicht zureicht. Nur ausnahmsweise in Zeiten der Not sind auch Anlehen für die Deckung laufender Bedürfnisse zulässig. Bei wiederkehrenden Aufwendungen muß der Anlehensbetrag bis zur Wiederkehr des Bedürfnisses getilgt sein; Ausnahmen sind nur aus wichtigen Gründen zulässig. Es sind stets Tilgungspläne aufzustellen und der Aufsichtsbehörde vorzulegen.

Vollzugsanweisung.

§ 14. Die Bestimmungen in Art. 14 und 15 ersetzen für die Gemeinde die Art. 159/91 der beiden Gemeindeordnungen. Für Bezirk und Kreis war bisher zu jedem Beschluß eine Genehmigung erforderlich. Die Regelung soll erschöpfend sein, in allen anderen Fällen bedürfen die Beschlüsse der Gemeinden, Bezirke und Kreise nicht mehr der Mitwirkung der Staatsbehörden zur Gültigkeit.

Die für die Anleihewirtschaft erlassenen sonstigen allgemeinen Weisungen gelten weiter, soweit sie sich mit dem Gesetze vertragen. Insbesondere wird für die Gemeinden noch die ME. vom 11. Oktober 1907, MBl. S. 482, ausdrücklich aufrechterhalten.

Erläuterungen.

1. Nach dem Sinne der neuen Bestimmungen soll, was die Schuldenaufnahme durch die Körperschaften anlangt, in dem bisherigen Recht und Verfahren, wie es sich bei den Gemeinden entwickelt hat, keine Änderung eintreten. Nur die Ausdehnung auf Bezirke und Kreise und die Abstufung der Beträge soll neu sein. Auch die Voraussetzungen für die Aufnahme eines Anlehens, wie sie Abs. 2 des Art. 14 zusammenfaßt, soll keine Änderung gegenüber dem bisherigen Verfahren bringen. Der letzte Satz ist dahin zu verstehen, daß für *alle* Schuldaufnahmen, auch wenn sie *unter* den genehmigungspflichtigen Beträgen bleiben, *Tilgungspläne* herzustellen und der Aufsichtsbehörde vorzulegen sind. Auf diesem Wege soll gerade die Einhaltung der Vorschriften überwacht werden.

2. Die Erteilung der Genehmigung ist wie bisher die Bedingung für die *Gültigkeit des bürgerlich-rechtlichen Darlehensgeschäftes*. Die Genehmigung ist ferner gegenüber dem Dritten die Bestätigung, daß der Beschluß der Gemeinde, des Bezirkes, des Kreises den gesetzlichen Formvorschriften entsprochen hat. Diese Rücksichten sind es auch hauptsächlich gewesen, die dazu führten, für die Schuldaufnahme neben der Vorlage des Tilgungsplanes auch die Genehmigungspflicht festzuhalten.

Es ist keine Frage, daß diese Vorschrift bisher wesentlich zur Stärkung des Kredits der Gemeinden beigetragen hat. Die Vorschrift des Landratsgesetzes in Art. 15 f, daß die Schuldaufnahme des Kreises nur durch ein Gesetz erfolgen kann, ist aufgehoben.

3. Die Ortschaften sind im Art. 14 nicht erwähnt, auch schon vorher nicht im Art. 13. Der Art. 13 will indes keineswegs die Staatsaufsicht begründen, er setzt sie vielmehr voraus und regelt nur die Zuständigkeit. Insoferne kann also nicht gezweifelt werden, daß die Ortschaften unter der Staatsaufsicht der Bezirksämter stehen. Die Aufnahme von Schulden durch Ortschaften wird nach der Neuregelung des Ortschaftsrechtes, wie sie Art. 28 des SG. bringt, kaum mehr notwendig werden, sie ist aber keineswegs völlig ausgeschlossen. Für diesen Fall werden die Ortschaften entsprechend nach Ziff. 1 zu behandeln sein. Die Beschlußfassung der Ortsversammlung fällt jetzt weg (Art. 29 dieses Gesetzes).

Art. 15.

I Die Gemeinden, Bezirke und Kreise bedürfen der Genehmigung der Aufsichtsbehörde

1. bei Ausleihung von Geldern unter Abweichung von den bestehenden Vorschriften oder an Mitglieder der Verwaltung der Gemeinde, des Bezirkes, des Kreises,
2. zur Veräußerung oder wesentlichen Veränderung von Gebäuden oder sonstigen unbeweglichen oder beweglichen Gegenständen von künstlerischem oder geschichtlichem Werte.

II Wenn bei gemeindlich verwalteten Stiftungen des öffentlichen Rechtes im Laufe der Zeit durch die Entwicklung der Verhältnisse oder die Entwertung des Geldes die Erfüllung des Stiftungszweckes unzeitgemäß geworden ist, so kann eine zeitgemäße Regelung unter möglichster Anlehnung an den Stiftungszweck durch den Stadt- oder Gemeinderat beschlossen werden.

III Gemeinden unter 3000 Einwohnern mit vorwiegend landwirtschaftlicher Bevölkerung und einem eigenen geschlossenen, für wirtschaftliche Zwecke dienenden oder geeigneten Grundbesitze von mindestens 20 Hektar bedürfen zur Veräußerung von Grund und Boden der aufsichtlichen Genehmigung, wenn der Wert der einzelnen Veräußerung oder der Gesamtwert aller Veräußerungen desselben Rechnungsjahres 1000 ℳ übersteigt.

Vollzugsanweisung.

§ 15. Für die Gemeinden waren ähnliche Vorschriften wie in Abs. 1 bereits in Art. 159/91 Ziff. 4, 4 a und 9/10 der beiden

Gemeindeordnungen enthalten, für die Bezirke und Kreise sind die Vorschriften neu.

Als Beispiel für die Fälle des Abs. 2 kann eine Stipendienstiftung dienen, deren Stipendien zu gering sind, um einen nennenswerten Beitrag für den Bedachten zu den Kosten des Studiums zu liefern; hier kann etwa das Stipendium auf das doppelte oder dreifache erhöht, dafür aber die Anzahl der Stipendien entsprechend vermindert werden.

In den Fällen des Abs. 3 sollen die Notare bei der Beurkundung von Liegenschaftsverträgen durch Gemeinden mit weniger als 3000 Einwohnern jeweils beim zuständigen Bezirksamte sich erkundigen, ob die Voraussetzungen für die Einholung der Genehmigung vorliegen und die Beurkundung entweder erst nach Erteilung oder nur vorbehaltlich der Erteilung vornehmen.

Erläuterungen.

1. Der Art. 15 enthält erschöpfend alle jene Fälle, in denen die Bezirke und Kreise für ihre Beschlüsse der Genehmigung der Aufsichtsbehörde bedürfen. Für die Gemeinden sind Ziff. 1 und 2 des Abs. 1 die einzigen Überreste der Art. 159/91 der beiden Gemeindeordnungen. Die Vorschriften über die Ausleihung von Geldern sind die jeweils geltenden, zur Zeit diejenigen, die auf der Verordnung vom 5. Mai 1905, GVBl. S. 461, beruhen. Ziff. 2 deckt sich zwar mit Ziff. 4a der Art. 159/91 a. a. O. nicht mehr genau, es liegt aber im Sinne des Gesetzes, hier keine Abschwächung eintreten zu lassen, es wird also auch bei Belastung des Gegenstandes, obwohl die Belastung nach strenger Begriffsbestimmung nicht mehr unter die Veräußerung zu rechnen ist, die Genehmigung einzuholen sein. Die Restauration dagegen ist unschwer unter den Begriff der Veränderung, und der prähistorische Wert unter den Begriff des historischen zu bringen.

2. Der Abs. 2 ist eine Ergänzung des Art. 67/51 der beiden Gemeindeordnungen. Seine Anwendung ist im Sinne des § 87 Abs. 2 des BGB. gedacht. Es soll die Absicht des Stifters tunlichst berücksichtigt werden und es ist insbesondere dafür Sorge zu tragen, daß die Erträge des Stiftungsvermögens dem Personenkreise, dem sie zugute kommen sollen, im Sinne des Stifters tunlichst erhalten bleiben. Eine Änderung in der Verfassung der Stiftung, wie sie § 87 a. a. O. zuläßt, wird in der Regel hier nicht in Frage kommen. Der Beschluß bedarf der Genehmigung.

3. Der E. I verlangte für die Veräußerung von Grundstücken und Rechten an einem Grundstücke, ebenso für die Belastung eine Genehmigung, wenn der Wert des Grundstückes oder Rechtes 5000 Mark übersteigen sollte. Der E. II sah von einer solchen Vorschrift ab und schrieb eine Genehmigung nur für die Veräußerung von Waldgrundstücken vor. Das Gesetz hat nun den letzteren Gedanken wieder aufgenommen und ihn in der Weise verallgemeinert, daß Grundbesitz, der für land- oder forstwirtschaftliche Zwecke dient oder geeignet ist, in solchen Gemeinden erhalten bleiben soll, die vorwiegend landwirtschaftliche Bevölkerung haben. Um durch eine solche Vorschrift den Rechtsverkehr mit solchen Grundstücken nicht allzusehr zu erschweren, wurde die Vorschrift nur auf Gemeinden unter 3000 Einwohner beschränkt, weil bei größeren Gemeinden in der Regel ein Überwiegen der landwirtschaftlichen Bevölkerung nicht anzunehmen ist.

4. Bei Gemeinden im Sinne des Abs. III ist die Genehmigung auch für solche Veräußerungen notwendig, die nicht den geschlossenen Grundbesitz betreffen. Es ist aber die Aufgabe der Aufsichtsbehörden in erster Linie den geschlossenen Grundbesitz als solchen zu erhalten.

5. Der geschlossene Grundbesitz wird durch öffentliche Wege, durch Eisenbahnlinien, durch Brücken und durch Gewässer nicht unterbrochen.

6. Die Erteilung der Genehmigung sowohl nach Art 14 wie nach Art. 15 ist Sache des aufsichtlichen Ermessens, Beschwerdeführung ist nur an die höheren Aufsichtsstellen möglich, für die Kreise wird eine solche also nicht in Frage kommen Der Verwaltungsrechtsweg ist, wie schon bisher, ausgeschlossen.

7. Über die Prüfung der Entwürfe für Bezirksstraßen und Brücken s. Ziff. 3 der im Anhang unter G abgedruckten MinE. v 1. Sept. 1919.

Art. 16.

I Bei den Gemeinden, Ortschaften, Armenverbänden, Bezirken, Kreisen kann die Aufsichtsbehörde in einzelnen Jahren von der rechnerischen Prüfung der Rechnungen, wo sie nach den jetzigen Vorschriften geboten ist, absehen; sie kann auch die Vorlage der Rechnungen in einzelnen Jahren überhaupt erlassen.

II Die Staatsregierung wird ermächtigt, Vorschriften zu erlassen über die Gründung eines Verbandes zur Prüfung des gemeindlichen Rechnungs- und Kassenwesens. Die Gemeinden unter 10 000 Einwohnern und die Bezirke können zum Beitritt verpflichtet werden.

III Die Staatsregierung kann auch einen bestehenden Verband oder mehrere solche anerkennen und mit den Rechten des Abs. 2 Satz 2 ausstatten.

Vollzugsanweisung.

§ 16. Die Erleichterungen in der Überwachung des Rechnungswesens dürfen nicht zu einer Verschlechterung führen. Es ist nur dann davon Gebrauch zu machen, wenn in dieser Beziehung kein Zweifel besteht. Die Erleichterungen sollen auch nur zeitenweise, nicht dauernd genehmigt werden. Dabei ist darauf zu achten, ob ein Wechsel in der Person des Rechners oder auch des Rechnungsfertigers eingetreten ist Den Aufsichtsbehörden sollen diese Verhältnisse bekannt sein.

Erläuterungen.

1. Der E. I hatte verschiedene Erleichterungen in der Überwachung des Kassen- und Rechnungswesens vorgesehen und dafür bereits in

Art. 99 die Gründung eines Revisionsverbandes ins Auge gefaßt. Während die Erleichterungen des Kassen- und Rechnungswesens nach dem E. I sich auf die einschlägigen Artikel der Gemeindeordnungen verteilte, hat der E. II, der sich weniger auf Einzelheiten einlassen konnte, eine Bestimmung getroffen, die jetzt den Abs. 1 des Art. 16 bildet. Die Abs. 2 und 3 des Art. 16 stimmen mit Art. 99 des E. I überein, der unverändert in den E. II übernommen worden war. Der E. I hatte die beiden letzten Absätze des jetzigen Art. 16 in folgender Weise begründet:

„Die Vertretungen der Gemeinden haben wiederholt das Bedürfnis geäußert, zur Prüfung des Rechnungs- und Kassawesens einen Verband zu gründen, wie er mit sehr gutem Erfolge für die bayerischen Sparkassen bereits vorhanden ist. Dieses Bedürfnis wird auch von der Staatsregierung anerkannt und die neue Bestimmung soll die Möglichkeit bieten, entweder selbst von seiten der Staatsregierung einen solchen Verband ins Leben zu rufen oder die Gründung eines solchen im Zusammenhange mit einer bereits bestehenden Vereinigung wirksam zu unterstützen. Das ist nur möglich, wenn für die Gemeinden unter 10 000 Einwohnern und für die Distrikte ein Zwang zum Beitritt ausgeübt werden kann."

2. Die Verhandlungen über die Gründung zweier Prüfungsverbände sind noch im Gange. Der eine Prüfungsverband soll diejenigen Städte und Märkte umfassen, die Mitglieder des Städtebundes oder des Landesverbandes Bayerischer Stadt- und Marktgemeinden sind, außerdem noch diejenigen Gemeinden, die eine öffentliche Sparkasse besitzen, und hauptsächlich alle Bezirke. Der andere Prüfungsverband für die übrigen Gemeinden soll vom Verband der Landgemeinden eingerichtet werden.

Art. 17.

I Durch Ministerialentschließung können Gemeinden mit wenigstens 10 000 Einwohnern ohne weiteres, Gemeinden mit mehr als 5000 aber weniger als 10 000 Einwohnern nur mit Zustimmung des Stadt- oder Gemeinderats vom Verwaltungsbezirk des Bezirksamtes abgetrennt und der Regierung, Kammer des Innern, unmittelbar untergeordnet werden. Die Verwaltungen dieser Gemeinden erhalten dadurch die Befugnis der Bezirkspolizeibehörde. Alle unmittelbaren Gemeinden führen die Bezeichnung „Stadt".

II Das Ministerium kann auch bestimmen, ob diese Gemeinden gleichzeitig aus dem Bezirksverband auszuscheiden haben und welche Entschädigung für den entstehenden Umlagenentgang dem Bezirke zu leisten ist.

Vollzugsanweisung.

§ 17. Das Gesetz dehnt das im rechtsrheinischen Bayern bisher ausgeübte Verfahren bei der Verleihung der Unmittelbarkeit auf das ganze Land aus und ändert den Art. 3 des pfälzischen Städteverfassungsgesetzes insoweit ab, als künftig die Zustimmung der beteiligten Stadt und des Bezirkes zur Auflösung des Bezirksverbandes nicht mehr notwendig ist. Auf eine Entschädigung für den Entgang an Umlagen, der durch die Abtrennung der Stadt vom Bezirk eintritt, besteht kein Rechtsanspruch. Er wird auch für die Folge nach den Regeln der Billigkeit vom Ministerium festgesetzt werden, wenn nicht die Beteiligten sich selbst darüber in Güte einigen. Die Stellungnahme des Ministeriums kann auch in der Weise herbeigeführt werden, daß die Aufsichtsbehörde die Verhandlungen mit gutachtlicher Äußerung vorlegt. Gegen die vom Ministerium festgesetzte Entschädigung ist keine Beschwerde im Verwaltungsrechtswege möglich.

Erläuterungen.

1. Der Art. 17 geht auf den Art. 49 des E. I zurück. Für die pfälzischen Städte mit mehr als 10000 Einwohnern sollte ein Weg geschaffen werden, ihnen die Kreisunmittelbarkeit zu geben, ohne daß sie, wie es bei Anwendung des pfälzischen Städteverfassungsgesetzes notwendig gewesen wäre, die pfälzische Gemeindeverfassung aufzuheben bräuchten. Der E. I wollte dabei diese Städte im Distriktsverbande lassen, solange sie selbst nicht eine Änderung anstrebten (Art. 3 des pfälzischen Städteverfassungsgesetzes). Auch der E. II übernahm diese Bestimmung in Art. 19. Mittlerweile war bereits durch eine Notverordnung vom 7. Dezember 1918 (GVBl. S. 1252) den in Betracht kommenden Städten Ludwigshafen, Kaiserslautern, Pirmasens, Speyer, Neustadt, Frankenthal, St. Ingbert und Zweibrücken die Kreisunmittelbarkeit verliehen worden. Landau hat schon im Jahre 1910 auf Grund des pf. StVG. die Kreisunmittelbarkeit erlangt. Die Notverordnung wurde von der französischen Militärgewalt nicht anerkannt.[1])

Im rechtsrheinischen Bayern bestand bisher die Auffassung, daß wegen Art. 35 Abs. 1 DRG. die Kreisunmittelbarkeit nicht verträglich sei mit der Zugehörigkeit zum Distriktsverbande. Die Verleihung der Unmittelbarkeit war also hier immer mit einer Abtrennung vom Distrikte verbunden. Die Staatsregierung vollzog diese Trennung aber nur dann, wenn dem Distrikte für den Ausfall an Umlagen eine angemessene Entschädigung von der Stadtgemeinde geleistet wurde.

Bei den Beratungen des SG. machte sich das Bestreben geltend, die Verleihung der Kreisunmittelbarkeit gesetzlich zu regeln. Der Verband der Städte und Märkte trat insbesondere dafür ein, daß unter gewissen Umständen ein Rechtsanspruch auf Abtrennung vom Distrikte geschaffen werden solle. Dieser Gedanke ließ sich aus praktischen Gründen nicht weiter verfolgen. Dagegen hielt man es für zweckmäßig, die Verleihung der Kreisunmittelbarkeit einheitlich für das ganze Land zu regeln. Es kann jetzt allgemein die Trennung vom Bezirk auch gegen den Willen der Beteiligten ausgesprochen werden. Dadurch ist der Art. 3 des pf. StVG. geändert. Diese Trennung wird auch für die Folge die Regel bilden müssen und zwar noch strenger wie bisher, weil die bezirkspolizeilichen Befugnisse, wie sie Art. 23 jetzt dem Bezirksausschuß überweist, mit der gleichen Zuständigkeit der unmittelbaren Stadt in Widerstreit geraten würde.[2])

---

[1]) S. Anhang unter Ziff. 6, das SG. in der Pfalz.

[2]) Die im abgetrennten Teile wohnhaften Bezirksvertreter und Ersatzleute scheiden aus dem Bezirks-Tag aus; etwa nötige Ergänzung erst bei den nächsten allg. Wahlen.

2. Diejenigen Gemeinden, die sich bisher schon „Stadt" heißen durften, führen diese Bezeichnung weiter, künftig sollen alle kreisunmittelbaren Gemeinden diese Bezeichnung erhalten, aber auch nur diese. Weder der Titel „Stadt", noch der Titel „Markt" wird als solcher für die Folge mehr verliehen. Der Titel „Markt" wurde bisher nur im Zusammenhange mit der Annahme der städt. Verfassung verliehen, dieser Grund ist jetzt weggefallen (ME. v. 18. Juli 1919, 10. Sept. 1919 und 7. Okt. 1919).[1]

3. Für den Bezirk besteht kein Rechtsanspruch auf Schadloshaltung für den eintretenden Ausfall an Umlagen. Die Rechtsprechung hat das bisher grundsätzlich anerkannt. Dagegen muß aus Billigkeitsgründen dafür gesorgt werden, daß der Bezirk auch nach der Abtrennung genügend leistungsfähig bleibt. Das wurde in der Weise erreicht, daß die Staatsregierung die in ihrem freien Ermessen stehende Erteilung der Kreisunmittelbarkeit von einer entsprechenden Vereinbarung über die Abfindungssumme abhängig machte. Die neue gesetzliche Bestimmung vereinfacht die Sache, indem das Ministerium, wenn keine gütliche Einigung zustandekommt, den Betrag der Abfindungssumme selbst festsetzt. Diese Festsetzung ist endgültig und auf keine Weise anfechtbar.

4. Wenn nur Teile eines Bezirkes einer unmittelbaren Stadt einverleibt werden, findet Abs. 2 keine Anwendung. Das Ministerium kann zwar die Abtrennung auch gegen den Willen des Bezirks verfügen, wenn sonst die Voraussetzungen des Art. 4 GemO. in der Fassung des Art. 27 SG. vorliegen, zur Festsetzung einer Entschädigungssumme ist es jedoch nicht befugt.[2]

5. Zu den Befugnissen der Bez.-Pol.-Beh. gehören auch die nichtpol. Geschäfte (Art. 96 rrh. GemO.).

Art. 18.

I Der Bezirkstag, der Kreistag wählt in getrennten Wahlgängen den Vorsitzenden, den Schriftführer und für beide einen Stellvertreter.

II Der Bezirkstag, der Kreistag wird vom Vorsitzenden im Einvernehmen mit dem Bezirksamte, mit der Regierung, Kammer des Innern, einberufen. Auf Verlangen eines Drittels der Bezirks-, der Kreisvertreter muß die Berufung innerhalb 4 Wochen geschehen.

III Die Sitzungen werden dem Bezirksamte, der Regierung mindestens 24 Stunden vorher angezeigt. Das Bezirksamt, die Regierung kann Vertreter zur Sitzung abordnen, die auf ihr Verlangen jederzeit gehört werden müssen.

Vollzugsanweisung.

§ 18. Die Wahl des Vorsitzenden, des Schriftführers und der Stellvertreter soll jährlich und in der Regel schriftlich statt-

[1]) Nicht veröffentlicht.
[2]) Siehe Fußnote 2 S. 67.

finden, die Geschäftsordnung kann auch eine andere Form bestimmen. Es entscheidet einfache Stimmenmehrheit, bei Stimmengleichheit das Los.

Eine Verpflichtung oder Vereidigung der Mitglieder des Bezirks-, des Kreistages oder der Ausschüsse ist nicht mehr vorgeschrieben. Art. 15 Abs. 3 DRG., Art. 21 LRG. sind mit dem Gesetze nicht mehr verträglich.

Die Einladung zum ersten Zusammentritte geht vom Bezirksamte, von der Regierung aus, die späteren Einladungen werden entweder vom Bezirksamte, von der Regierung, Kammer des Innern, im Namen des Vorsitzenden auf dessen Ansuchen, oder von diesem selbst erlassen. Im letzteren Falle sind die Sitzungen in der vorgeschriebenen Weise dem Bezirksamte, der Regierung, Kammer des Innern, vorher anzuzeigen.

Der Vorstand des Bezirksamtes, der mit der Sache befaßte Regierungsbeamte sollen in der Regel den Sitzungen beiwohnen; wenn ein technischer Beamter beteiligt ist, ist auch dieser zur Sitzung als Vertreter abzuordnen.

Der Vorsitzende des Bezirks-, des Kreistages stimmt mit, bei Stimmengleichheit gilt der Antrag als abgelehnt. Die Geschäftsordnung kann abweichende Bestimmungen treffen.

Art. 13 Abs. 3 DRG., Art. 25 Abs. 2 LRG. vertragen sich nicht mehr mit dem Gesetze.

Erläuterungen.

1. Art. 18 soll die Art. 12 des DRG., 19, 20, 24 Abs. 1, 28—30 des LRG. ersetzen. Er war bereits im E. II enthalten. Für die Öffentlichkeit der Sitzungen, für das Verfahren gelten die Art. 13 Abs. 1, 2, 4, Art. 22 des DRG. und Art. 23, 24 Abs. 2, 3; 25 (mit Ausnahme des Art. 25 Abs. 2 Satz 2) und 26 des LRG. auch weiterhin. Art. 19 Abs. 2 gibt zwar dem Bezirks-, dem Kreistag in weitem Umfange das Recht, seinen Geschäftsgang und sein Verfahren durch die Geschäftsordnung nach bestem Gutdünken zu bestimmen, jene Vorschriften aber, die nach ihrem Sinne zwingend sind, wie z. B. die Öffentlichkeit der Sitzungen nach Art. 22 DRG. und Art. 23 LRG., können nicht geändert werden. Die Beschlußfähigkeit kann nicht an geringere Voraussetzungen als die des Art. 13 DRG. und Art. 25 LRG. geknüpft werden.

2. Die erste Einberufung des Bezirks-, des Kreistages nach der regelmäßigen Erneuerung nach Ablauf der Wahlzeit wird stets vom Bezirksamte, von der Regierung ausgehen müssen. Nach dem Zusammentritte, nach der Wahl des Vorsitzenden ist es diesem zu überlassen, die weiteren Sitzungstage nach Maßgabe der Geschäftsordnung zu bestimmen. Der Anzeige an das Bezirksamt, an die Regierung wird genügt sein, wenn dem anwesenden Vertreter Mitteilung über den nächsten Sitzungstag gemacht wird. Ein Formalismus soll nicht geschaffen werden.

3. Die Wahlen nach Abs. I geschehen aus der Mitte des Bezirks- oder Kreistags. (ME. v. 1. Sept. 1919 Ziff. 8, Anhang G.)

4. Eine Verpflichtung der Mitglieder des Bezirkstages, des Kreistages findet nicht mehr statt.

5. Die Bezirkstage und die Kreistage sind keine Parlamente, ebensowenig wie die Stadt- oder Gemeinderäte die Wünsche nach *Immunität*, nach *Freifahrt* u. dgl. sind nicht berechtigt.

6. *Portofreiheit* besteht für die Bezirkstage und Kreistage nicht, dagegen sind die *Bezirksausschüsse* und die *Kreisausschüsse* in das Verz. II der MinBek. v. 25. Juli 1916 (GVBl S. 179) aufgenommen worden.

7. Die *Bezirkstage* haben sich zu einem *Verband* zusammengeschlossen (Gesch.-Stelle München, Hiltensbergerstr. 36, Rufn. **34145**), ebenso die *Kreistage* (Vorsitzender: Oberbürgermeister Dr. Kroher, Ingolstadt).

Art. 19.

I Der Bezirkstag, der Kreistag wählt aus seiner Mitte nach den Grundsätzen des Verhältniswahlrechtes einen Ausschuß von 5 bis 7 Mitgliedern und ebensoviele Ersatzmänner. Diese können auch als Stellvertreter bei Verhinderung von Mitgliedern vorübergehend einberufen werden. Den Vorsitzenden des Ausschusses, den Schriftführer und für beide einen Stellvertreter wählt der Ausschuß selbst. Die Sätze 1, 2 gelten entsprechend für die Wahl der weiteren Mitglieder und der Ersatzmänner des Landarmenrates.

II Der Bezirkstag, der Kreistag regelt den Geschäftsgang durch eine Geschäftsordnung; diese setzt auch die Stärke des Ausschusses und die Entschädigung für die Mitglieder des Bezirkstages, des Kreistages und der Ausschüsse fest.

Vollzugsanweisung.

§ 19. Es ist nicht unbedingt notwendig, den Ausschuß förmlich zu wählen. Es soll nach dem Sinn des Gesetzes genügen, wenn er mit allseitiger Zustimmung unter Berücksichtigung des Stärkeverhältnisses der Parteien zusammengesetzt wird. Wenn nur eine einzige Stimme Widerspruch erhebt, ist die förmliche Wahl in sinngemäßer Anwendung des Gemeindewahlgesetzes und der Wahlordnung geboten. Die Ersatzmänner für die Ausschußmitglieder werden sofort bestimmt, nämlich ebensoviel als bei der Wahl der Ausschußmitglieder auf den Wahlvorschlag Sitze fallen und zwar kommen als Ersatzmänner die auf dem Wahlvorschlag nächstfolgenden Namen an die Reihe. Bei gemeinsamen Wahlvorschlägen ist die MinBek. vom 14. Mai 1919 (StA. Nr. 125 vom 16. Mai 1919) zu beachten.[1]) Bei der Verteilung der Sitze ohne Wahl ist die Regelung entsprechend zu treffen. Die Ersatzmänner treten nicht bloß ein, wenn die Stelle eines Mitgliedes endgültig, z. B. durch Tod oder Wegzug erledigt ist; sondern auch bei vorübergehender Verhinderung, z. B. Krankheit, vorübergehender Abwesenheit.

In Bezirken, die weniger als 10 Bezirksvertreter haben, ist es zulässig, für die Wahl der Ersatzmänner des Ausschusses auf Ersatzmänner bei der Wahl der Bezirksvertretung zurückzugreifen

[1]) Im Anhang abgedruckt.

und z. B. wenn der Bezirkstag nur 8 Mitglieder zählt, noch 2 Ersatzmänner aus den Vorschlagslisten für die Wahl der Bezirksvertreter zu nehmen. Auf diese Weise wird auch das Stärkeverhältnis der Parteien im Ausschusse berücksichtigt werden können.

Der Vorsitzende, der Schriftführer des Ausschusses, die Stellvertreter für beide können auch mündlich durch Zuruf gewählt werden, wenn niemand widerspricht. Es entscheidet einfache Stimmenmehrheit, bei Stimmengleichheit das Los. Der Vorsitzende des Bezirks-, Kreisausschusses braucht nicht dieselbe Persönlichkeit zu sein, wie der Vorsitzende des Bezirkstages, des Kreistages; es erleichtert aber die Geschäfte, wenn es der Fall ist. Die Wahlen sollen jährlich erneuert werden.

Der Vorsitzende des Bezirks-, des Kreisausschusses, ebenso die Vorsitzenden der Sonderausschüsse stimmen überall mit. Im Kreisausschuß entscheidet bei Stimmengleichheit die Stimme des Vorsitzenden (Art. 35 Abs. 3 LRG.), für die übrigen Ausschüsse soll die Geschäftsordnung die Frage ordnen.

Die Geschäftsordnung soll ferner Vorschriften über die Form der Niederschrift der Sitzungen enthalten; die Niederschrift muß mindestens den Tag der Sitzung ersehen lassen, die Namen der Anwesenden, den Inhalt der Beschlüsse und die Anzahl derjenigen, die dafür gestimmt haben. Die Geschäftsordnung soll die Sitzungstage und die Sitzungszeit bestimmen, es können feste Tage für das ganze Jahr gewählt werden. Es liegt in der Absicht des Gesetzes, daß die Bezirks- und Kreistage häufiger, am besten in gewissen regelmäßigen Zwischenräumen zusammentreten. Die Geschäftsordnung soll endlich auch die näheren Bestimmungen enthalten über die Erledigung der Schreibgeschäfte für den Bezirkstag, über die Aufbewahrung der Verhandlungen, über die Anstellung von Personal, über die Vornahme der Rechnungsprüfung, wo sie dem Ausschusse zukommt.

Wenn es sich um Angelegenheiten handelt, die von allgemeiner Bedeutung für die Gemeinde sind oder eine größere Anzahl von Gemeinden zugleich betreffen, z. B. Maßnahmen in bezug auf das Rechnungs- und Kassenwesen, auf Einnehmereien, die Gemeindeschreibereien, Zweckverbände, so sind die Verbände der mittelbaren Gemeinden zur Abordnung eines Vertreters einzuladen. Das gleiche hat gegenüber der Gemeindebeamtenkammer zu geschehen, wenn es sich um Beschlüsse über die Dienst-, Gehalts- und Versorgungsverhältnisse von Beamten handelt, deren Interessen von der Gemeindebeamtenkammer vertreten werden.

Erläuterungen.

1. Art. 19 soll den Art. 15 Abs. 1 und 4 des DRG. sowie Art. 31, 32 und 34 des LRG. ersetzen, er war bereits im E. II enthalten. Die Wahl des Ausschusses kann auch durch Zuruf geschehen, wenn niemand widerspricht, und genügt den Grundsätzen des Verhältniswahlrechtes, wenn sie dem Stärkeverhältnisse der Parteien Rechnung trägt. Diese Auffassung wurde bei den Beratungen widerspruchslos vertreten. Eine Verpflichtung der Ausschußmitglieder findet nicht mehr statt. Hinsichtlich des Geschäftsganges gelten Art. 17 Abs. 1 Satz 1 und 2 DRG. und

Art. 35 Abs. 1, 2 und 3 des LRG. Die Geschäftsordnung kann die Voraussetzungen für die Beschlußfähigkeit nicht geringer festsetzen, vgl. Art. 18 Anm. 1.

2. Die Landesverbände der mittleren Gemeinden und der Verband der Gemeindebeamten hatten bei der Beratung beantragt, daß sie berechtigt seien, ständige Vertreter als stimmberechtigte Mitglieder in den Bezirksausschuß abzuordnen. Die Kommission hatte diese Vorschläge angenommen. Das Gesetz hat sie wieder gestrichen. Man wollte den Vertretungen keine Mitglieder aufdrängen, die nicht aus dem Bezirk oder Kreis gewählt wären. Dagegen haben die Vollzugsvorschriften jene Wünsche insoweit berücksichtigt, als sie es verdienen.

3. Bisher bezogen die Mitglieder des Distriktsrates für die Anwesenheit an der nur einmal im Jahre stattfindenden Distriktsratsversammlung keine Entschädigung vom Distrikte. Die Vertreter der Gemeinden wurden aber bisher schon von diesen für ihre Auslagen entschädigt. Für die Landratsmitglieder und für die Mitglieder der Ausschüsse des Distrikts- wie des Landrates bestanden bisher schon Vorschriften über Entschädigung. Nunmehr werden alle Vertretungen und Ausschüsse in dieser Hinsicht gleich behandelt. Die Art und Weise dieser Entschädigung soll in der Geschäftsordnung geregelt werden. Auch die Festsetzung von Bauschsummen ist zulässig.

4. Art. 50 Abs. 3 des AG. ist jetzt dahin abgeändert, daß die Wahl der weiteren Mitglieder und der Ersatzmänner des Landarmenrates nach den Grundsätzen des Verhältniswahlrechtes zu wählen sind. Hier kann ebenfalls durch Zuruf gewählt werden, wie für den Ausschuß, außerdem gibt die Wahlordnung in § 81 die nähere Anweisung.

5. Portofreiheit der Bezirksausschüsse und der Kreisausschüsse s. Art. 19 Erl. Ziff. 5 S. 69.

6. Wegen des Kommunalverbandsausschusses s. Anhang F.

Art. 20.

I Zur Verwaltung von Anstalten, Einrichtungen und Stiftungen des Bezirkes, ferner zur endgültigen Erledigung eines bestimmten Aufgabenkreises oder bestimmter einzelner Aufgaben oder Geschäfte kann der Bezirkstag teils aus Mitgliedern des Bezirkstages, teils aus wählbaren Bezirksangehörigen Sonderausschüsse bilden und nach den Grundsätzen des Verhältniswahlrechtes wählen. Die Sonderausschüsse wählen ihren Vorsitzenden und Schriftführer sowie deren Stellvertreter. Die Vorsitzenden und ihre Stellvertreter müssen Mitglieder des Bezirkstages sein.

II Die Beschlüsse der Sonderausschüsse müssen sich in den vom Bezirkstag allgemein oder für den besonderen Fall gezogenen Grenzen und innerhalb des Voranschlages halten. Sie werden vom Bezirksamte vollzogen.

Vollzugsanweisung.

§ 20. Es sollen in der Regel mehrere Sonderausschüsse gebildet und jährlich neu gewählt werden, z. B. für Schulwesen, für Land- und Forstwirtschaft, für soziale Fürsorge. Dabei sollen aus den wählbaren Bezirksangehörigen hauptsächlich Persönlichkeiten gewonnen werden, die durch ihre bisherige Tätigkeit besondere Erfahrung und Sachkunde auf dem einschlägigen Gebiete, oder die durch ihre Stellung einen besonderen Einfluß auf die einschlägigen beteiligten Personenkreise haben. Auf diesem Wege können sich auch die schwächeren Bezirkstage, insbesondere die mit weniger als 10 Mitgliedern helfen. Es wird nahegelegt, vor solchen Zuwahlen die einschlägigen Organisationen oder Körperschaften mit ihren Vorschlägen zu hören.

Die Beschlüsse der Sonderausschüsse sind endgültig und sofort vollziehbar, nur ausnahmsweise bloß gutachtlich. Der Sonderausschuß schließt innerhalb seines Aufgabenkreises den Bezirksausschuß aus. Hält der Vorsitzende des Sonderausschusses oder sein Stellvertreter einen Beschluß des Sonderausschusses für bedenklich, so kann er die Vollziehung aufschieben und den Beschluß des Bezirkstages innerhalb 8 Tagen herbeiführen. Hiezu hat er die Pflicht, wenn der Beschluß die vom Bezirkstage gezogenen Grenzen oder den Voranschlag nicht einhält.

Erläuterungen.

1. Der Art. 20 beruht auf den Anregungen der Komm. II. Es sollte anfangs jeder Bezirk gehalten sein, 3 Sonderausschüsse und zwar für Schulwesen, für Land- und Forstwirtschaft und für soziale Fürsorge zu bilden. Nur Bezirke mit einfachen Verhältnissen sollten davon absehen und alle Angelegenheiten dem Bezirksausschuß übertragen können. Bei der Erlassung des Gesetzes wurde die allgemeine Regelung vorgezogen, die Einzelheiten sollten in die Vollzugsanweisung verlegt werden. Der wichtigste Gedanke ist die Zuwahl aus wählbaren Angehörigen des Bezirkes. Auf diesem Wege soll die Bezirksverwaltung ohne Rücksicht auf Parteiinteressen Persönlichkeiten aus allen Klassen gewinnen können, die durch ihren Beruf, durch ihre Erfahrung, durch ihre gesellschaftliche Stellung besonders berufen sind für die Behandlung bestimmter Verwaltungsaufgaben. Diese Bestimmung bietet aber auch für jene Bezirkstage, die weniger als 10 Mitglieder zählen, die Möglichkeit sich zu ergänzen. Die Vorschrift, daß die Vorsitzenden der Sonderausschüsse Mitglieder des Bezirkstages sein müssen, soll die engere Verbindung zwischen dem Bezirkstag und den Sonderausschüssen herstellen und verhindern, daß in den Sonderausschüssen andere Richtungen die Überhand gewinnen als im Bezirkstage. Immerhin soll die Selbständigkeit der Sonderausschüsse möglichst gewahrt bleiben, soweit sie sich in ihren Grenzen und innerhalb des Voranschlages halten. Sie dürfen nur über Mittel verfügen, die ihnen der Haushaltplan bietet, sie haben nicht das Recht, neue Ausgaben zu bewilligen, auch nicht vorbehaltlich der nachträglichen Zustimmung des Bezirkstages, das kann nur der Bezirksausschuß (Art. 21 Abs. 3 SG.). Auch die Vorschrift, daß das Bezirksamt die Beschlüsse der Sonderausschüsse vollzieht, soll eine Sicherheit bieten gegen eine Grenzüberschreitung ihrer Befugnisse. Sie ist aber auch insoferne gerechtfertigt, als voraussichtlich die Beschlüsse der Sonderausschüsse sich auf denjenigen Gebieten bewegen, die am nächsten mit der Verwaltungstätigkeit des Bezirksamtes auf den drei oben genannten Gebieten des Schulwesens, der Land- und Forstwirtschaft und der sozialen Fürsorge zusammenhängen. Mit Rücksicht auf die erörterte Stellung des Vorsitzenden ergibt sich die in der VA. ihm auferlegte Verpflichtung, nötigenfalls den Vollzug der Beschlüsse, d. h. die Hinübergabe an das Bezirksamt aufzuschieben. Wenn das Bezirksamt derartige Bedenken hat, so empfiehlt es sich mit dem Vorsitzenden des Sonderausschusses ins Benehmen zu treten. Es kann aber auch die Regierung verständigen.

2. Wegen der Bildung von Sonderausschüssen für bestimmte Unternehmungen, z. B. Jungviehweide, Fischzuchtanstalt, Schweinezucht- u. Mastanstalt, Obstgarten u. dgl. s. ME. v. 1. Sept. 1919 Ziff. 5 (Anhang unter G abgedr.). — Sonderausschüsse für Sparkassen sind vom verstärkten Bez.-Tag zu wählen (ME. vom 11. Nov. 1919).[1])

Art. 21.

I Zum Wirkungskreise des Bezirkes, Kreises gehören alle Angelegenheiten, die Rechte und Verbindlichkeiten des Bezirkes, des Kreises betreffen, insbesondere

a) die Prüfung und Feststellung des jährlichen Voranschlags aller Einnahmen und Ausgaben,

b) die Festsetzung des Umlagenbedarfs,

c) die Prüfung und Anerkennung oder Beanstandung der Rechnungen der Bezirks-, Kreiskasse, der Bezirks-, Kreisanstalten und der vom Bezirke, Kreise verwalteten Stiftungen,

d) die Aufnahme von Anlehen zur Bestreitung außerordentlicher Bedürfnisse und die Festsetzung des Tilgungsplanes,

e) die Erwerbung und Veräußerung von Grundstücken oder Rechten an einem Grundstücke des Bezirkes, Kreises sowie die Belastung eines Grundstückes des Bezirkes, Kreises mit einem solchen Recht,

f) die Errichtung, Veränderung und Aufhebung der Anstalten und Einrichtungen des Bezirkes, Kreises, sowie die Erlassung von Satzungen für die Verwaltung dieser Anstalten und Einrichtungen.

II Der Bezirkstag, Kreistag kann Angelegenheiten seiner Zuständigkeit auf Grund besonderer Beschlüsse nach näheren Weisungen dem Ausschusse zur Erledigung übertragen. Beschlüsse, die der aufsichtlichen Genehmigung bedürfen, hat der Bezirks-, Kreistag zu fassen.

III In außerordentlichen dringlichen Fällen kann, wenn sonst die Berufung des Bezirks-, Kreistages nötig wäre, der

[1]) Nicht veröffentlicht.

Ausschuß die erforderlichen Beschlüsse fassen. Diese müssen dem Bezirks-, dem Kreistage beim nächsten Zusammentritt vorgelegt werden.

Vollzugsanweisung.

§ 21. Die Behörden der inneren und der Finanzverwaltung sind gehalten, hinsichtlich aller Angelegenheiten, die zum Wirkungskreise des Bezirkes, des Kreises gehören, die erforderlichen Aufschlüsse zu geben.

Das Bezirksamt, die Regierung stellt die notwendigen Ausgaben und die voraussichtlichen Einnahmen des Bezirkes, des Kreises im Benehmen mit der Finanzverwaltung fest und liefert insoweit dem Bezirks-, dem Kreistage die Unterlagen für die Aufstellung und Beratung des Bezirks-, des Kreishaushaltes.

Andererseits obliegt dem Bezirksamt, der Regierung, Kammer des Innern, die Verpflichtung zur Anzeige an die Aufsichtsbehörde des Bezirkes, des Kreises, wenn notwendige Ausgaben nicht in den Voranschlag eingesetzt werden.

Das Bezirksamt, die Regierung sorgt auch für die rechtzeitige Bereitstellung aller Rechnungen des Bezirkes, Kreises, der Bezirks-, der Kreisanstalten und der vom Bezirke, vom Kreise verwalteten Stiftungen.

Über die Prüfung der Rechnungen des Bezirkes hat der Bezirkstag Anordnung zu treffen (Geschäftsordnung), entstehende Kosten hat der Bezirk zu tragen. Hinsichtlich der Prüfung der Rechnungen des Kreises bleibt es vorläufig beim bisherigen Verfahren.

Die Bezeichnung der Angelegenheiten, die der Bezirkstag, der Kreistag dem Ausschusse zur Erledigung überträgt, kann auch in der Geschäftsordnung geschehen.

Als außerordentlich dringliche Fälle, in denen der Ausschuß auch ohne Ermächtigung für den Bezirkstag, den Kreistag handeln kann, gelten beispielsweise Maßnahmen bei Elementarereignissen, Verwesung unerwartet erledigter Stellen u. dgl. Die Fälle werden selten sein, da die Einberufung des Bezirkstages, des Kreistages jetzt viel leichter möglich ist als früher.

Erläuterungen.

1. Art. 21 geht auf den Art. 64 des E. I zurück und ist die wörtliche Wiedergabe des Art. 12 des E. II. Er ersetzt den Art. 11 des DRG. und den Art. 15 des LRG. Er ist insbesondere dem ersteren Artikel nachgebildet.

2. Die Voranschläge für die Bezirke sollen möglichst bis Ende Oktober jeden Jahres aufgestellt sein. ME. v. 1. Sept. 1919 Ziff. 1 (im Anhang unter G abgedr.). Wegen der Vorlage der Rechnungen der Bezirke s. Ziff. 2 dieser E. Die Voranschläge der Kreise sollen noch vor Jahresschluß aufgestellt sein (ME. v. 1. Sept. 1919). Das Rechnungsjahr für die Kreise wird künftig vom 1. April bis 31. März laufen, wegen des Zusammenhangs mit dem Staatshaushalt (§ 78 bayr. VerfUrk. v. 14. Aug. 1918, GVBl. S. 531).

3. Einrichtungen im Sinne des Buchstaben f des Abs. 1 sind dauernde Veranstaltungen ohne Grundstockvermögen, insbesondere die Errichtung von Stellen, z. B. für die Vornahme der Trichinenschau oder für die Pflege von Kindergärten und dgl. — Anstalten im engeren Sinne haben stets Grundstockvermögen, z. B. ein Krankenhaus.

4. Die Überweisung bestimmter Angelegenheiten des Abs. 1 in die Zuständigkeit des Ausschusses soll zur Erleichterung und Beschleunigung der Geschäfte beitragen. Der E. I und II hatte eine solche Befugnis vorgesehen, sie aber auf die Buchstaben b, d, e und f beschränkt. Bei der Erlassung des Gesetzes glaubte man von jeder solchen Beschränkung absehen zu sollen.

Art. 22.

I Der Bezirksausschuß, der Kreisausschuß wird vom Vorsitzenden einberufen und vertritt den Bezirk, den Kreis nach außen. Zur Beschlußfähigkeit ist die Anwesenheit von mehr als der Hälfte der ordentlichen Vollzahl der Mitglieder erforderlich. Der Ausschuß hat

a) die Verwaltung des Vermögens zu leiten,
b) die Aufsicht auf die Anstalten des Bezirkes, des Kreises zu führen,
c) alle an den Bezirkstag, Kreistag zu bringenden Gegenstände vorzubereiten und vorzuberaten,
d) die Rechnungen des Bezirkes, des Kreises vor der Vorlage an den Bezirkstag, Kreistag zu prüfen,
e) den jährlichen Voranschlag herzustellen, den zur Erhebung bestimmten Hundertsatz der Bezirks-, Kreisumlage zu berechnen.

II Der Bezirksausschuß hat ferner die Umlagen auf die einzelnen Gemeinden und Eigentümer ausmärkischer Grundstücke zu verteilen.

III Die Zahlungsanweisungen für den Bezirk erläßt innerhalb des Voranschlags das Bezirksamt, für den Kreis die Regierung, Kammer des Innern. Die Sitzungen der Ausschüsse sind dem Bezirksamte, der Regierung mindestens 24 Stunden vorher bekanntzugeben. Das Bezirksamt, die Regierung, Kammer des Innern, kann Vertreter abordnen, die auf ihr Verlangen jederzeit gehört werden müssen.

Vollzugsanweisung.

§ 22. Die Einberufung der Mitglieder des Ausschusses kann der Vorsitzende selbst besorgen, er kann auch das Bezirksamt, die Regierung darum ersuchen. Es empfiehlt sich auch hier, bestimmte Tage, z. B. den ersten und dritten Mittwoch eines jeden Monats festzusetzen.

über den Vollzug der Beschlüsse des Bezirks-, des Kreisausschusses trifft das Gesetz keine ausdrückliche Bestimmung. Die Beschlüsse des Bezirksausschusses auf Grund des Art. 23 a—m werden nur vom Bezirksamte vollzogen. Im übrigen wird zwar in der Regel das Bezirksamt die Beschlüsse des Bezirksausschusses, die Regierung, Kammer des Innern, die Beschlüsse des Kreisausschusses vollziehen, hinsichtlich des Voranschlages ist es im Gesetz ausdrücklich ausgesprochen, es kann aber auch in einzelnen Fällen und nach dem Willen der Ausschüsse eine andere Regelung platzgreifen.

Art. 29 Abs. 4 LRG. verträgt sich nicht mehr mit dem Gesetze.

Zum Vollzuge genügt eine Ausfertigung des Ausschußbeschlusses, sei es in der Urschrift oder in einer behördlich beglaubigten Abschrift. Für Rechtsgeschäfte mit Dritten sind solche Beschlüsse der Ausschüsse die genügende Grundlage, z. B. bei der Aufnahme von Anlehen, nur ist hier, soweit der Betrag in Art. 14 des Gesetzes überschritten wird, auch die aufsichtliche Genehmigung zur Aufnahme nachzuweisen.

Zustellungen an den Bezirk, den Kreis ergehen rechtswirksam an den Vorsitzenden des Ausschusses als solchen.

Erläuterungen.

1. Art. 22 geht auf den Art. 68 des E. I zurück und ist die wörtliche Wiedergabe des Art. 13 des E. II. Er ersetzt den Art. 16 des DRG. und die Art. 33 und 34 des LRG.

2. Die Aufsicht auf die Anstalten des Bezirkes, des Kreises wird vom Ausschuß ausgeübt. Damit will keineswegs die Aufsicht der Staatsverwaltung ersetzt oder ausgeschaltet werden. Für den Bezirk war die Bestimmung bereits in Art. 16 Buchst. b des DRG. enthalten, während die Kreisanstalten als Staatsanstalten betrachtet werden und der Aufsicht der Staatsverwaltung unterstehen. Zwar wurde der ständige Landratsausschuß bisweilen zur Besichtigung der Anstalten mit herangezogen, das geschah aber in der Regel nur, um ihm einen Einblick in die Zustände dieser Anstalten für die Beratung bei den Landratsverhandlungen zu verschaffen. An der staatlichen Aufsicht der Kreisanstalten soll auch für die Folge nichts geändert werden, dafür aber auch andererseits dem Kreisausschusse die Möglichkeit gegeben werden, seiner Pflicht zu genügen. Die wirtschaftliche Leitung wird mehr dem Ausschusse, die organisatorische und technische mehr dem Staate zufallen; vgl. auch ME. v. 1. Sept. 1919 Ziff. 6 (im Anhang unter G abgedr.).

3. Über den Vollzug der Beschlüsse des Bezirkstages, des Kreistages, des Bezirksausschusses und des Kreisausschusses gibt das Gesetz keine allgemeine Anweisung. Bisher lag der Vollzug der Beschlüsse in Distriktsratsangelegenheiten naturgemäß in der Hand des Bezirksamtes, der Vollzug der Landratsbeschlüsse war ausdrücklich in Art. 29 Abs. 4 der Kreisregierung übertragen. Das SG. spricht in Abs. 4 des Art. 22 nur von den Zahlungsanweisungen, die innerhalb des Voranschlags für den Bezirk das Bezirksamt, für den Kreis die Regierung, Kammer des Innern, erläßt. Auf diese Weise soll der pünktliche Vollzug des Haushaltplanes sichergestellt werden. Für die Beschlüsse der Sonderausschüsse des Bezirkes und für die Beschlüsse der Bezirksausschüsse nach Art. 23 des Gesetzes ist ebenfalls eine bestimmte Weisung gegeben. Hier tritt für den Vollzug stets das Bezirksamt ein. Für alle übrigen Beschlüsse wollte absichtlich ein Spielraum gelassen werden. Es wird im einzelnen Fall entweder aus der Natur der Sache oder aus dem Inhalte des Beschlusses oder aus einer sonstigen Zuständigkeitsvorschrift der nötige Fingerzeig sich ergeben. Im Zweifelsfalle soll immer das Bezirksamt, die Regierung den Vollzug übernehmen; vgl. auch ME. v. 1. Sept. 1919 Ziff. 4 (im Anhang unter G abgedr.).

4. Wegen der Anzeige der Sitzungen siehe Art. 18 Anm. 2. Auch hier soll kein Formalismus geschaffen werden.

5. Eine Verpflichtung der Ausschußmitglieder findet nicht mehr statt.

Art. 23.

[1]Der Bezirksausschuß tritt für folgende Verwaltungsangelegenheiten, welche vom Bezirksamte vorzubehandeln und sodann dem Ausschusse zur Entscheidung vorzulegen sind, an die Stelle der Bezirks- (bisherigen Distrikts-) polizeibehörde:

a) Erlaß bezirkspolizeilicher Vorschriften und zwar auch in den Fällen des Art. 5 PStGB.
b) Polizeiliche Eingriffe in die persönliche Freiheit, nämlich korrektionelle Nachhaft (Besserungsnachhaft), Polizeiaufsicht, Verwahrung gemeingefährlicher Geisteskranker.
c) Festsetzung von Baulinien.
d) Heimatschutz und Denkmalpflege.
e) Bildung und Änderung der Kehr- und Wasenmeisterbezirke, Festsetzung der Impforte, Begutachtung hinsichtlich der Standesamtsbezirke.
f) Verleihung von Kaminkehrbezirken.
g) Beschlußfassung bei Dienststrafentsetzung der Bürgermeister, der Stadt- oder Gemeinderatsmitglieder, der Ortspfleger und Ortsausschußmitglieder.
h) Allgemeine Richtlinien über die Verleihung von Wirtschaftskonzessionen und die polizeiliche Bewilligung von Tanzmusiken und zur Veranstaltung sonstiger Lustbarkeiten und Schaustellungen, soweit nicht Verordnungen und ministerielle Vorschriften vorliegen.
i) Aufsicht über die Innungen gemäß §§ 96 und 100 h der Reichsgewerbeordnung.
k) Regelung der Sonntagsruhe gemäß §§ 100 b II, 105 c IV und 105 f der Reichsgewerbeordnung.
l) Arbeiterschutz gemäß § 120 d der Reichsgewerbeordnung.

m) Verweigerung der Ausstellung von Führerscheinen, Zurücknahme der Fahrerlaubnis gemäß Reichsgesetz vom 3. Mai 1909 über den Verkehr mit Kraftfahrzeugen.

II Das zuständige Staatsministerium kann weitere Angelegenheiten dieser Art dem Ausschusse zur Beratung und Beschlußfassung überweisen.

III Diese Beschlüsse des Bezirksausschusses sind vom Bezirksamte zu vollziehen.

IV Der Bezirksausschuß soll die freiwillige Bildung von Zweckverbänden fördern (Gemeinschaftliche Gemeindeschreiber, Rechner, Einnehmer, gemeinschaftliche Wegunterhaltung, gemeinschaftliche Einrichtungen für Schulwesen, Volksbildung, Wohnungswesen, Feuerlöschwesen und dergleichen).

V Der Bezirksausschuß kann auch in anderen, den Bezirk berührenden, in den Geschäftsbereich des Bezirksamtes gehörigen Angelegenheiten Anregungen geben und Anträge stellen, die vom Bezirksamte zu verbescheiden sind.

VI Das Bezirksamt kann in allen wichtigeren, das Gesamtinteresse des Bezirkes berührenden Angelegenheiten das Gutachten des Ausschusses erholen, welcher hierzu beschlußmäßig Stellung zu nehmen hat.

Vollzugsanweisung.

§ 23. In den im Abs. 1 a—m bezeichneten Angelegenheiten bildet der Bezirksausschuß die Beschlußbehörde und tritt in dieser Beziehung an die Stelle des Bezirksamtes. Alle diese Angelegenheiten hat das Bezirksamt bis zur Spruchreife vorzubehandeln. Der Bezirksausschuß kann weitere Erhebungen anordnen, die das Bezirksamt zu vollziehen hat.

Die abgeschlossenen Verhandlungen werden dem Bezirksausschusse zugeleitet, in der Sitzung hat der mit der Angelegenheit befaßte Bezirksamtsbeamte anwesend zu sein und die erforderlichen rechtlichen und tatsächlichen Aufschlüsse auf Verlangen zu geben. Für diese Beratungen ist dem Schriftführer des Ausschusses eine Hilfskraft aus dem bezirksamtlichen Kanzleipersonal zur Verfügung zu stellen. In die Niederschrift über die Sitzung sind die Beschlüsse und kurz auch die Gründe für die Beschlüsse aufzunehmen.

Auf Grund der Niederschrift werden die Beschlüsse vom Bezirksamt ausgefertigt und den Beteiligten zugestellt. Die Weiterbehandlung obliegt ebenfalls dem Bezirksamte.

Erläuterungen.

1. Der Art. 23 war von der Komm. II vorgeschlagen. Dem Bezirksausschusse sollte ein Teil der Aufgaben der Staatsverwaltung übertragen werden. Unter den aufgezählten und überwiesenen Angelegenheiten befanden sich noch:

„b) Organisatorische Maßnahmen zur Verbesserung des Verwaltungsdienstes der Gemeinden auf dem Wege des Zweckverbandes, Vollzug und Ausbau dieser Einrichtungen (Gesamtrechnungsverband, gemeinsame Einrichtungen für den Gemeindeschreiberdienst und die Einhebung gemeindlicher Abgaben und Umlagen), Schulwesen, gemeinsame Feuerlöscheinrichtungen und dgl.

d) Ermächtigung des Bezirksamtes zur Einleitung des staatsaufsichtlichen Verfahrens gegen Gemeinden des Bezirks."

Der Gedanke nach Buchst b wurde durch Einschiebung des Abs. 4 des Art. 23 verwirklicht. Es handelte sich bei dieser Anregung nicht um eine bisher der ausschließlichen Zuständigkeit der Bezirksämter überwiesenen staatlichen Verwaltungsaufgabe, die Bestimmung befindet sich jetzt an einer richtigeren Stelle.

Der Buchst d wurde überhaupt gestrichen. Im übrigen ist der Vorschlag der Kommission zum Gesetz erhoben worden.

2. Durch Überweisung dieser Angelegenheiten an den Bezirksausschuß als Beschlußbehörde darf keine der Natur der Sache widerstreitende Verzögerung eintreten. Die etwa gebotenen vorläufigen Maßnahmen gehören zur „Vorbehandlung". Z. B. erfordert die Verwahrung gemeingefährlicher Geisteskranker nicht selten ein rasches Handeln, die vorläufige Anordnung der Verwahrung vorbehaltlich der nachträglichen Beschlußfassung des Bezirksausschusses ist Pflicht des Bezirksamtes, wenn Gefahr auf Verzug besteht. Die „Entscheidung", d. h. die beschlußmäßige Erledigung ist stets Sache des Bezirksausschusses.

3. Die Zuständigkeit nach Buchst. g entspricht dem Art. 167/97 Abs. 2 der beiden Gemeindeordnungen, er ist nichts Neues, vgl. noch Art. 31 Abs. 2 SG.

4. Der Beschluß des Bezirksausschusses ist seiner rechtlichen Natur nach wie ein Beschluß der Staatsverwaltungsbehörde zu betrachten und so zu behandeln. Gegen ihn sind alle Rechtsmittel zulässig, die bisher gegen die Beschlüsse des Bezirksamtes zur Verfügung standen. Die Rechtsmittelfrist läuft vom Tage der Zustellung ab. Die Zustellung ist Sache des Bezirksamtes. Wegen Kosten und Gebühren MBek. vom 3. Dez. 1919 (StA. Nr 297).

Art. 24

(vorläufig außer Wirksamkeit, Ges v. 28. Okt. 1919, GVBl. Nr 73 S. 699)

I Bei Erledigung einer Bezirksamtmannsstelle steht dem Bezirksausschusse das Recht zu, an der Wiederbesetzung mitzuwirken. Das Staatsministerium des Innern überweist dem Bezirksausschusse eine unter tunlichster Berücksichtigung etwa schon vorgebrachter Wünsche zusammengestellte Liste der in Frage kommenden Beamten.

II Der Bezirksausschuß wählt drei der dort angeführten Anwärter. Das Staatsministerium des Innern ernennt einen der Gewählten zum Bezirksamtmann.

Vollzugsanweisung.

§ 24. Das Ministerium des Innern verständigt den Ausschuß von der Erledigung der Stelle eines Bezirksamtmannes.

Der Bezirksausschuß kann auf einen Vorschlag verzichten, er kann aber auch auf die Mitteilung von der Erledigung hin bereits Wünsche äußern und um die Liste der in Frage kommenden Beamten ersuchen. Das Ministerium kann für die Abgabe der Erklärung des Bezirksausschusses eine Frist vorsetzen, nach deren fruchtlosem Ablaufe der Verzicht auf den Vorschlag angenommen wird.

Erläuterungen.

1. Der Art. 24 beruht auf den Vorschlägen der Komm. II. Nach den Vorschlägen dieser Kommission hatte der Artikel einen Abs. 1 mit folgendem Wortlaute:

„Für die Stelle des Bezirksamtmanns kommen nur staatliche Berufsbeamte in Betracht, die den vorgeschriebenen Anforderungen der Anwartschaft für den höheren Dienst in der inneren Staatsverwaltung entsprochen haben und in diesem Dienste schon tätig waren."

Bei den Beratungen und Besprechungen mit den Verbänden und Berufsvertretungen (siehe die Einleitung unter Ziff. 1) wurde dieser Abs. 1 geändert:

„Die Bezirksamtmänner sind staatliche Berufsbeamte, die den vorgeschriebenen Anforderungen der Anwartschaft für den höheren Dienst in der inneren Staatsverwaltung entsprochen haben und im staatlichen oder gemeindlichen Dienste schon tätig waren."

Das Gesetz hat diesen Abs. 1 nicht aufgenommen.

2. Seiner Natur nach handelt es sich um ein begrenztes Vorschlagsrecht des Bezirksausschusses. Er kann nur aus der ihm zur Verfügung gestellten Liste der in Frage kommenden Beamten auswählen. Auch die vom Ausschusse für die Aufnahme in die Liste gewünschten Persönlichkeiten müssen zu den „in Frage kommenden Beamten" gehören. Die Bestimmung aber, welche Beamte in Frage kommen, wird von der Übung und Auffassung der Staatsregierung abhängen, nachdem der Abs. 1, den die Kommission vorgeschlagen hatte, gestrichen worden ist.

Art. 25

(vorläufig außer Wirksamkeit, Ges. v. 28. Okt. 1919, GVBl. Nr. 73 S. 699).

I Der Bezirkstag kann die Abberufung eines wenigstens ein Jahr im Amte befindlichen Bezirksamtsmannes beantragen.

II Ein solcher Antrag muß von mindestens einem Drittel der Bezirksvertreter beim Vorsitzenden des Bezirkstages eingereicht werden, darf erst frühestens vier Wochen nach Antragstellung auf dem Bezirkstage beraten werden und ist zu berücksichtigen, wenn zwei Drittel der Bezirksvertreter dem Antrage beistimmen. Das Staatsministerium des Innern wird in diesem Fall alsbald den Bezirksamtmann abberufen.

Vollzugsanweisung.

§ 25. Der Bestimmung ist keine rückwirkende Kraft eingeräumt, vor Ablauf eines Jahres seit Inkrafttreten des Gesetzes, also vor dem 27. Mai 1920 können Anträge auf Abberufung von Bezirksamtmännern nicht gestellt werden. Im übrigen wird das Jahr vom Tage der Amtseinweisung an gerechnet, Unterbrechungen der Tätigkeit von mehr als drei Monaten werden in das Jahr nicht eingerechnet. Dem Bezirksausschuß ist es aber unbenommen auch in diesen Fällen, wenn beispielsweise bei Krankheit die Verhältnisse des Amtes eine längere Verwesung nicht angezeigt erscheinen lassen, entsprechende Anregungen zu geben. Läuft beim Vorsitzenden des Bezirksausschusses ein Antrag auf Abberufung ein, so hat er alsbald den Bezirksamtmann davon zu verständigen. Dieser hat das Recht eine Gegenerklärung abzugeben und den Verhandlungen über den Antrag im Bezirkstag anzuwohnen. Es muß ihm das Schlußwort gegeben werden.

Der Bezirksamtmann hat von dem Antrage die Regierung, Kammer des Innern, sofort in Kenntnis zu setzen. Diese hat das Recht, Vertreter zur Verhandlung des Antrages abzuordnen, die auf Verlangen gehört werden müssen.

Wird der Antrag auf Abberufung mit der erforderlichen Mehrheit angenommen, so hat der Vorsitzende des Bezirksausschusses eine Ausfertigung des Beschlusses alsbald dem Ministerium des Innern vorzulegen.

Die Rechte des abberufenen Bezirksamtmanns bestimmen sich nach dem Staatsbeamtengesetze. Die Abberufung ist keine Ruhestandsversetzung.

Erläuterungen.

1. Der Art. 25 wurde von der Komm. II vorgeschlagen, die Abberufung sollte aber erst nach dreijähriger Wirksamkeit des Bezirksamtmanns möglich sein. Das Gesetz hat diesen Zeitraum in Abs. 1 auf 1 Jahr ermäßigt.

2. Die Bestimmung ist durch Abs. 2 zwar gegen leichtfertige Anwendung geschützt, immerhin ist es bei der Kleinheit mancher Bezirkstage bisweilen nicht schwer, die erforderliche Stimmenmehrheit für einen solchen Antrag aufzubringen. Die Staatsregierung wird unter allen Umständen, auch wenn es sich um eine frivole Anwendung der Bestimmung handelt, den Bezirksamtmann abberufen müssen. Die Rechte des abberufenen Bezirksamtmannes bestimmen sich nach dem Beamtengesetze, die Abberufung allein bildet keinen Grund zur Anwendung des Art. 38 des StGB. Die Staatsregierung wird vielmehr in denjenigen Fällen, wo den Bezirksamtmann an der Abberufung kein Verschulden trifft, dafür sorgen müssen, daß er durch diese Maßnahme keine Einbuße am Vermögen oder am Einkommen erleidet.

Art. 26.

[1] Eine Gemeinde kann sich durch Gemeindebeschluß mit anderen Gemeinden und öffentlich-rechtlichen Körperschaften zur gemeinsamen Erfüllung einzelner Aufgaben mit ministerieller Zustimmung zu einem Zweckverbande vereinigen. Das gleiche gilt für die Vereinigung von Zweckverbänden untereinander und mit anderen Gemeinden. Die Verhältnisse regeln sie durch eine

Satzung, die der aufsichtlichen Genehmigung bedarf. Sie muß auch Bestimmungen über die Auflösung enthalten. Die Bestimmungen über Staatsaufsicht finden entsprechende Anwendung. Für Streitigkeiten der Mitglieder des Zweckverbandes unter sich infolge der Eingehung, der Auflösung oder des Bestehens des Verbandes gilt Art. 11 des Verwaltungsgerichtsgesetzes.

II Erfordert das öffentliche Interesse die Bildung eines Zweckverbandes, so kann die mangelnde Zustimmung der Beteiligten durch einen mit Gründen versehenen Beschluß des Bezirksausschusses ersetzt werden. Das gleiche gilt für die Veränderung und für die Auflösung eines solchen Verbandes. Gehören die Gemeinden verschiedenen Bezirken desselben Kreises an oder ist eine unmittelbare Stadt beteiligt, so tritt an Stelle des Bezirksausschusses der Kreisausschuß, gehören die Gemeinden verschiedenen Kreisen an, so bestimmt das Staatsministerium des Innern den zuständigen Kreisausschuß.

Vollzugsanweisung.

§ 26. Die Genehmigung erteilt das Ministerium des Innern; es anerkennt gleichzeitig den Zweckverband als einen Verein des öffentlichen Rechtes und verleiht ihm dadurch die Rechtsfähigkeit. Die Satzung muß Bestimmungen enthalten über

1. den Namen und Sitz des Zweckverbandes,
2. die Aufgaben, denen der Zweckverband dienen soll,
3. die Rechte und Pflichten der Teilnehmer, namentlich hinsichtlich des Maßstabes der Teilnahme an den Vorteilen und Lasten des Verbandes und an der Verwaltung der Verbandsangelegenheiten,
4. die Zusammensetzung, Wahl und den Wirkungskreis des Vorstandes und seines Vorsitzenden, sowie über die Anstellung der übrigen Verbandsorgane,
5. die Berufung, Zusammensetzung und Zuständigkeit der Verbandsversammlung, die Form, Gültigkeit und Bekanntgabe ihrer Beschlüsse,
6. das Rechnungswesen des Verbandes (Aufstellung der Voranschläge, Rechnungsstellung, Rechnungsprüfung),
7. die Voraussetzungen für die Änderung der Satzung,
8. die Auseinandersetzung bei Auflösung des Verbandes.

Zur Genehmigung der Satzung ist das Bezirksamt zuständig, wenn bloß mittelbare Gemeinden des gleichen Amtsbezirkes beteiligt sind, außerdem die Regierung, Kammer des Innern; gehören die Gemeinden verschiedenen Regierungsbezirken an, so bestimmt das Staatsministerium die zuständige Regierung.

Ausreichende Einrichtungen zur Förderung des Wohnungswesens, besonders auf dem platten Lande, werden am ehesten durch eine Vereinigung mehrerer Gemeinden geschaffen werden können. Die erforderlichen Anregungen soll die Aufsichtsbehörde geben und nötigenfalls die Anwendung des in Abs. 2 des Gesetzes vorgesehenen Verfahrens herbeiführen. Bevor indes der Bezirks- oder Kreisausschuß zur Beschlußfassung veranlaßt wird, sind die Verhandlungen mit gutachtlicher Äußerung dem Ministerium des Innern vorzulegen.

Erläuterungen.

1. Art. 26 Abs. 1 wurde auf den Vorschlag der Komm. I in das Gesetz aufgenommen, den Abs. II fügte die Staatsregierung an, hauptsächlich um für die Förderung des Wohnungswesens die Vereinigung der Gemeinden zu Zweckverbänden nötigenfalls erzwingen zu können. Für den Abs. 2 lieferte die hessische Landesgemeindeordnung vom 8. Juli 1911 (Art. 196) das Vorbild.

2. Die Rechtsfähigkeit des Zweckverbandes ist im Gesetze nicht ausgesprochen, sie muß besonders verliehen werden. Der Weg ist der gleiche wie beispielsweise für jene Genossenschaften des Wasserrechtes, die aus der Vereinigung mehrerer Gemeinden für gewisse Zwecke gebildet werden (Brenner, Wassergesetz 1908 S. 350 A. 1). Der Zweckverband wird als Verein des öffentlichen Rechtes anerkannt. An Stelle der bisherigen Allerhöchsten Anerkennung tritt nach der Verordnung vom 15. November 1918 (GVBl. S. 1231) die Anerkennung durch das zuständige Ministerium.

3. Der Erwerb der Rechtsfähigkeit wird nicht in allen Fällen nötig sein. Er ist bisweilen entbehrlich, wo sich Gemeinden zu gemeinsamen Einrichtungen verbinden, die regelmäßig keine besondere Rechtswirkung nach außen haben, z. B. zu gemeinschaftlichen Gemeindeschreibereien, Einnehmereien und dgl. Die Rechtsfähigkeit kann bisweilen nicht einmal erwünscht sein, wenn z. B. Gemeinden des Verbandes bereits für die Einverleibung in Aussicht genommen sind. In diesem Falle kann diejenige Gemeinde, die als einverleibende in Aussicht genommen ist, Wert darauf legen, die Rechtsgeschäfte in eigenem Namen abzuschließen, das Grundeigentum für sich zu erwerben, Eigentümerin der Gebäude zu werden. Der gleiche Gedanke kann bei einem Zweckverbande bestehen, den eine größere Stadt mit einer oder mehreren kleineren Gemeinden zur Herstellung einer Verkehrseinrichtung (Straßenbahnverbindung) eingeht. In solchen Fällen würde die ohne weiteres von Gesetzes wegen eintretende Rechtsfähigkeit des Zweckverbandes störend wirken.

4. Der Aufsichtsbehörde steht aber der Zweckverband, in allen Fällen als geschlossene Einheit gegenüber. Das unterscheidet den Zweckverband von den Vereinigungen nach Art. 37 des DRG. Diese Bestimmung ist durch Art. 26 gegenstandslos geworden. Diese Einheit kann sich zeigen bei der Unterstützung aus Staatsmitteln, aber auch für das staatsaufsichtliche Einschreiten, wenn es notwendig werden sollte.

Art. 27.

1. Die Art. 4 der rechtsrheinischen und der pfälzischen Gemeindeordnung erhalten die nachstehende Fassung:

I Änderungen im Bestande der Gemeinden, Ortschaften oder abgesonderten Markungen bedürfen der Genehmigung des Staatsministeriums des Innern. Sie setzen in der Regel die Zustimmung der beteiligten Gemeinderäte voraus.

II Auch ohne diese Zustimmung ist die Genehmigung zulässig, wenn ein dringendes öffentliches Bedürfnis festgestellt ist. Auf die Zuständigkeit und das Verfahren zur Feststellung des Bedürfnisses findet der Art. 11 des Verwaltungsgerichtsgesetzes entsprechend Anwendung. Das Verfahren über die Teilung oder Auseinandersetzung des Vermögens ist, wenn möglich, damit zu verbinden. Die Kosten trägt der Staat, mit Ausnahme der Parteivertretungskosten.

III Wird bei einer Änderung im Bestand einer Gemeinde, Ortschaft oder abgesonderten Markung vereinbart, daß ein Grundstück von einer Gemeinde, Ortschaft oder abgesonderten Markung auf eine andere Gemeinde, Ortschaft oder abgesonderte Markung übergehen soll, so tritt die Eigentumsänderung auf Grund der Genehmigung der Vereinbarung durch das Staatsministerium des Innern in dem Zeitpunkt ein, in dem die Änderung im Bestande der Gemeinde, Ortschaft oder abgesonderten Markung wirksam wird.

IV In der Vereinbarung kann ein anderer Zeitpunkt bestimmt werden.

V Die Aufsichtsbehörde kann die Neuwahl des Stadt- oder Gemeinderats anordnen, sie kann für den Rest der laufenden Wahlzeit die Anzahl der Mitglieder des Stadt- oder Gemeinderates vermehren und die Wahl für die neuen Stellen auf Teile des Gemeindebezirkes beschränken. Die Gewählten versehen ihr Amt nur für den Rest der laufenden Wahlzeit.

VI Das Staatsministerium des Innern kann die Zuständigkeit zur Genehmigung von Änderungen im Bestande von Gemeinden, Ortschaften oder abgesonderten Markungen auf die Regierungen, Kammern des Innern, übertragen.

2. Im Art. 5 der rechtsrheinischen Gemeindeordnung wird der Abs. 3, im Art. 5 der pfälzischen Gemeindeordnung wird der Abs. 2 gestrichen.

Vollzugsanweisung.

§ 27. Zu Änderungen im Bestande der Gemeinden und Ortschaften ist künftig nur die Einvernahme der beteiligten Stadt- oder Gemeinderäte oder der Ortsausschüsse erforderlich, nicht mehr die Einvernahme der Grundbesitzer, der Hypothekengläubiger und sonstiger Einzelpersonen. Nur die abgesonderten Markungen werden von ihren Eigentümern vertreten.

Die Zusammenlegung von Gemeinden ist nach dem Gesetze für die Folge auch ohne die Zustimmung der beteiligten Gemeinden, Ortschaften, Markungsbesitzer zulässig, wenn ein dringendes öffentliches Bedürfnis festgestellt ist. In der Regel sollen es wirtschaftliche Gründe sein; die Zusammenlegung soll wenigstens für eine der beteiligten Gemeinden eine wesentliche Erleichterung in der Erfüllung ihrer öffentlichen Aufgaben mit sich bringen. Die Aufgaben brauchen aber nicht notwendig in den engeren Kreis der gesetzlichen Verpflichtungen im Sinne der Art. 38/29 der beiden Gemeindeordnungen zu fallen, vielmehr sollen hier Berücksichtigung finden auch an sich freiwillige Wohlfahrtseinrichtungen und Unternehmungen, wie z. B. die Beförderung des Wohnungswesens, Beschaffung von Kleinwohnungen und dergleichen bedeutende Aufgaben, die die nächste Zeit an die Gemeinden stellen wird.

Die Bestimmungen des Gesetzes sollen nicht nur zur Bekämpfung der Zwerggemeinden dienen, sondern auch die Handhabe bieten, Gemeinden von jeder Größe zu vereinigen, wenn diese Vereinigung im öffentlichen Interesse liegt. Das Verfahren zur Feststellung des Bedürfnisses im Wege des Art. 11 des Verwaltungsgerichtsgesetzes wird von den Aufsichtsbehörden betrieben. Die Gemeinden, um deren Zusammenlegung es sich handelt, sind die Beteiligten und werden durch ihre Verwaltungen vertreten. Sie können zur Feststellung des Sachverhaltes beitragen unbeschadet der Bestimmungen des Art. 20 Abs. 1 des Verwaltungsgerichtsgesetzes (Offizialgrundsatz). Eine Beschwerdeführung wird nur eintreten, wenn das Bedürfnis bejaht wird. Die Aufsichtsbehörden sollen das Verfahren nur dann einleiten, wenn die Umstände von vorneherein überwiegend für die Annahme des Bedürfnisses sprechen. Deshalb wird sich auch in vielen Fällen gleichzeitig mit dem Verfahren über die Feststellung des Bedürfnisses auch das Verfahren über die Auseinandersetzung verbinden lassen, die Verbindung wird oft sogar sehr zweckmäßig sein, sie kürzt nicht nur den Weg ab, sondern zeigt auch gleich, welche äußeren Folgen aus der Vereinigung der Gemeinden, Ortschaften usw. entspringen werden. Es ist denkbar, daß gerade dadurch in manchen Fällen die Beschwerdeführung erspart wird, insbesondere wenn es möglich sein wird, einzelne Wünsche und Besonderheiten frühzeitig zu berücksichtigen.

Die Vermögensauseinandersetzung soll regelmäßig eine Vermögensvereinigung sein. Das gilt in erster Linie vom öffentlichen Eigentum; darunter sind alle Sachen und Rechte zu verstehen, welche zum Verwaltungs- wie zum Finanzvermögen der beteiligten Gemeinden, Ortschaften usw. gehören. Es soll grundsätzlich vermieden werden, Sonderrechte nach der Vereinigung zu bilden. Ausgenommen sind die besonderen Nutzungsrechte der einzelnen Gemeinden (an Wald- oder Feldgrundstücken, an Kommunbräuhäusern u. dgl.). Die Vereinigung des Vermögens begreift auch die Vereinigung der Schulden in sich, eine Ausscheidung wird hier dann notwendig sein, wenn eine solche auch für den Gegenstand stattgefunden hat, für den die Schuld nachweislich aufgenommen wurde.

Die freiwillige Vereinigung soll möglichst unterstützt werden. Die Vereinigung wirkt in der Regel in dem Zeitpunkt, in dem auch die Veränderung im Bestande der Gemeinden, Ortschaften und abgesonderten Markungen wirksam werden. Es kann auch ein anderer Zeitpunkt ausdrücklich bestimmt werden. Das Eigentum geht bei der Vereinigung auf Grund der Genehmigung über (vgl. Art. 27/20 Abs. 4 der beiden Gemeindeordnungen). Der Eigentumsübergang an eingetragenen Grundstücken vollzieht sich außerhalb des Grundbuches, so daß das Grundbuch berichtigt werden muß.

Erläuterungen.

1. Art. 27 war bereits im E. I enthalten, ging als Art. 17 unverändert in den E. II über und wurde ebenso mit unwesentlicher durch Art. 6 SG. gebotener Änderung in das Gesetz übernommen. Die Begründung zum E. I macht auf die große Zahl der kleinen Gemeinden aufmerksam. Von den 8000 Gemeinden des Landes zählen nach der Volkszählung von 1910 rund 5000 nur bis zu 500 und rund 1200 Gemeinden nur bis zu 200 Einwohner. Von den Gemeinden unter 500 Einwohnern hatten im Jahre 1912: 346 ein Steuersoll unter 500 Mark, 1242 ein Steuersoll zw. 500 und 1000 Mark und 2000 ein Steuersoll zw. 1000 und 2000 Mark. Der Entwurf wollte mit der neuen Bestimmung aber nicht nur die Möglichkeit schaffen, solche kleine Gemeinden durch Vereinigung mit anderen leistungsfähiger zu machen, sondern auch eine Handhabe bieten, um Gemeinden von jeder Größe vereinigen zu können, auch gegen deren Willen, wenn das Gemeinwohl es erfordert.

2. Aus der Begründung des E. II sei das folgende hervorgehoben: „Das dringende öffentliche Bedürfnis soll in einem Verfahren festgestellt werden, welches mit zwei Rechtszügen ausgestattet ist und den Gemeinden Gelegenheit gibt, ihre Interessen wirksam zum Ausdrucke zu bringen. Das Gesetz vermeidet es aber, die Voraussetzungen für die Annahme eines dringenden öffentlichen Bedürfnisses festzulegen, es soll ein Spielraum bleiben, den die Praxis ausfüllen soll und der auch einem Wechsel der Anschauungen im Laufe der Zeit und der Entwicklung unterliegen darf . . . . .

Bei der Berücksichtigung der wirtschaftlichen Lage wird die Anzahl der Einwohner, die Belastung mit Umlagen, die Höhe des Steueraufkommens, die gesellschaftliche Zusammensetzung der Gemeinden von Fall zu Fall zu würdigen sein. Im allgemeinen wird man sagen können, daß bei Gemeinden unter 200 Einwohnern, entsprechende örtliche Verhältnisse vorausgesetzt, in der Regel das Bedürfnis der Vereinigung mit einer anderen Gemeinde angenommen werden darf. Es sollen regelmäßig ganze Gemeinden vereinigt und dabei auf bereits bestehende Schul- und Kirchenverbände möglichst Rücksicht genommen werden. Diese letzteren Rücksichten und die örtliche Lage können aber auch in manchen Fällen dazu führen, beispielsweise eine aus zwei Ortschaften bestehende Gemeinde ausnahmsweise an zwei verschiedene Gemeinden zu verteilen. Diese, wie alle sonst hier einschlägigen Fragen sollen als Fragen des schiedsrichterlichen Ermessens gelten, wie sie bisher schon in den Angelegenheiten des Art. 11 des Verwaltungsgerichtsgesetzes behandelt wurden. Diese Fragen unterliegen deshalb auch der Beurteilung durch den Verwaltungsgerichtshof, sie fallen nicht unter Art. 13 Ziff. 3 des Verwaltungsgerichtsgesetzes."

3. Durch die Feststellung des Bedürfnisses wird das Ministerium nur berechtigt, aber nicht verpflichtet, die Änderung zu verfügen.

4. Wenn die Zustimmung aller Beteiligten nicht vorliegt, muß stets die Feststellung des Bedürfnisses nach Abs. 2 vorhergehen, auch wenn es sich um geringfügige Änderungen handelt. Das bedeutet allerdings gegenüber dem bisherigen Recht (Abs. 2 des Art. 4 älterer Fassung) eine Erschwerung.

5. Zu Abs. 5 enthält die Begründung des E. I folgende Ausführungen:

„Durch die Veränderung der Gemeindebezirke werden auch die Verwaltungen der beteiligten Gemeinden berührt. Allgemeine Regeln lassen sich hier nicht aufstellen, diese Fragen werden am besten durch freiwillige Vereinbarungen der bisherigen Vertretungen gelöst werden. Der Entwurf will in dem vorgeschlagenen Abs. 4 einem bei der Handhabung der bisherigen gesetzlichen Vorschriften aufgetretenen Bedürfnis entsprechen und die Möglichkeit eröffnen, in weiten Grenzen solchen Vereinbarungen zu entsprechen. Deshalb müssen die Bestimmungen biegsam sein. Gewöhnlich werden nur in dem Falle, wo zwei ziemlich gleich große Gemeinden vereinigt werden, für die neu entstandene Gemeinde Neuwahlen notwendig sein, in allen anderen Fällen und auch bei der Zuweisung von Teilen einer Gemeinde an eine andere wird man sich mit der Vermehrung der Verwaltungsmitglieder bei der vergrößerten Gemeinde und mit der Beschränkung der Wahl auf den zugewiesenen Teil des Gemeindebezirkes helfen können. Die gesetzlichen Bestimmungen sollen dabei keine Schranke bilden, weder was das Verhältnis der Einwohnerzahl zur Stärke der Gemeindeverwaltung, noch was die Höchstzahl der Mitglieder überhaupt anlangt. Die Verwaltung der verkleinerten Gemeinde, sofern diese noch selbständig fortbesteht, wird durch die Trennung insoferne berührt werden, als einzelne Mitglieder durch Verlust ihres Wohnsitzes auch die Wahlfähigkeit in der bisherigen Gemeinde verlieren. Das soll unbeachtet bleiben können, auch wenn Abweichungen von den Vorschriften der Art. 71 oder 124 bestehen. Die Vorschriften sollen auch auf die verkleinerte Gemeinde anwendbar sein. Die Regelung soll in allen Fällen nur eine vorübergehende sein, bis mit den jeweils nächsten regelmäßigen Wahlen die Bemessung der Stärke der Vertretung und auch ihre Wahl sich wieder an die gewöhnlichen gesetzlichen Vorschriften halten kann."

An Stelle der Art. 71, 124 rrh. GemO. ist jetzt Art. 6 SG. getreten.

6. Bei Gemeindegrenzänderungen sind nach den jetzt geltenden Bestimmungen in gewissen Fällen die Gemeindebürger zu hören (Abs. 4 des Art. 4 der geltenden Fassung), außerdem ist es auch üblich, die beteiligten Grundbesitzer einzuvernehmen. Beides soll für die Folge wegfallen; es soll nur die Gemeindeverwaltung (Stadtrat, Gemeinderat, Ortsausschuß) gehört werden müssen. Die Einvernahme der Grundeigentümer ist schon deshalb entbehrlich, weil die Gemeindegrenzänderung auf die bürgerlichrechtlichen Verhältnisse der von der Änderung betroffenen Flächen ohne Einfluß ist.

7. In der Pfalz gibt es keine abgesonderten Markungen, die bezüglichen Worte des für beide Landesteile gleichlautend gefaßten Artikels haben für die Pfalz keine Bedeutung.

8. Veränderungen im Bestande der Ortschaften hat das bisherige Recht nicht gekannt. Das führte zu Unzuträglichkeiten, insbesondere wenn ein Grundstück einer Gemeinde einverleibt werden mußte, die nur aus Ortschaften bestand. Das Gesetz läßt solche Veränderungen künftig für beide Landesteile zu.

Art. 28.

1. Der Art. 153 der rechtsrheinischen Gemeindeordnung erhält folgende Fassung:

I Wenn in einer Gemeinde eine oder mehrere Ortschaften bestehen, obliegen die Leistungen des Art. 38 Abs. 1 der Gemeinde.

II Die Ortschaft hat das Recht der Verwaltung ihres Ortschafts- und Stiftungsvermögens und die Sorge für dessen Unterhaltung. Zu diesem Zwecke genießt sie die Rechte einer öffentlichen Körperschaft und kann Umlagen erheben. Bestehende Verpflichtungen der Ortschaften zu Leistungen des Art. 38 Abs. 1 werden aufgehoben, ohne Unterschied, ob sie auf Herkommen, Vereinbarung oder Gesetz beruhen, neue dürfen nicht mehr begründet werden. Die freiwillige Weitererfüllung solcher Verpflichtungen ist nur zu Lasten des Ortsvermögens zulässig; Ortsumlagen dürfen für diesen Zweck nicht erhoben werden.

III Die Wege, Straßen, Brücken, Fähren und Stege, die Gebäude, die öffentlichen Uhren und Begräbnisplätze, die öffentlichen Brunnen, Wasserleitungen und Abzugskanäle der Ortschaft, soweit sie künftig von der Gemeinde zu unterhalten sind, gehen mit dem Inkrafttreten des Gesetzes auf die Gemeinde über. Die Gemeinde ist verpflichtet, den Teil der ungetilgten Ortschaftsschulden zu übernehmen, der nachweisbar auf die Herstellung oder den Erwerb dieser Gegenstände erwachsen ist. Streitigkeiten sind nach Art. 11 des Verwaltungsgerichtsgesetzes auszutragen. Die völlige oder teilweise Vereinigung des übrigen Ortschaftsvermögens mit dem Vermögen der Gemeinde bedarf der Zustimmung der Ortsversammlung und der Genehmigung der Aufsichtsbehörde.

IV Jede Ortschaft, der die besondere Verwaltung ihres Vermögens zusteht, hat für diese Verwaltung aus den wählbaren Ortseinwohnern einen aus einem Pfleger und höchstens drei weiteren Mitgliedern bestehenden Ausschuß auf fünf Jahre, den Pfleger mit absoluter Mehrheit, den Ausschuß nach den Grundsätzen des Verhältniswahlrechts zu wählen.

V Der Pfleger ist Vorstand des Ortsausschusses und führt den Vorsitz in der Ortsversammlung. Im Verhinderungsfalle wird er durch das an Lebensjahren älteste Ausschußmitglied vertreten. Die Bestimmungen der Gemeindeordnungen über das Gemeinde- und Stiftungsvermögen gelten entsprechend. Die den Gemeindeausschüssen zukommenden Befugnisse werden durch den Ortsausschuß ausgeübt. Dieser vertritt die Ortschaft nach außen und verwaltet das Ortschaftsvermögen durch die aus seiner Mitte aufgestellten oder die besonderen Verwalter. Weder der Pfleger noch sein Stellvertreter dürfen eine Kassenverwaltung selbst führen.

VI Sind nicht wenigstens drei wählbare Ortseinwohner vorhanden oder kommt keine Wahl zustande, so kann die vorgesetzte Behörde die Anordnungen für die Verwaltung und Vertretung der Ortschaft treffen und diese auch dem Ausschusse der Gemeinde übertragen.

VII Befindet sich ein gesondertes Gemeinde- oder Stiftungsvermögen im Eigentum einer Ortschaft, die einer Stadtgemeinde zugeteilt ist, oder im Eigentum eines Bezirkes der Gemeinde, so sind die nötigen Anordnungen über die Verwaltung dieses Sondervermögens, wenn hierüber Streit entsteht, nach Art der obigen Bestimmungen durch die Verwaltungsbehörde zu treffen.

VIII Die in Abs. 2, 4 bezeichneten Befugnisse werden jedoch, wo es sich um das gesonderte Vermögen eines städtischen Bezirkes handelt, ausschließlich von den an den Nutzungen dieses Vermögens teilnehmenden Gemeindebürgern ausgeübt.

2. Im Art. 85 der pfälzischen Gemeindeordnung wird der Abs. 2 gestrichen.

Vollzugsanweisung.

§ 28. Die Ortschaften hören für die Folge auf, gesetzliche Träger öffentlichrechtlicher Pflichten der Gemeinde zu sein (Art. 38/29 der beiden Gemeindeordnungen). Mit dem Inkrafttreten des Gesetzes sind diese Pflichten auf die Gemeinde übergegangen, gleichzeitig ist auch das öffentliche Eigentum, soweit es den Ortschaften zusteht und den Zwecken des Art. 38/29 der beiden Gemeindeordnungen dient, auf die betreffende Gemeinde übergegangen. Hier gelten die gleichen Gesichtspunkte, wie sie hinsichtlich der Auseinandersetzung in § 27 vorher gegeben worden sind. Der nachweisbar auf den Erwerb oder die Herstellung des öffentlichen Eigentums erwachsene Teil der Ortsschulden muß von der Gemeinde übernommen werden, hingegen können Schulden, die nur auf Unterhaltung des öffentlichen Eigentums erwachsen sind, lediglich im Wege freiwilliger Übernahme oder aus besonderen Gründen im Schiedsspruche nach Art. 11 des Verwaltungsgerichtsgesetzes auf die Gemeinde übergehen.

Bisher stand es den Ortschaften frei, ob sie eine eigene Verwaltung und Vertretung bestellen oder diese Befugnis dem Ausschusse der Gesamtgemeinde übertragen wollten. Jetzt müssen diejenigen Ortschaften, welche Grund- oder Kapitalvermögen haben, vorbehaltlich Abs. 6 eine eigene Vertretung aufstellen.

Erläuterungen.

1. Der Art. 28 war bereits im E. I enthalten, ging unverändert als Art. 18 in den E. II über und wurde mit den durch das neue Wahlrecht gebotenen Abänderungen des Abs. 4 wörtlich in das SG. übernommen, in Abs. 5 und 6 ist durch ein Versehen die Änderung des Ausdrucks „Gemeindeausschuß" in „Gemeinderat" unterblieben.

Die Begründung des E. I führt folgendes aus:

„Nach dem bisherigen Rechte sind die Ortschaften in gewissem Sinne Selbstverwaltungskörper; Art. 153 Abs. 2 (85 Abs. 2) läßt jenen Ortschaften, welche ein eigenes Vermögen haben, im rechtsrheinischen Bayern auch jenen, welche bis zur Verkündung des Gemeindeedikts von 1818 besondere, vom Gemeindeverband ausgenommene Markungen besaßen und nur für die Polizeiverwaltung einverleibt worden sind, das Recht, alle öffentlichen Aufgaben zu erfüllen, soweit es sich nicht um Polizeiverwaltung und um andere durch das Gesetz ausdrücklich den Gemeinden zugewiesene Verbindlichkeiten handelt. „In streitigen Fällen sollen die vorgesetzten Verwaltungsbehörden im gesetzlichen Instanzenzuge mit Rücksicht auf die bestehenden Verträge, auf rechtsbegründetes Herkommen und auf die Gemeinschaft des Bedürfnisses und Gebrauches" entscheiden. Diese Bestimmungen sind oft die Quelle langwieriger und schlimmer Streitigkeiten gewesen. Zunächst ist der Begriff dessen, was unter die Polizeiverwaltung fällt, an und für sich schon in Wissenschaft wie in Rechtsprechung nicht fest bestimmt, der Begriff hat auch in verschiedenen Zeiten verschiedenen Inhalt besessen. Gewöhnlich liegen weder Verträge noch Nachrichten über das Herkommen vor und die Frage nach der Gemeinsamkeit des Bedürfnisses und des Gebrauches läßt sich in vielen Fällen durchaus nicht so leicht beantworten. Bestreitet z. B. ein Umlagenpflichtiger, der, wie das gerade im Falle des Abs. 9 des Art. 153 nicht selten vorkommt, der einzige Einwohner der Ortschaft sein kann, seine Verbindlichkeit zur Umlagenentrichtung, so muß für ihn aus der Gemeinderechnung die Summe aller jener Ausgaben ausgeschieden werden, für welche eine Gemeinsamkeit des Bedürfnisses oder des Gebrauches nicht gegeben ist, z. B. der Ausgaben für die Turmuhr, wenn sie von der Ortschaft weder gesehen noch gehört wird, unter Umständen auch ein Teil der Ausgaben auf Unterhaltung solcher Gemeindegebäude, welche zum Teil den Bedürfnissen der Hauptortschaft dienen, möglicherweise auch ein Teil der Besoldung des Gemeindedieners, des Nachtwächters, soweit sie noch Nebengeschäfte verrichten, die ebenfalls vorwiegend dem Bedürfnisse der Hauptortschaft dienen usw. Es muß für diesen Streit förmlich eine neue Gemeinderechnung aufgestellt und der den Beklagten treffende Aufwand neu berechnet und hieraus auch der

Umlagensatz für ihn festgestellt werden. Solche Streitigkeiten, besonders wenn sie um sich greifen, können nicht nur den Haushalt einer Gemeinde empfindlich stören, sie können auch die Tätigkeit einer Verwaltungsbehörde, die einen solchen Streit gewissenhaft entscheiden will, geradezu für alle anderen Aufgaben teilweise lahmlegen. Diese Bestimmungen sind durchaus veraltet und gehören endlich abgeschafft. Dazu kommt aber noch, daß die Ortschaften an und für sich nicht imstande sind, den Träger öffentlicher Aufgaben zu machen. Dazu sind sie in der Regel viel zu klein. Die schlechten Wege bei ortschaftsweiser Wegunterhaltung, der schlechte bauliche Zustand der ortschaftlichen Hirtenhäuser und ebenso der noch in manchen Gegenden ziemlich häufigen ortschaftlichen Armenhäuser sind eine bekannte, keineswegs erfreuliche Wahrnehmung, die eine laute Mahnung enthält, mit einer Bestimmung aufzuräumen, die ebenfalls, wie die oben geschilderten Zwerggemeinden und so ziemlich aus den gleichen Gründen, einen lästigen Hemmschuh der Verwaltung bildet.

Es gibt in Bayern über 44000 Ortschaften im weiteren Sinne, wie sie bei der Erhebung im Jahre 1903 gezählt worden sind. Angaben darüber, wie viele davon unter den Begriff des Art. 153 fallen, fehlen; sie wären auch nur sehr schwierig und mit großem Zeitaufwande zu beschaffen. Beispielsweise sind von den über 1300 Ortschaften allein des Bezirksamts Wasserburg a. J. nach einer für diesen Zweck gepflogenen Untersuchung etwa 547 wirklich Ortschaften im Sinne des Art. 153. Danach darf man die Zahl solcher Ortschaften in ganz Bayern etwa auf 18500 schätzen. Es gibt viele Gemeinden, welche aus 3—4 solchen Ortschaften mit teilweisem, in die Aufgaben der Gemeinde eingreifenden Selbstverwaltungsrechte bestehen. Dieser Zustand gehört beseitigt."

2. Über die freiwillige Weitererfüllung öffentlich-rechtlicher Pflichten enthält die Begründung zum E. I nähere Erläuterungen:

„Die freiwillige Erfüllung öffentlich-rechtlicher Pflichten durch die Ortschaft ist zwar noch zulässig, aber nur zu Lasten des Ortschaftsvermögens: Ortsumlagen dürfen für solche Zwecke nicht mehr erhoben werden. Art. 36 des Umlagengesetzes wird in diesem Sinn eingeschränkt. Stets bleibt aber die Gemeinde die Trägerin des Eigentums und der Rechte an den oben aufgeführten Gegenständen, also beispielsweise auch an den Wegen, für den Fall, daß deren Unterhaltung von der Ortschaft freiwillig weiter besorgt werden wollte. In Zweifelsfällen darf sich die Aufsichtsbehörde zunächst an die Gemeinde halten.

Die Ausscheidung der Pflichten und Rechte zwischen Gemeinde und Ortschaft, die hauptsächlich an Hand des Art. 38/29 der beiden Gemeindeordnungen zu geschehen hat, kann zu Streitigkeiten führen. Diese sind nach Art. 11 des VGG. auszutragen. Für den Übergang der Rechte ist der Zeitpunkt des Inkrafttretens des Gesetzes auch in diesem Fall in der Regel maßgebend. Der nach Art. 11 des VGG. ergehende Schiedsspruch wirkt also auf diesen Zeitpunkt zurück, wenn kein anderer Zeitpunkt in dem Schiedsspruche angegeben ist. Das gleiche gilt für freiwillige Vereinbarungen.

Grundsätzlich sollen für die Folge die Umlagenpflichtigen einer Gemeinde ohne Rücksicht auf die ortschaftliche Zugehörigkeit gleichmäßig zu Umlagen herangezogen werden, auch wenn einzelne Aufgaben der Gemeinde von der Ortschaft noch freiwillig erfüllt werden.

Im übrigen bleibt den Ortschaften ihr Vermögen. An dem Grundvermögen bestehen häufig Nutzungen, deren Bestand durch den Entwurf nicht berührt wird.

Es ist nicht zu leugnen, daß es sich hier um einen Eingriff in alte festgewurzelte Anschauungen und Verhältnisse handelt, aber die Forderung einer Änderung unseres bayerischen Ortschaftsrechtes ist eine so dringende und wichtige, daß die Bedenken gegen die Tragweite des Eingriffs zurückgestellt werden müssen.

Wird die Ortschaft künftig auf die Verwaltung ihres Ortschafts- und Stiftungsvermögens beschränkt und auf die Sorge für dessen Unterhaltung, so muß sie für diese Zwecke wenigstens die Rechte einer öffentlichen Körperschaft nach wie vor besitzen. Sie muß auch mit dieser Beschränkung Umlagen erheben dürfen (UG. Art. 36)."

3. Der Gemeindebürger (§ 11 der bayr. Verfurk. GVBl. 1919, S. 531), der in der Ortschaft wohnt, ist dort Ortsbürger.

4. Wegen Art. 29 SG. ist die Ortsversammlung kein regelmäßiges Organ der Ortschaft mehr, nur im Falle der Vermögensvereinigung (Abs. 3) wird sie gehört. Zur Aufnahme von Schulden für die Ortschaft genügt ein Beschluß des Ortsausschusses (s. auch oben Art. 14 Ziff. 3 der Erl. S. 63). Außeramtlich die Ortsversammlung zu hören, ist dadurch nicht verwehrt. In kleineren Ortschaften wird häufig der Ortsausschuß sämtliche Ortsbürger umfassen.

5. Die Abs. 7 und 8 beziehen sich nur auf einen einzigen Fall im Lande (Erlangen-Altstadt). Sie wurden aus dem bisherigen Art. 153 rrh. GemO. unverändert übernommen, nur die Ziffer der in Bezug genommenen Absätze mußte geändert werden.

6. Für die Pfalz ergibt sich die gleiche Rechtslage ohne weiteres durch Streichung des Abs. 2 des Art. 85. In der Pfalz spielen die Ortschaften nicht die gleiche Rolle wie im rechtsrheinischen Bayern.

Art. 29.

I Die Art. 146—149/79—81 der beiden Gemeindeordnungen werden aufgehoben.

II Wenn 1/4 der Anzahl der bei der letzten regelmäßigen Gemeindewahl in den Wählerlisten eingetragenen Wahlberechtigten es beantragt, ist den Wahlberechtigten Gelegenheit zu geben, darüber abzustimmen, ob der Stadt- oder Gemeinderat sich einer Neuwahl zu unterziehen hat. Die Abstimmung geschieht schriftlich in Abstimmungslisten. Stimmt mehr als die Hälfte der in den Abstimmungslisten eingetragenen Wahlberechtigten dafür, so ist die Neuwahl vorzunehmen. Abstimmung und Neuwahl sind so zu beschleunigen, daß der Neuwahltermin innerhalb drei Monaten nach Einreichung des Antrags anberaumt werden kann. Die Neugewählten versehen ihre Ämter nur auf die Dauer der laufenden Wahlzeit, auf die berufsmäßigen Mitglieder des Stadt- oder Gemeinderats erstreckt sich die Neuwahl nicht.

III Die nämliche Zahl der Wahlberechtigten kann verlangen, daß der Stadt- oder Gemeinderat bestimmte Unternehmungen und Einrichtungen in Bearbeitung nimmt. Wird das ausgearbeitete Projekt vom Stadt- oder Gemeinderat abgelehnt, so ist es spätestens innerhalb eines Vierteljahrs nach den nächsten Gemeindewahlen dem neuen Stadt- oder Gemeinderate wieder zur Entscheidung zu unterbreiten.

Vollzugsanweisung.

Die Aufhebung der Bestimmungen über die Gemeindeversammlungen in den beiden Gemeindeordnungen entspricht dem gleichmäßigen Schritte hinsichtlich des Gemeindekollegiums. Die Aufhebung wirkt erst vom Zeitpunkte des Zusammentritts der neuen Verwaltungen (Art. 33).

Der Berechnung nach Abs. 2 über die Zulässigkeit des Antrages auf Neuwahl der Gemeindeverwaltung wird die Wählerliste der letzten regelmäßigen Gemeindewahl zugrunde gelegt. Wenn die Wählerlisten erneuert wurden (§ 80 Abs. 2 der Wahlordnung für die Gemeinde-, Bezirks- und Kreiswahlen vom 15. April 1919, GVBl. S. 173), so sind die erneuerten zugrunde zu legen.

Von jedem Antrage hat die Gemeindeverwaltung die Aufsichtsbehörde zu verständigen. Diese prüft, ob die Voraussetzungen für die Abstimmung und später für die Neuwahl vorliegen und trifft die hienach gebotenen Anordnungen.

Die Abstimmungslisten sollen so angelegt werden, daß sie zugleich als Wählerlisten für die Neuwahl dienen können.

Erläuterungen.

1. Der E. II wollte in Art. 21 das Stimmrecht in der Gemeindeversammlung auf alle wahlberechtigten Personen ausdehnen, für die Abstimmung in Gemeinden mit mehr als 1000 Einwohnern eine erleichterte Form einführen und die Gemeindeversammlung nur für die pfälzischen Städte aufheben. Für alle rechtsrheinischen Gemeinden mit Stadtverfassung entstand dasselbe Ergebnis durch Aufhebung des Gemeindekollegiums. Im Laufe der Beratungen kam das SG. zur völligen Aufhebung der Gemeindeversammlung. Als Ersatz wird die Volksabstimmung in Abs. 2 und 3 nach den Vorschlägen der Komm. I eingeführt.

2. Durch die Aufhebung der Gemeindeversammlung werden die Bestimmungen in allen Gesetzen berührt, die die Gemeindeversammlung als Organ voraussetzen, z. B. Art. 7 des Jagdges. vom 30. März 1850. Für Verpachtung und Vertrag über Gemeindejagden genügt der Beschluß des Stadt- oder Gemeinderats (MinBek. v. 4. Nov. 1919 StA. Nr. 269 v. 6. Nov. 1919).

3. Für die Berechnung des 1/4 ist die Wählerliste der letzten regelmäßigen Gemeindewahl maßgebend, die durch Zu- oder Wegzug, Tod usw. eingetretenen Änderungen bleiben außer Betracht. Dagegen baut sich die Abstimmungsliste (bei größeren Gemeinden kann sie in mehrere Listen zerlegt werden) auf dem Stande zur Zeit der Herstellung auf. Sie kann auch später für die Herstellung der Wählerliste für die Neuwahl benutzt werden. Bei der Abstimmung tragen sich nur diejenigen ein, die für die Neuwahl stimmen. Statt der Eintragung wird auch die persönliche Abgabe einer geschriebenen oder gedruckten Erklärung zulässig sein. Die Kosten der Abstimmung fallen der Gemeinde zur Last. Die Bestimmungen werden auch entsprechend auf die Ortschaft anzuwenden sein.

4. Die Kosten für das Antragsverfahren (Feststellung der 1/4) fallen dem betreibenden Teile (Einzelperson, Ausschuß, Partei) zur Last. Die Gemeindeverwaltung soll indes behilflich sein.

Bei größeren Städten wird es nicht so leicht fallen, den Voraussetzungen des Abs. 2 zu genügen, z. B. in München mit rund 400000 wahlberechtigten Personen bedarf ein Antrag auf Volksabstimmung einer Unterstützung von 100000 Wahlberechtigten. Nur eine große und gut organisierte Partei wird diesen Anforderungen gerecht werden können. Es soll aber auch der Zweck der Bestimmung sein, daß nicht leichtfertig von dem neuen gesetzlichen Mittel Gebrauch gemacht wird.

5. Es ist denkbar, daß beim Vollzuge der Abs. 2 und 3 der betroffene Stadtrat entweder Schwierigkeiten macht oder sich überhaupt weigert das Gesetz zu vollziehen; in diesem Fall ist es Aufgabe der Staatsaufsicht nach Art. 13 SG. die nötigen Maßregeln zu ergreifen.

6. Für die Ortsversammlung s. Art. 28 Erl. Ziff. 4 S. 93.

Art. 30.

I Im Verwaltungsgerichtsgesetz erhält Art. 10 Ziff. 1 folgende Fassung:

1. Verfügungen in Gegenständen der Staatsaufsicht über die Bezirke und Kreise, wenn der Bezirk, der Kreis behauptet, die Verfügung verletze sein gesetzliches Selbstverwaltungsrecht oder belaste ihn mit einer gesetzlich nicht begründeten Leistung.

II Ferner wird dem Art. 11 folgender Absatz hinzugefügt:

III Wird in dem Schiedsspruch ein einer Gemeinde, einer Ortschaft, einer abgesonderten Markung oder einem Schulverbande gehörendes Grundstück auf eine andere Gemeinde, Ortschaft oder abgesonderte Markung oder einem anderen Schulverband übertragen, so tritt die Eigentumsänderung mit der Rechtskraft des Schiedspruchs ein. Im Schiedsspruche kann ein anderer Zeitpunkt bestimmt werden.

Vollzugsanweisung.

§ 30. Im Falle des Art. 11 Abs. 4 des Verwaltungsgerichtsgesetzes ist festzustellen, ob das Grundstück eingetragen ist; in diesem Fall ist dem Grundbuchamt eine Ausfertigung des Schiedsspruches mit dem Ersuchen zuzustellen, das Grundbuch zu berichtigen.

Erläuterungen.

1. Die Änderung des Verwaltungsgerichtsgesetzes ist durch die Verleihung des Selbstverwaltungsrechtes an Bezirke und Kreise geboten. Was das Beschwerderecht der Kreisverwaltung anlangt, so wird auf die Bemerkung bei Art. 13 Anm. 3 S. 60 hingewiesen.

2. Die Hinzufügung bei Art. 11 hängt mit der gleichlautenden Bestimmung in Art. 4 Abs. 3 nach der Fassung des Art. 27 SG. zusammen und will die gleiche Wirkung herstellen, wenn die Auseinandersetzung nicht freiwillig zustande kommt, sondern auf einem Urteile des Verwaltungsgerichtshofes beruht.

Art. 31.

I Dem Abs. 1 des Art. 167/97 der beiden Gemeindeordnungen wird folgender Satz angefügt:

II Bei dem Verfahren gegen nichtberufsmäßige Gemeindebeamte werden die beiden dem Berufskreise des Beschuldigten zu entnehmenden Mitglieder der Disziplinarkammer (Art. 121 Abs. 2 des Staatsbeamtengesetzes) ebenso wie die drei entsprechenden Mitglieder des Disziplinarhofes (Art. 125 Abs. 2 StGB.) aus den nichtberufsmäßigen Gemeindebeamten ausgewählt.

III Art. 167/97 Abs. 2 der beiden Gemeindeordnungen gilt für die berufsmäßigen Stadt- oder Gemeinderäte nicht. An die Stelle des Gemeindekollegiums tritt in unmittelbaren Städten der Kreisausschuß, sonst der Bezirksausschuß.

Vollzugsanweisung.[1])

§ 31. Für die berufsmäßigen Gemeindebeamten ist eine Dienstentsetzung im Wege der Art. 167/97 Abs. 2 der beiden Gemeindeordnungen für die Folge nicht mehr möglich. Sie können nur im Wege des ordentlichen Dienststrafverfahrens entlassen werden.

Erläuterungen.

1. Art. 31 ist von der Staatsregierung selbst ausgegangen. Die Bestimmung soll den ehrenamtlichen Gemeindebeamten die Gewähr bieten, daß in dem Dienststrafverfahren vor der Disziplinarkammer wie vor dem Disziplinarhofe gegen ehrenamtliche Gemeindebeamte die Beisitzer aus dem Kreise dieser Beamten genommen werden. Die Gesetzesvorschrift bindet den Präsidenten der Disziplinarkammer und des Disziplinarhofes bei der Zusammensetzung Art. 121 Abs. 3 und 125 Abs. 3 StBG.

2. Art. 120 und 124 StBG. sind durch Art. 183 Volksschullehrerges. vom 14. Aug. 1919 (GVBl. Nr. 55 S. 437) geändert worden. Das Ministerium des Innern hat nun dafür zu sorgen, daß unter den 16 un-

[1]) Der bisherige Abs. I des § 31 VA. ist gegenstandslos und gestrichen. MinBek. v. 22. Nov. 1919 (StA. Nr. 286).

widerruflichen Beamten seines Geschäftskreises auch die erforderliche Anzahl nichtberufsmäßiger Gemeindebeamter sich befindet.

3. Der Abs. 2 des Art. 31 beruht auf einer Anregung aus dem Kreise der berufsmäßigen Gemeindebeamten. Der Art. 167/97 Abs. 2 der Gemeindeordnungen bezog sich bisher nicht auf die unwiderruflich angestellten Gemeindebeamten. Nach Wegfall der Unwiderruflichkeit würden nun die bisherigen unwiderruflichen Gemeindebamten unter diese Bestimmung fallen. Der Abs. 2 des Art. 31 nimmt für die Folge alle berufsmäßigen Stadt- oder Gemeinderäte von dieser Bestimmung aus.

Übergangsbestimmungen.

Art. 32.

I Wer zur Zeit des Inkrafttretens dieses Gesetzes rechtskundiges oder technisches Magistratsmitglied ist, muß sich um die Mitgliedschaft im Stadt- oder Gemeinderate zu erlangen, gemäß den Vorschriften dieses Gesetzes binnen drei Monaten nach dem erstmaligen Zusammentreten des neuen Stadt- oder Gemeinderats einer Neuwahl unterziehen. Der Wahltermin ist für die sämtlichen vom Stadt- oder Gemeinderate zu wählenden Personen auf den gleichen Zeitpunkt festzusetzen. Für die ersten Bürgermeister kann die Neuwahl mit beiderseitigem Einverständnis bis längstens 1. Juli 1920 verschoben werden.

II Die bisherigen rechtskundigen und technischen Magistratsmitglieder haben alsbald nach der Neuwahl des Stadt- oder Gemeinderats das Recht, auf ihre Wiederwahl zu verzichten.

III Machen sie von diesem Rechte Gebrauch oder werden sie nicht wieder gewählt, so gilt — wenn nicht im Einzelfalle besondere weitergehende Vereinbarungen getroffen werden — folgendes:

1. Soweit sie nicht in einem Dienstesprovisorium stehen, werden sie in den dauernden Ruhestand versetzt. Für die Berechnung des Ruhegehalts sind die Bestimmungen des Art. 39 mit 45 des Staatsbeamtengesetzes vom 16. August 1908 über die Berechnung des Wartegeldes anzuwenden. Dabei werden der Berechnung die Gesamtbezüge des Beamten zugrunde gelegt. Art. 42 und 43 Ziff. 2 des Staatsbeamtengesetzes finden keine Anwendung. Enthält die Gemeindesatzung oder ein Dienstvertrag für die Berechnung des Wartegeldes oder des Ruhegehaltes günstigere Bestimmungen, so gelten die Bestimmungen der Gemeindesatzung oder des Dienstvertrages. Auch hierbei werden der Berechnung die Gesamtbezüge des Beamten zugrunde

gelegt. Enthält die Gemeindesatzung oder der Dienstvertrag Bestimmungen sowohl über Wartegeld als auch über Ruhegehalt, so steht dem Beamten die für ihn günstigere Versorgung zu.

2. Soweit sie noch in einem Dienstesprovisorium stehen, erhalten sie den Ruhegehalt nach Ziff. 1 nur für die Restzeit des Provisoriums. Unter Dienstesprovisorium ist das Rechtsverhältnis zu verstehen, das im Sinne des Art. 74 Abs. 2 der rechtsrheinischen Gemeindeordnung vor der dort vorgeschriebenen Wiederwahl besteht, bei technischen Magistratsmitgliedern ein entsprechendes vertragsmäßig vereinbartes Rechtsverhältnis.

Vollzugsanweisung.

§ 32. Die Bestimmungen beziehen sich auch auf die berufsmäßigen besoldeten Mitglieder des Gemeinderates in der Pfalz (vgl. den Wortlaut des Art. 10 des Gesetzes in der Fassung vom 22. April 1919).

Für die Wahl der ersten Bürgermeister gelten die Wählerlisten der Hauptwahl noch bis zum 1. Oktober 1919. Wer bis dahin das Wahlrecht erst erwirbt, nimmt nach § 17 der Wahlordnung an der Wahl teil.

Im Falle der Wiederwahl ist es mit beiderseitigem Einverständnisse möglich einen neuen Dienstvertrag auf höchstens 10 Jahre abzuschließen.

Für solche Beamte, die im Zeitpunkte des Inkrafttretens des Gesetzes Anspruch auf Witwen- und Waisengeld haben, ist im Falle des Rücktrittes die Sache so anzusehen, als ob sie im Zeitpunkt ihres Rücktrittes in den Ruhestand versetzt worden wären. Soferne das Witwen- und Waisengeld sich nach bestimmten Bruchteilen des Ruhegehaltes bemißt, ist der Ruhegehalt zugrunde zu legen, wie er sich nach Art. 32 dieses Gesetzes berechnet.[1])

„Für die vermögensrechtlichen Ansprüche aus dem freiwilligen Verzicht nach Art. 32 sind die Gerichte zuständig.

Erläuterungen.

1. Der erste Teil des SG. mußte wegen seines Zusammenhangs mit dem WG. beschleunigt werden; er wurde als „Gesetz über die Verfassung und Verwaltung der Gemeinden, Bezirke und Kreise“ am 22. April 1919 vom Gesamtministerium beschlossen, am 24. April 1919 in dem damaligen Amtsblatte der Staatsregierung, dem „Freistaat“ in Nr. 13 veröffentlicht. Die Veröffentlichung im Staatsanzeiger war erst am 8. Mai 1919 in Nr. 118 möglich. Dieser erste Teil umfaßte die 9 Artikel des jetzigen SG. und außerdem noch als Art. 10 den jetzigen Art. 32 des SG. Dieser, am 22. April 1919 beschlossene Teil des Gesetzes wurde nicht ohne einige Änderungen in das jetzige SG. übernommen, insbesondere hatte der Art. 10, jetzt Art. 32, in dem früheren Erlasse folgenden nicht unwesentlich anderen Wortlaut:

---

[1]) In der Fassung der MinBek. v. 22. Nov. 1919 (StA. Nr. 286).

Art. 10. Die berufsmäßigen Mitglieder des Stadt- oder Gemeinderates, auch diejenigen, die beim Inkrafttreten dieses Gesetzes die unwiderrufliche Anstellung bereits erlangt haben, müssen sich noch vor dem 1. Juli 1920 einer Neuwahl unterziehen. Werden sie nicht wieder gewählt, so haben sie Anspruch auf Versetzung in den Ruhestand. Vorbehaltlich besonderer Vereinbarungen gelten für die Berechnung des Ruhegehalts die Bestimmungen der Art. 39 mit 45 des Staatsbeamtengesetzes vom 16. August 1908 über die Berechnung des Wartegeldes; indessen müssen für die Berechnung die Gesamtbezüge des Beamten zugrunde gelegt werden und wenn die Gemeindesatzung für die Berechnung des Wartegeldes oder des Ruhegehaltes günstigere Bestimmungen enthält, gelten diese.

Die berufsmäßigen ersten Bürgermeister haben den gleichen Anspruch nach Abs. 1, wenn sie freiwillig auf die Wiederwahl verzichten, die weiteren berufsmäßigen Bürgermeister und die berufsmäßigen Stadt- und Gemeinderäte indes nur, wenn ihnen der Stadt- oder Gemeinderat nicht die Wiederwahl zusichert.

Nach dieser Fassung hatten nur die ersten Bürgermeister das Recht auf freiwilligen Verzicht, die übrigen berufsmäßigen Mitglieder des Stadt- oder Gemeinderats nur, wenn ihnen die Wiederwahl nicht zugesichert wurde. Der Neuwahltermin konnte allgemein bis 1. Juli 1920 hinausgeschoben werden. Beide Bestimmungen waren im Interesse der Gemeinden gedacht, wurden aber von den Beteiligten sofort nach dem Erscheinen des ersten Teiles des Gesetzes bekämpft. Die jetzige Fassung des Art. 32 geht wieder auf den ursprünglichen Vorschlag der Komm I zurück.

2. Die Bürgermeister, die rechtskundigen und technischen Magistratsräte haben bis zum Ablauf der Frist Sitz im Stadt- oder Gemeinderat, die Bürgermeister auch volles Wahl- und Stimmrecht, die Magistratsräte ein Stimmrecht nach Art. 6 Abs. 5 SG. (Min.-Bek. v. 17. Juni 1919, StA. Nr. 151 v. 18. Juni 1919).[1]

3. Das Recht des Verzichts entsteht sofort nach der Neuwahl, kann aber bis zu einem angemessenen Zeitpunkt vor Ablauf der Frist ausgeübt werden.

4. Der Verzicht (Rücktritt) muß auf Grund des Art. 32 SG. geschehen, um die Ansprüche aus dieser Bestimmung erheben zu können. In der E. vom 27. Aug. 1919 an den bayr. Städtebund hat es das Staatsmin. d. Innern für billig erachtet, daß Art. 32 auch auf solche Rücktritte oder Ruhestandversetzungen Anwendung findet, die aus gleichen Gründen, wie sie Art. 32 im Auge hat, nach dem ersten Wahlausschreiben erfolgten, also nach dem 23. März 1919 (StA. Nr. 77 v. 23. März 1919 enthält das erste Wahlausschr. v. 21. März 1919).

5. Rechtsräte im Provisorium, aber mit Unwiderruflichkeitsrechten aus einem früheren Dienstverhältnis werden für die Rechtsdauer des Provisoriums nach Ziff. 2 behandelt und treten dann in die Versorgung aus der früheren Unwiderruflichkeit. ME. v. 1. Aug. 1919.[2])

Im Fall des Art. 74 Abs. 3 rrh. GemO. ist der Beamte als unwiderruflich nach Ziff. 1 zu behandeln, ebenso Rechtsräte, die nach dem

---

[1]) Im Anhang abgedruckt.

[2]) Nicht veröffentlicht.

24. April 1919 das Dienstesdefinitivum erhielten und wegen Art. 6 des Ges. v. 22. April 1919 nicht mehr bestätigt wurden. ME. v. 21. Aug. u. 19. Sept. 1919.

6. Die Art. 39—45 StBG. gelten nur, wenn nicht die Gemeindesatzung günstigere Bestimmungen enthält, ist z. B. der Hundertsatz höher, so wird er aus dem nach Art. 32 SG. festgesetzten Betrage berechnet.

7. Auf die unwiderruflichen Beamten nach Art. 72 Abs. 1 rrh. GemO. bezieht sich Art. 32 SG. nicht. ME. v. 17. Juli 1919.

8. Dienstverträge sind besonders zu beurteilen, sie werden in der Regel unter Ziff. 1 des Abs. 3 fallen, wenn sie Versorgungsrechte einräumen. Für die Pfalz siehe Anhang Abschnitt 6 a. E.

9. Zu den Gesamtbezügen gehören alle regelmäßigen Bezüge, auch wenn sie sonst nicht versorgungsfähig sind, z. B. Wert des Genusses einer Dienstwohnung, Teuerungszulagen, Kinderzulagen, Repräsentationsgelder.

10. Die Auffassung, daß die Vorteile aus Art. 32 nur dem Rücktretenden persönlich zugute kommen sollen, nicht aber seinen Hinterbliebenen, hat das Min. d. J. fallen lassen und die VollzA. dementsprechend abgeändert. Witwen- und Waisengelder sollen aus dem nach Art. 32 festzusetzenden Betrag berechnet werden. Diese Auslegung als solche hat rückwirkende Kraft auf alle geschehenen Rücktritte.

11. Wegen Übernahme der Versorgungslast infolge Art. 32 auf den Versorgungsverband schweben noch die Verhandlungen. Die an der Sache beteiligten Städte gehören übrigens nicht alle dem Versorgungsverband an, weil die Gemeinden mit mehr als 10000 Einwohnern keine Pflichtmitglieder sind. (Art. 24 Abs. 1 Ziff. 1 GVG.).

Art. 33.

I Die Art. 6 Abs. I, II und V, 23, 24, 25 und 29 treten erst nach Zusammentreten der neugewählten Gemeinde-, Bezirks-, Kreisvertretungen, die übrigen Bestimmungen treten sofort in Kraft.

II In den rechtsrheinischen Landesteilen versieht bis dahin die Geschäfte des Stadtrates der Magistrat, soweit notwendig unter Mitwirkung des Gemeindekollegiums, die des Gemeinderates der Gemeindeausschuß. Die Anzahl der Stadträte bestimmt der Stadtmagistrat allein, ohne Mitwirkung des Gemeindekollegiums. Die Geschäfte des Bezirksausschusses und Bezirkstages versieht bis dahin der zuständige Distriktsausschuß, die des Kreisausschusses und Kreistages der ständige Landratsausschuß.

Bamberg, den 22. Mai 1919.

Hoffmann. Endres. Frauendorfer. Steiner. Segitz. Schneppenhorst.

J. V. Gasteiger. **J. V. Dr. Haller.**

Vollzugsanweisung.

§ 33. Durch das Gesetz werden aufgehoben oder gegenstandslos:

1. von der rechtsrheinischen Gemeindeordnung: Art. 1, 5 Abs. 3; 8 mit 21, 23 Abs. 2, 3; 24 Abs. 2, 32 Abs. 2 Ziff. 2; 61 mit 63, 70, 71, 72 Abs. 2; 74 Abs. 2, 3; 75, 76, 78, 79 Abs. 1, von Abs. 2 die ersten vier Worte; 88 Abs. 4, 88 Abs. 5 Satz 2, 88 Abs. 6, 89 Abs. 3—6, 101 Abs. 2, 103 Abs. 2 Satz 1, 106 Abs. 5, 108 mit 119, 124 mit 126, 146 mit 149, 154, 157, 159, 160, 170 mit 173, 176 mit 180, 182 mit 185, 187 mit 195, 196 Abs. 2; 197, 198 Abs. 2, 3, 7, 200 Abs. 2, 204;
2. von der pfälzischen Gemeindeordnung: Art. 5 Abs. 2; 10, 14, 16, 16a, 16b, 45 mit 47, 54 mit 56, 79 mit 81, 89, 91, 101 mit 103, 105, 106 mit 108, 110 mit 112, 114 mit 121a, 123 Abs. 2, 3, 4, 6; 124;
3. vom Distriktsratsgesetze: Art. 2 mit 7, 9 Abs. 1; 10 Abs. 2; 11, 12, 13 Abs. 3, 5; 14 mit 16, 17 Abs. 1 Satz 3ff., 17 Abs. 2; 18 Abs. 1 Satz 1; 19, 23 mit 25, 26 Abs. 1; 28 Abs. 2; 30 Abs. 2; 32 Abs. 2; 34 Abs. 3; 37;
4. vom Landratsgesetze: Art. 2 mit 9, 12, 13 Satz 1; 14 mit 22, 24 Abs. 1; 25 Abs. 2 Satz 2; 27 mit 34, 35 Abs. 1 u. 4; 36;
5. vom Umlagengesetze: Art. 29 mit 31;
6. vom pfälzischen Städteverfassungsgesetz: Art. 1, 2, 3 Abs. 1, 4, 5.

Erläuterungen.

1. Das Gesetz ist in zwei Teilen nacheinander beschlossen worden, siehe bei Art. 32 Anm. 1 und Einleitung Ziff. 1. Der erste Teil trat am 24. April 1919 mit der Veröffentlichung im „Freistaat" in Kraft. Das SG. wurde am 27. Mai 1919 in Nr. 134 des Staatsanzeigers und am 26. und 27. Mai 1919 in Nr. 39 und 40 des „Freistaates", endlich am 2. Juni 1919 in Nr. 30 des GVBl. veröffentlicht.

2. Aus dem Umstande, daß bei der Veröffentlichung des ersten Teiles eine Bestimmung über den Zeitpunkt des Inkrafttretens des Gesetzes fehlte, ergab sich eine Unsicherheit darüber, ob die Bestimmung in Art. 6 Abs. 2 SG. betreffend den Wegfall des Gemeindekollegiums sofort oder erst nach dem Zusammentritte der neuen Vertretungen Geltung erlangen sollten. Die letztere Auffassung fand schließlich in Art. 33 ausdrückliche Anerkennung. Die bis zum Zusammentritte der neuen Gemeindevertretungen ergangenen Beschlüsse der Gemeindekollegien sind sohin vom Standpunkte des SG. gültig.

3. Für die Pfalz siehe Anhang Abschnitt 6 a. E.

Anhang.

1. Gemeindeordnung
für die Landesteile rechts des Rheins.

Vom 29. April 1869.
(GVBl. 1866/69 S. 865).

Ludwig II.
von Gottes Gnaden König usw. usw.

Wir haben die Gesetze und Verordnungen über die Verfassung und Verwaltung der Gemeinden des Königreiches, dann über die Gemeindeumlagen, die Gemeindewahleu und die Verwaltung des örtlichen Stiftungsvermögens einer Revision unterstellen lassen und nach Vernehmung Unseres Staatsrates und mit Beirat und Zustimmung der Kammer der Reichsräte und der Kammer der Abgeordneten, dann bezüglich des Art. 14 und des Art. 67 unter Beobachtung der in § 7 Tit. X. der Verfassungsurkunde vorgeschriebenen Form beschlossen und verordnen, was folgt:

I. Abteilung.

Von den Gemeinden und der Gemeindeverfassung.

Art. 1.[1]) [Die Gemeinden sind öffentliche Körperschaften mit dem Rechte der Selbstverwaltung nach Maßgabe der Gesetze].

Art. 2. Die am 1. Juli 1869 bestehenden Gemeinden und Gemeindebezirke werden beibehalten, so lange sich nicht nach Maßgabe des gegenwärtigen Gesetzes Änderungen ergeben.

Art. 3. I Jedes Grundstück muß einem Gemeindebezirke angehören. Ausgenommen sind größere Waldungen, Freigebirge und Seen, welche bis jetzt keiner Gemeindemarkung zugeteilt waren.

II Dieselben bilden auch künftig eigene, von dem Gemeindeverbande ausgeschlossene Markungen, innerhalb deren die Ortspolizei der Distriktspolizeibehörde zusteht.

III Die Eigentümer der dazu gehörigen Grundstücke haben innerhalb dieser Markungen die im öffentlichen Interesse begründeten gesetzlichen

---

[1]) Gleichlautend mit Art. 12 SG.

Verpflichtungen der Gemeinde zu erfüllen, insbesondere die erforderlichen Verbindungswege, Brücken, Stege, sowie die zur Verhütung von Unglücksfällen erforderlichen Sicherheitsvorrichtungen herzustellen und zu unterhalten.

IV Wenn innerhalb solcher Markungen bleibende Niederlassungen bestehen oder neu begründet werden, so sind diese nebst den dazu gehörigen Grundstücken nach Vernehmung der Beteiligten durch das Staatsministerium des Innern einer der nächstgelegenen Gemeinden zuzuteilen.

V Abgesehen von besonderen Verträgen entsteht durch diese Zuteilung kein Anspruch auf Teilnahme an den im Gemeindeverbande begründeten Vermögensrechten.

Art. 4.[1]) I Änderungen im Bestande der Gemeinden, Ortschaften oder abgesonderten Markungen bedürfen der Genehmigung des Staatsministeriums des Innern. Sie setzen in der Regel die Zustimmung der beteiligten Gemeinderäte voraus.

II Auch ohne diese Zustimmung ist die Genehmigung zulässig, wenn ein dringendes öffentliches Bedürfnis festgestellt ist. Auf die Zuständigkeit und das Verfahren zur Feststellung des Bedürfnisses findet der Art. 11 des Verwaltungsgerichtsgesetzes entsprechend Anwendung. Das Verfahren über die Teilung oder Auseinandersetzung des Vermögens ist, wenn möglich, damit zu verbinden. Die Kosten trägt der Staat, mit Ausnahme der Parteivertretungskosten.

III Wird bei einer Änderung im Bestand einer Gemeinde, Ortschaft oder abgesonderten Markung vereinbart, daß ein Grundstück von einer Gemeinde, Ortschaft oder abgesonderten Markung auf eine andere Gemeinde, Ortschaft oder abgesonderte Markung übergehen soll, so tritt die Eigentumsänderung auf Grund der Genehmigung der Vereinbarung durch das Staatsministerium des Innern in dem Zeitpunkt ein, in dem die Änderung im Bestande der Gemeinde, Ortschaft oder abgesonderten Markung wirksam wird.

IV In der Vereinbarung kann ein anderer Zeitpunkt bestimmt werden.

V Die Aufsichtsbehörde kann die Neuwahl des Stadt- oder Gemeinderates anordnen, sie kann für den Rest der laufenden Wahlzeit die Anzahl der Mitglieder des Stadt- oder Gemeinderates vermehren und die Wahl für die neuen Stellen auf Teile des Gemeindebezirkes beschränken. Die Gewählten versehen ihr Amt nur für den Rest der laufenden Wahlzeit.

VI Das Staatsministerium des Innern kann die Zuständigkeit zur Genehmigung von Änderungen im Bestande von Gemeinden, Ortschaften oder abgesonderten Markungen auf die Regierungen, Kammern des Innern, übertragen.

Art. 5.[2]) I Jeder Ortschaft, welche bisher ein eigenes Gemeinde- oder Stiftungsvermögen besessen hat, verbleibt ihr ausschließendes Eigentumsrecht und, soweit nicht durch Verträge anders bestimmt ist, das Recht gesonderter Verwaltung und Benützung.

II Ebenso bleiben die bestehenden Rechte unverändert, wenn ein eigenes Gemeinde- oder Stiftungsvermögen zu dem Vermögen einer dem Gemeindeverbande einverleibten Markung oder eines einzelnen Gemeindebezirks gehört.

[1]) Art. 27 SG.
[2]) Abs. III aufgehoben durch Art. 27 SG.

III [Die Bestimmung des Abs. I findet auch dann Anwendung, wenn die Vereinigung mehrerer Ortschaften oder Gemeinden, sowie die Einverleibung abgesonderter Markungen in einen Gemeindebezirk nach Maßgabe des gegenwärtigen Gesetzes stattfindet].

Art. 6. I Mehrere benachbarte, demselben Distriktsverbande angehörige Gemeinden können in eine Bürgermeisterei vereinigt werden.

II Bei vorhandener Zustimmung der Gemeindeausschüsse sämtlicher beteiligter Gemeinden genügt für Bildung, Veränderung oder Wiederauflösung solcher Verbände die Genehmigung der Kreisverwaltungsstelle; in Ermangelung allseitiger Zustimmung kann hierüber nur nach Vernehmung der Beteiligten und des betreffenden Distriktsratsausschusses durch das Staatsministerium des Innern verfügt werden.

Art. 7. Streitigkeiten über Gemeindemarkungs- und Flur-Grenzen werden im gewöhnlichen Instanzenzuge durch die Verwaltungsbehörden entschieden, unbeschadet der richterlichen Zuständigkeit hinsichtlich der etwa hiedurch berührten Privatrechte.

Art. 8 u. 9. Aufgehoben durch Art. 6 SG.

II. Abteilung.

Von den Gemeindebürgern, deren Rechte und Pflichten.

Art. 10—21 sind gegenstandslos durch Art. 2 Abs. II des Wahlgesetzes vom 15. April 1919 (GVBl. S. 170 ff.) und ersetzt durch § 11 der Bayer. VerfUrk. vom 14. August 1919 (GVBl. 58 S. 531).

Art. 22. I Die Gemeinden sind befugt, die Teilnahme an Almenden und sonstigen Nutzungen des Gemeindevermögens von Entrichtung einer Gemeinderechtsgebühr abhängig zu machen, welche den fünffachen Betrag des Durchschnittswertes der einjährigen Nutzung nicht übersteigen darf.

II Eine solche Gebühr kann nicht gefordert werden, wenn der Anspruch der Neueintretenden auf einem besonderen Privatrechtstitel beruht oder nach rechtsbegründetem Herkommen mit dem Besitze des von ihm erworbenen Hauses oder Gutes verbunden ist.

III Die Gemeinden sind befugt, von juristischen Personen und privatrechtlichen Vereinigungen, welcher außer dem Falle des Abs. II die Teilnahme an Gemeindenutzungen ansprechen, nach Ablauf von je 25 Jahren die in Abs. I bezeichnete Gebühr aufs neue zu erheben.

IV Vorstehende Bestimmungen finden auch analoge Anwendung bei einzelnen Ortschaften (Art. 5), welche an ihrem besonderen Gemeindevermögen derartige Nutzungen gewähren.

Art. 23[1] Über die Erhebung und Regulierung der [Aufnahms- und] Gemeinderechtsgebühren hat in Gemeinden [mit städtischer Verfassung] der Magistrat [unter Zustimmung der Gemeindebevollmächtigten], in den übrigen Gemeinden [die Gemeindeversammlung] zu beschließen. Im Falle des Art. 22 Abs. IV steht die Beschlußfassung der Versammlung der im Orte wohnenden Bürger zu. Die festgestellten Regulative sind öffentlich bekannt zu machen.

---

[1]) Abs. II und III sind gegenstandslos durch Art. 2 Abs. II des Wahlgesetzes vom 15. April 1919 (GVBl. S. 170 ff.); an Stelle des Magistrats tritt der Stadtrat, an Stelle der Gemeindeversammlung der Gemeinderat.

Art. 24.[1] I Die Gemeindeverwaltungen sind befugt, volljährigen und selbständigen Männern das Ehrenbürgerrecht zu verleihen.

II [In Gemeinden mit städtischer Verfassung ist die Zustimmung der Gemeindebevollmächtigten, in Landgemeinden die Zustimmung der Gemeindeversammlung erforderlich.]

III Die Verleihung des Ehrenbürgerrechts an Ausländer bedarf überdies der [königlichen] Bestätigung.

IV Mit dem Ehrenbürgerrechte sind weder die Rechte noch die Pflichten der Gemeindebürger verbunden.

Art. 25. Wer in einer Gemeinde begütert ist oder ein besteuertes Recht ausübt, ohne daselbst zu wohnen, hat auf Verlangen der Gemeindeverwaltungen zur Erfüllung seiner Verpflichtungen gegen die Gemeinde einen Einwohner als Bevollmächtigten aufzustellen.

III. Abteilung.

Von dem Gemeinde- und Stiftungsvermögen, den Gemeindebedürfnissen und den Mitteln zu deren Befriedigung.

Erster Abschnitt.

Von dem Gemeindevermögen.

Art. 26. I Die Gemeinden sind verbunden, den Grundstock ihres Vermögens ungeschmälert zu erhalten und veräußerte Bestandteile des rentierenden Vermögens durch Erwerbung anderer rentierender Objekte sofort oder mindestens allmählich nach vorher festgesetztem Plane zu ersetzen.

II Abweichungen von diesen Vorschriften können nur mit Genehmigung der vorgesetzten Verwaltungsbehörde stattfinden.

Art. 27.[2] I Die Verteilung von Bestandteilen des Grundstockvermögens ist nur bei den ganz oder teilweise zum Vorteile der Gemeindeangehörigen benützten Gemeindegründen zur Förderung der landwirtschaftlichen Kultur gegen Auflegung eines im fünfundzwanzigfachen Betrage ablösbaren Grundzinses zum Besten der Gemeindekasse zulässig, wenn dem Antrage auf Teilung und Festsetzung des Grundzinses mindestens drei Vierteile der Gemeindebürger zustimmen und wenn die Zustimmenden zusammen mehr als die Hälfte der Grundsteuern entrichten, womit die sämtlichen Gemeindebürger und die außer denselben zur Teilnahme an den Gemeindenutzungen berechtigten Personen in der Gemeinde angelegt sind.

II Auf die in den Fällen des Abs. I von den Gemeindeverwaltungen und den Gemeindeversammlungen zu fassenden Beschlüsse finden die Vorschriften des Art. 103 Abs. I, Art. 118 Abs. I, Art. 145 Abs. IV und V keine Anwendung.

III Der Anspruch auf einen Anteil und der Teilungsmaßstab richten sich nach den Bestimmungen des Art. 32.

IV Denjenigen, welche in Gemeinschaft ihrer Anteile zu bleiben wünschen, sollen dieselben im Zusammenhange zugemessen werden. Die zur Verteilung gelangenden Anteile gehen kraft des genehmigten Teilungsaktes in

---

[1] Abs. II ist gegenstandslos, Art. 6 und 29 SG.; in Abs. III tritt die ministerielle Bestätigung ein, VO. v. 15. November 1918 (GVBl. S. 1231).

[2] Siehe Bemerkung bei Art. 32. — Durch Art. 29 Abs. 1 SG. nicht berührt, weil Zustimmung der Gemeindebürger, nicht der Gemeindeversammlung.

das Eigentum der Teilnehmer über. Die Erhebung von Taxen und Stempelgebühren finden bei solchen Besitzänderungen nicht statt.

V Bei jeder Gemeindegrundteilung ist ein besonderer Anteil für den Volksschulfond derjenigen Gemeinde, in welcher die Verteilung stattfindet, auszuscheiden. Der treffende Anteil bleibt von der Belastung mit Grundzins frei.

VI Vorstehende Bestimmungen finden auch bei Verteilung von Gemeindegründen, welche sich im Eigentum einer einzelnen Ortschaft befinden (Art. 5), analoge Anwendung.

Art. 28. Eine Verteilung von Gemeindegründen zur Nutznießung auf Lebensdauer oder auf bestimmte Zeit ist ebenfalls an die in Art. 27 Abs. I bezeichneten Voraussetzungen gebunden, insoferne die Nutznießung unentgeltlich oder gegen Entrichtung einer dem Nutzungswerte nicht entsprechenden Abgabe gestattet werden will.

Art. 29. I Gemeindewaldungen können nur behufs der nach den Forstgesetzen zulässigen Rodung und nur dann verteilt werden, wenn sie zur Waldkultur nicht geeignet sind oder wenn der örtliche Überfluß an Waldbeständen und der Mangel an Weide-, Acker- oder Wiesgründen eine Teilung im wirtschaftlichen Interesse nötig macht.

II Der durch die Abtreibung erzielte Erlös muß in die Kasse der betreffenden Gemeinde oder Ortschaft fließen.

Art. 30. Die Bewirtschaftung der Gemeindewaldungen unterliegt den gesetzlichen Vorschriften.

Art. 31.[1]) I Der Ertrag des Gemeindevermögens ist zur Bestreitung der Gemeindebedürfnisse zu verwenden.

II Die Verteilung von Überschüssen an die Gemeindebürger ist nur dann zulässig, wenn alle Gemeindebedürfnisse ohne Erhebung von Gemeindeumlagen und örtlichen Verbrauchssteuern gedeckt sind, und wenn größere Ausgaben für außerordentliche Bedürfnisse nicht in Aussicht stehen. Die Gewährung von Nutzungen an Bestandteilen des Gemeindevermögens, bei welchen diese bisher nicht üblich war, ist nur unter den gleichen Voraussetzungen und nur in widerruflicher Weise zulässig.

III Für Verteilung von Überschüssen aus dem Ertrage des Gemeindevermögens, sowie für Gewährung von Nutzungen an Bestandteilen des Gemeindevermögens auf Grund des Abs. II ist [in Gemeinden mit städtischer Verfassung die Zustimmung der Gemeindebevollmächtigten, in den übrigen Gemeinden die Zustimmung der Gemeinde- beziehungsweise der Orts-Versammlung und außerdem] die Genehmigung der vorgesetzten Verwaltungsbehörde erforderlich.

Art. 32.[2]) I Abgesehen von dem Falle des Art. 31 Abs. II ist die Verwendung von Nutzungen des Gemeindvermögens zum Privatvorteile nur soweit statthaft, als hiefür ein besonderer Rechtstitel oder rechtsbegründetes Herkommen besteht.

II Zur Teilnahme an Gemeindenutzungen sind, soferne dieselben nicht nach besonderen Rechtstiteln oder nach rechtlichem Herkommen einzelnen Klassen von Gemeindeangehörigen allein zustehen, berechtigt:

---

[1]) Siehe Bemerkung bei Art. 23 und 32.

[2]) Wegen des Bürgerrechts siehe Bemerkung bei Art. 10—21 oben. Abs. II Ziff. 2 ist gegenstandslos.

1. alle Gemeindebürger, jedoch in Gemeinden, in denen eine Gemeinderechtsgebühr eingeführt ist nur jene, welche die sie treffende Gebühr bezahlt haben;
2. [vormalige nutzungsberechtigte Gemeindebürger, welche das Bürgerrecht lediglich wegen Verlustes der Selbständigkeit im Sinne des Art. 11 Abs. II verloren haben;]
3. Witwen nutzungsberechtigter Gemeindebürger, wenn sie nach dem Tode ihres Gatten den Hausstand in der Gemeinde fortsetzen und daselbst direkte Steuern zahlen;
4. elternlose Kinder vormals nutzungsberechtigter Gemeindebürger, soferne sie den elterlichen Hausstand in der Gemeinde unverteilt fortsetzen und direkte Steuer zahlen.

III Andere Personen können an Gemeindenutzungen nur auf Grund eines besonderen Rechtstitels oder rechtsbegründeten Herkommens teilnehmen.

IV Alle Teilnahmsberechtigten haben gleichen Anspruch, soferne nicht eine Ausnahme durch besonderen Rechtstitel oder rechtliches Herkommen begründet ist. Im Falle von Ziff. 4 steht sämtlichen Kindern nur die Berechtigung auf einen Anteil zu.

Art. 33. I Auf den Gemeindeverband sich gründende Rechte auf Gemeindenutzungen, welche auf einem Hause oder Grundstücke ruhen, dürfen hievon in der Regel nicht getrennt werden.

II Ausnahmsweise kann aus wichtigen Gründen die Übertragung auf ein innerhalb derselben Gemeindemarkung gelegenes Haus mit Zustimmung der Gemeindevertretung durch die der Gemeinde vorgesetzte Verwaltungsbehörde gestattet werden. Eine Häufung von Nutzungsrechten, wodurch mit Einem Hause mehr als ein volles Nutzungsrecht verbunden wird, desgleichen die Zerstückelung eines Nutzungsrechtes in Bruchteile kann nur von dem Staatsministerium des Innern gestattet werden.

III Gegen den Bescheid der vorgesetzten Verwaltungsbehörde steht sowohl dem Berechtigten als der Gemeindevertretung innerhalb einer ausschließenden Frist von vierzehn Tagen die Beschwerde zur nächsthöheren Verwaltungsbehörde und gegen die Entscheidung der letzteren, soferne diese eine Kreisregierung, Kammer des Innern, ist, Beschwerde zum Staatsministerium des Innern offen.

IV Wird ein Haus, auf welchem ein oder mehrere Gemeindenutzungsrechte ruhen, durch Brand oder ein anderes Naturereignis zerstört, oder abgebrochen, oder für einen öffentlichen Zweck abgetreten, und wird die bisherige Wohnstätte auf einem anderen Grundstücke des Berechtigten, welches in derselben Gemeindemarkung gelegen und mit welchem ein Nutzungsrecht nicht verbunden ist, wieder aufgerichtet, so ist die Übertragung der auf dem bisher berechtigten Hause haftenden Nutzungsrechte auf das neue Haus durch die vorgesetzte Verwaltungsbehörde zu gestatten. Der gemeindlichen Zustimmung bedarf es in diesem Falle nicht.

V Streitigkeiten über die Zulassung der im vorstehenden Absatz bezeichneten Übertragungen sind Verwaltungsrechtssachen im Sinne des Art. 8 des Gesetzes vom 8. August 1878, die Errichtung eines Verwaltungsgerichtshofes und das Verfahren in Verwaltungsrechtssachen betreffend. Ist die zur Entscheidung in erster Instanz berufene vorgesetzte Verwaltungsbehörde ein Bezirksamt, so entscheidet in zweiter Instanz die Kreisregierung, Kammer des Innern.

VI Die vorstehenden Bestimmungen finden auf Nutzungsrechte am Ortschaftsvermögen (Art. 5) mit der Maßgabe Anwendung, daß solche nur auf ein Haus innerhalb derselben Ortsmarkung und zwar in den Fällen des Abs. 2 nur mit Zustimmung der Ortsvertretung (Art. 153) übertragen werden dürfen.

Art. 34. I Diejenigen, welche Gemeindenutzungen beziehen, sind verpflichtet, die auf den Objekten ihres Nutzungsrechtes ruhenden Lasten zu tragen, die zur Gewinnung der Nutzungen, zur Erhaltung oder Erhöhung der Ertragsfähigkeit erforderlichen Auslagen zu bestreiten und die etwa herkömmlichen Gegenleistungen an die Gemeinde zu entrichten.

II Werden die Erträgnisse eines Gemeindegutes teilweise zum Besten der Gemeindekasse, teilweise zum Privatvorteile verwendet, so sind die in Abs. I erwähnten Lasten und Auslagen verhältnismäßig von der Gemeindekasse und den Nutzungsberechtigten zu tragen, soferne nicht ein anderweitiges rechtsbegründetes Herkommen besteht.

Art. 35. Die Gemeinden sind befugt, durch nach Vorschrift des Art. 27 Abs. I gefaßte Gemeindebeschlüsse Nutzungsrechte am Gemeindevermögen, welche nach bisherigem Ortsgebrauche gewährt worden sind, im Falle des Bedürfnisses für Gemeindezwecke ganz oder teilweise zurückzuziehen, soferne nicht das Nutzungsrecht auf einem privatrechtlichen Titel beruht.

Art. 36. Werden Nutzungen am Gemeindevermögen auf Grund eines privatrechtlichen Titels in Anspruch genommen, so entscheiden hierüber im Falle eines Streites die Gerichte; gründen sich die Ansprüche auf den Gemeindeverband, so entscheiden die Verwaltungsbehörden.

Art. 37.[1] I Die Bestimmungen dieses Abschnittes finden keine Anwendung auf gemeinschaftliches Privateigentum.

II Entsteht ein Streit darüber, ob ein Vermögensstück Eigentum der Gemeinde oder Privateigentum Mehrerer sei, oder entsteht darüber Streit, ob und wie weit das Verfügungsrecht der Gemeinde über Gemeindevermögen kraft privatrechtlichen Titels durch Nutzungsrechte Einzelner beschränkt sei, so hat die der beteiligten Gemeinde vorgesetzte Verwaltungsbehörde den Sühneversuch vorzunehmen. Dieselbe ist berechtigt, im Falle verübter oder drohender Selbsthilfe oder wenn die Verhütung anderer dringender Gefahren es erfordert, die nötigen vorsorglichen Verfügungen zu treffen. Diese sind so lange aufrecht zu halten, bis die Gerichte eine andere, vorsorgliche Verfügung getroffen oder in der Hauptsache, sei es über die Besitz- oder die Rechtsfrage, rechtskräftig erkannt haben.

III Jeder Gemeindebürger kann im Interesse der Gemeinde die Einleitung eines solchen Rechtsstreites beantragen. Wird von der Gemeindeverwaltung seinem Antrage nicht stattgegeben, so ist die Entscheidung der vorgesetzten Verwaltungsbehörde zu erholen, welche berechtigt ist, den Sühneversuch vorzunehmen und, wenn dieser mißlingt, einen Anwalt zur Prozeßführung im Namen der Gemeinde aufzustellen.

---

[1]) Siehe Bem. bei Art. 10—21 wegen des Bürgerrechts.

Zweiter Abschnitt.

Von den Gemeindebedürfnissen und den Mitteln zu deren Befriedigung.

Art. 38.[1]) I Außer den in besonderen Bestimmungen des gegenwärtigen Gesetzes oder in sonstigen Gesetzen und gesetzmäßigen Verordnungen festgestellten Verpflichtungen gehört [vorbehaltlich des Art. 153 Abs. II] zu den Obliegenheiten aller Gemeinden die Herstellung und Unterhaltung der nötigen Gemeindegebäude, öffentlichen Uhren und Begräbnisplätze, der erforderlichen Feuerlöschanstalten und Löschgeräte, die Sorge für Unterhaltung und Reinlichkeit der Ortsstraßen, öffentlichen Brunnen, Wasserleitungen und Abzugskanäle, die Herstellung und Unterhaltung der Flur- und Markungs-Grenzen, der Gemeindewege, Brücken und Stege und der zur Verhütung von Unglücksfällen an solchen nötigen Sicherheitsvorrichtungen, die Aufstellung des zur Handhabung der Ortspolizei, soweit sie den Gemeinden zusteht, erforderlichen Ortspolizei- und Feldschutzpersonals, die Herstellung und Unterhaltung der nötigen Fähren, Wegweiser, Orts- und Warnungstafeln, sowie die Anschaffung der Gesetz- und Amtsblätter.

II Verpflichtungen Dritter zur Herstellung und Unterhaltung solcher Einrichtungen oder zur Bestreitung des erforderlichen Kostenaufwandes werden hierdurch nicht berührt.

Art. 39. I Die Gemeindeausgaben sind zunächst aus den Renten des Gemeindevermögens, aus den für besondere Zwecke vorhandenen Stiftungen oder hiefür geleisteten freiwilligen Beiträgen, aus den der Gemeindekasse gesetzlich zugewiesenen Gebühren und Strafgeldern, aus den für Benützung von Gemeindeanstalten festgesetzten Gebühren und sonstigen Erträgnissen dieser Anstalten, aus etwaigen Zuschüssen des Staates und anderer öffentlicher Kassen, sowie aus den auf besonderen Rechtstiteln beruhenden Leistungen Dritter zu bestreiten.

II Soweit diese Einkünfte für den gesetzlich festgestellten Bedarf nicht ausreichen, ist derselbe durch Gemeindeumlagen, Verbrauchssteuern und sonstige örtliche Abgaben zu decken.

I. Verbrauchssteuern und andere örtliche Abgaben.

Art. 40.[2]) I Die Gemeinden sind zur Erhebung von Verbrauchssteuern und von örtlichen Abgaben für die Benützung ihres Eigentums, ihrer Anstalten und Unternehmungen befugt, soweit nicht Gesetze oder Staatsverträge entgegenstehen.

II Neue in den Landesteilen diesseits des Rheins bisher nicht in Übung gewesene Verbrauchssteuern können nur mit gesetzlicher Ermächtigung eingeführt werden.

III Die Beschlußfassung über Einführung oder Erhöhung von Verbrauchssteuern und örtlichen Abgaben steht in Gemeinden mit städtischer Verfassung dem Magistrate [unter Zustimmung der Gemeindebevollmächtigten, in Landgemeinden der Gemeindeversammlung] zu.

---

[1]) „Vorbehaltlich Art. 153 Abs. II" ist zu streichen wegen Art. 28 SG., der diese Bestimmung beseitigte.

[2]) Siehe Bemerkung bei Art. 23.

III Bei Erhebung des Fleisch-, Getreide- oder Mehl-Aufschlags dürfen die durch Verordnung festgesetzten Maximalbeträge nicht überschritten werden. Sonstige Verbrauchssteuern, desgleichen Pflaster-, Weg- und Brückenzölle und örtliche Abgaben, welche nicht unter die Bestimmungen des Abs. I fallen, können nur mit Genehmigung des betreffenden Staatsministeriums eingeführt oder erhöht werden.

Art. 41. I Örtliche Aufschläge sollen, soweit tunlich, nur die Verzehrung innerhalb des Gemeindebezirkes, nicht die Produktion und den Handel treffen.

II Unter welchen Voraussetzungen und in welchen Größen Rückvergütungen bei der Ausfuhr aufschlagpflichtiger Produkte zu gewähren sind, wird durch Verordnung festgesetzt.

III Die Gemeinden sind berechtigt, ortspolizeiliche Vorschriften zur Kontrolle und Sicherung örtlicher Gefälle zu erlassen und in denselben die Gefährdung der Gefälle durch Zuwiderhandlung gegen derartige Vorschriften mit Geldstrafe bis zu 10 Gulden (18 ℳ), die rechtswidrige Entziehung oder Verkürzung der Gefälle, soferne dieselbe den Betrag von 2 Gulden 30 Kreuzer (4½ ℳ) nicht übersteigt, mit Geldstrafe bis zu 25 Gulden (45 ℳ), bei höheren Beträgen mit Geldstrafe bis zum zehnfachen, im Rückfalle bis zum zwanzigfachen Betrage des entzogenen Gefälles zu bedrohen. Die erkannten Geldstrafen fließen in die Gemeindekasse.

IV Die Übertretung der betreffenden Vorschriften unterliegt der Aburteilung der hiefür zuständigen Gerichte. Der Übertreter kann durch unbedingte freiwillige Unterwerfung unter den Ausspruch der Gemeindeverwaltung die richterliche Aburteilung abwenden, in welchem Falle dieser Ausspruch die Wirkung eines rechtskräftigen richterlichen Urteils hat.

V Die Rückvergütung des Lokalaufschlages bei der Ausfuhr von Bier, sowie die Bestrafung der Defraudation und der Zuwiderhandlung gegen die zur Kontrolle und Sicherung dieses Gefälles gesetzlich erlassenen Vorschriften ist nach den Bestimmungen des Malzaufschlaggesetzes zu bemessen

II. Gemeindeumlagen.

Art. 42. Zur Bestreitung von Ausgaben, welche den Gemeinden nach Gesetz, besonderen Rechtstiteln oder gesetzmäßigen Beschlüssen obliegen, können Gemeindumlagen erhoben werden.

Art. 43—48. Aufgehoben durch das Umlagengesetz vom 14. August 1910 (GVBl. S. 581).

III. Gemeindedienste.

Art. 49. I Für Gemeindezwecke, insbesondere auch zur Handhabung der öffentlichen Sicherheit, können Gemeindedienste angeordnet werden.

II Als solche können wissenschaftliche, kunst- oder handwerksmäßige Arbeiten nicht gefordert werden.

Art. 50.[1] I Zur Leistung von Gemeindediensten sind verpflichtet:

1. die Gemeindebürger;
2. diejenigen, welche nach Art. 32 Ziff. 2 bis 4 an Gemeindenutzungen teilnehmen;

---

[1]) Siehe die Bemerkung bei Art. 10—21 wegen des Bürgerrechts.

2. jene selbständigen Gemeindeeinwohner, welche seit sechs Monaten in der Gemeinde wohnen und daselbst mit einer direkten Steuer angelegt sind;
4. die Besitzer eines in der Gemeinde gelegenen Wohnhauses.

II Von Leistung der Handdienste sind befreit im aktiven Dienste stehende Personen, welche zur Erfüllung ihrer Wehrpflicht oder infolge eines öffentlichen Dienstverhältnisses sich in der Gemeinde aufhalten. Dieselbe Befreiung kommt denjenigen zu, welche zur Erfüllung einer öffentlichen Pflicht von der Gemeinde ihres Wohnsitzes abwesend sind.

III Gemeindedienste dürfen durch geeignete Stellvertreter geleistet werden.

IV Niemand kann zu Gemeindediensten angehalten werden, welche Zwecke betreffen, deren Erfüllung durch Umlagen ihn nicht treffen würde.

Art. 51. I Die Spanndienste werden ausschließend unter den mit Gespann versehenen, die Handdienste aber nach der Zahl sämtlicher zu Gemeindediensten Verpflichteten verteilt. Leben mehrere Verpflichtete, welche nicht Gemeindebürger sind, in einer Familiengemeinschaft zusammen, so sind sie nur einem Verpflichteten gleichzuachten. Im Falle des Art. 50 Ziff. 4 ist ebenfalls nur eine Verpflichtung anzunehmen, wenn sich ein Wohnhaus im gemeinschaftlichen Besitze Mehrerer befindet.

II Die Spanndienste sind hiebei nach einem billigen Anschlage an den zu leistenden Handdiensten in Abrechnung zu bringen.

III Das Maß der Spanndienste richtet sich nach der Zahl der in der Gemeinde vorhandenen, nicht zum öffentlichen Dienste gehaltenen Gespanne der Verpflichteten.

IV Das bei den Spanndiensten zwischen den Besitzern von Pferden und von anderem Zugvieh einzuhaltende Verhältnis ist von den Gemeinden festzusetzen.

Art. 52. Den Gemeinden ist freigestellt, Gemeindearbeiten auf Rechnung der Gemeindekasse in Akkord zu geben oder durch Lohnarbeiter herstellen zu lassen. Wird hiedurch die Einführung neuer oder die Erhöhung bestehender Gemeindeumlagen veranlaßt, so sind die Bestimmungen der Art. 43 bis 47[1]) zu beobachten.

Art. 53. Die Gemeinden sind ferner befugt:
1. zur Abwendung etwaiger Überbürdung mäßige Vergütung bei Leistung von Gemeindediensten aus der Gemeindekasse zu bewilligen;
2. die zu leistenden Gemeindedienste einzelnen oder allen Pflichtigen auf deren Antrag gegen eine nach den ortsüblichen Fuhr- und Taglöhnen zu regelnde Geldabgabe abzunehmen und für dieselben zu besorgen.

Art. 54. I Gemeindedienste, deren Leistung nicht rechtzeitig erfolgt, läßt der Bürgermeister nach vorgängiger einmaliger Mahnung auf Kosten des Säumigen leisten.

II Die erwachsenen Kosten werden auf dem für die Beitreibung der Gemeindeumlagen vorgeschriebenen Wege erhoben.

III Kann die Dienstleistung auf Kosten des Säumigen nicht stattfinden, so ist derselbe zur Nachholung der Leistung oder Zahlung eines entsprechenden Betrags an die Gemeindekasse verpflichtet.

---

[1]) Die Art. 43 bis 47 sind durch die Art. 1 mit 37 UG. ersetzt.

IV Die im Art. 29 des Polizeistrafgesetzbuches vom 26. Dezember 1871 vorgesehene Strafeinschreitung findet bei allen nach Art. 50 gemeindedienstpflichtigen Personen Anwendung.

IV. Besondere Bestimmungen.

Art. 55. I In Ermangelung besonderer Rechtstitel gehört zu den Gemeindeausgaben jener Aufwand nicht, der für den Schutz der Grundstücke gegen außerordentliche Elementarereignisse, für Herstellung und Erhaltung der zur Bewirtschaftung der Grundstücke erforderlichen Feldwege und Abzugsgräben, für Haltung der Hirten und für Anschaffung und Unterhaltung der Zuchttiere gemacht wird.

II Wenn die Beteiligten nicht unmittelbar solche Einrichtungen treffen und deren Kosten unter sich aufbringen, so ist die Gemeindeverwaltung befugt und auf Antrag eines Beteiligten verpflichtet, nach Vernehmung eines unter Leitung des Bürgermeisters von den Beteiligten aus ihrer Mitte zu wählenden Ausschusses von 3 bis 5 Mitgliedern die notwendigen Anordnungen zu treffen und über den erforderlichen Aufwand zu beschließen.

III Liegt eine anderweite Übereinkunft nicht vor, so werden Ausgaben im Interesse der Viehzucht nach dem Viehstande, sonstige Ausgaben für landwirtschaftliche Zwecke nach Maßgabe der auf den beteiligten Grundstücken haftenden Grundsteuer verteilt.

IV Der Gemeinde bleibt jedoch unbenommen, zur Förderung der landwirtschaftlichen Kultur auch derartige Ausgaben ganz oder teilweise auf die Gemeindekasse zu übernehmen, soweit dies ohne Einführung neuer oder Erhöhung bestehender Umlagen geschehen kann.

Art. 56. Durch das Wasserges. vom 23. März 1907 gegenstandslos.

Art. 57 u. 58 wurde durch Art. 49 UG. vom 14. August 1910 aufgehoben.

Art. 59. Die Behandlung der Kreis- und Distriktsumlagen, die Verpflichtung der Gemeinden und Gemeindeangehörigen bezüglich der Militäreinquartierung und Vorspannsleistung in Friedenszeiten, für den bei Aufläufen verursachten Schaden, und bezüglich der mit dem Einschreiten der bewaffneten Macht zur Erhaltung der gesetzlichen Ordnung verbundenen Kosten, ferner bezüglich des Wildschadenersatzes, sowie bezüglich des Uferschutzes und der sonstigen Wasserbauten unterliegt den Bestimmungen der besonderen Gesetze.

Art. 60. Die Verpflichtung zu Dienstleistungen oder Umlagen welche sich aus dem Kirchengemeindeverbande ergeben, bemißt sich nach den hierüber bestehenden besonderen Bestimmungen.

Art. 60 a.[1] I Wenn eine Gemeinde oder Ortschaft Leistungen für einen reinen Kultusbedarf freiwillig übernommen hat, so kann die Umlagenentrichtung hiefür durch rechtzeitige Erinnerung gegen den Voranschlag jeder ablehnen, der im Falle der Deckung des Kultusbedarfs durch Kirchen- oder Kultusumlagen nicht beitragspflichtig wäre. Die Ablehnung kann hiebei als für künftige Jahre fortwirkend bezeichnet werden.

II Soweit hienach nicht Befreiung eintritt, können juristische Personen oder nicht rechtsfähige Vereine im Sinne des Art. 21 der Kirchenge-

---

[1]) Eingefügt durch Art. 93 KGO., ergänzt durch Gesetz vom 17. August 1918 (GVBl. S. 431).

meindeordnung eine verhältnismäßige Abminderung der Beitragsleistung verlangen, wenn die Möglichkeit einer Heranziehung zu Gemeinde- oder Ortsumlagen für Zwecke mehrerer Religionsteile besteht. Sie werden alsdann für die Zwecke des einzelnen Bekenntnisses nur mit jenem Teile des Gesamtbetrages ihrer Steueransätze (Art. 24 und 25 des Umlagengesetzes in der Fassung des Gesetzes vom 17. August 1918) beigezogen, der dem Anteile des Bekenntnisses an der Gesamteinwohnerzahl der Gemeinde oder Ortschaft entspricht. Der Anteil wird als Hundertsatz berechnet; Bruchteile von mehr als einhalb werden auf eins vom Hundert aufgerundet, andere bleiben außer Ansatz.

III Die Bestimmungen in Abs. I und II finden keine Anwendung

1. soweit eine Gemeinschaft des Bedürfnisses oder Gebrauches besteht;
2. wenn ein besonderes Rechtsverhältnis eine Beitragspflicht oder eine andere Bemessung des Beitrags begründet;
3. wenn in sonstigen Fällen jene Leistungen der Gemeinde oder Ortschaft insgesamt für das Rechnungsjahr weniger als drei vom Hundert der Steuersumme betragen, die sich nach Art. 24 und 25 des Umlagengesetzes ergibt.

Dritter Abschnitt.

Von den Gemeindeschulden.

Art. 61—63 ersetzt durch Art. 14 SG.

Art. 64. I Vorschüsse aus besonders dotierten Gemeinde- oder Stiftungskassen an andere unter derselben Verwaltung stehende Kassen sind, wenn solche Vorschüsse nicht binnen Jahresfrist zurückersetzt werden, gleich den Gemeindeschulden zu behandeln.

II Die Gewährung solcher Vorschüsse darf nur auf Grund eines Beschlusses der Gemeindeverwaltung erfolgen.

Vierter Abschnitt.

Von dem örtlichen Stiftungsvermögen.

Art. 65. Die Verwaltung des örtlichen Stiftungsvermögens steht den Gemeinden zu, wenn nicht durch spezielle Gesetze oder die Stiftungsurkunden eine andere Verwaltung angeordnet ist.

Art. 66. I Das der Verwaltung der Gemeinden anvertraute Stiftungsvermögen darf mit dem Gemeindevermögen nicht vermischt und zu keinem anderen als dem Stiftungszwecke verwendet werden.

II Dasselbe soll im Grundstock ungeschmälert erhalten und im Falle unvermeidlicher Verluste tunlichst durch Rentenadmassierung wieder ergänzt werden.

III Abweichungen von den Vorschriften des Abs. II können nur mit Genehmigung der vorgesetzten Verwaltungsbehörde stattfinden.

IV Für die Verwaltung des Stiftungsvermögens finden in Ermangelung besonderer gesetzlicher oder stiftungsmäßiger Bestimmungen die Vorschriften über Verwaltung des Gemeindevermögens Anwendung.

Art. 67.[1] I Ist die Erfüllung des Stiftungszwecks unmöglich geworden oder gefährdet sie das Gemeinwohl, so finden auch bei Stiftungen

[1]) Siehe auch Art. 15 Abs. II SG., ferner Bem. bei Art. 23.

des öffentlichen Rechtes die Vorschriften des § 87 des Bürgerlichen Gesetzbuches Anwendung.

II [Zu der zu treffenden Verfügung ist in den Gemeinden mit städtischer Verfassung die Zustimmung der Gemeindebevollmächtigten, in den übrigen Gemeinden die Zustimmung der Gemeinde- bzw. Ortsversammlung erforderlich.] Der Beschluß bedarf der Genehmigung der vorgesetzten Verwaltungsbehörde.

Art. 68. Die Bewirtschaftung der Stiftungswaldungen unterliegt den gesetzlichen Vorschriften.

Art. 69.[1]) I Neue örtliche Stiftungen bedürfen der [königlichen] Bestätigung, mit bleibenden Lasten verknüpfte Stiftungszuschüsse jener der vorgesetzten Verwaltungsbehörde. Bezüglich anderer Stiftungszuschüsse kann jährliche Anzeige angeordnet werden.

II Die Stiftungen erlangen durch die [landesherrliche] Bestätigung die Rechtsfähigkeit und den verfassungsmäßigen Staatsschutz.

IV. Abteilung.

Von der Verwaltung der Gemeinden.

Erster Abschnitt.

Von der Verwaltung in Gemeinden mit städtischer Verfassung.

Art. 70 u. 71 ersetzt durch Art. 6 SG.

Art. 72.[2]) I Die Gemeinden sind ferner berechtigt, Verwalter des Stadtvermögens (Stadtkämmerer), Verwalter des Stiftungsvermögens und einzelner Gemeindeanstalten, Beamte für Forst- und Bauwesen und öffentliche Gesundheitspflege und andere höhere Beamte aufzustellen.

III Den Stadt- und Marktschreibern kommt eine beratende Stimme in den Magistratssitzungen zu.

IV Für die Besorgung untergeordneter Geschäfte ist das nötige niedere Dienstpersonal von Gehilfen, Schreibern, Boten, Polizeidienern usw. aufzustellen.

Art. 73.[3]) I Der Magistrat beschließt [mit Zustimmung der Gemeindebevollmächtigten] innerhalb der Vorschriften der Art. [71 und] 72 über die Zahl der bürgerlichen Magistratsmitglieder, über die Aufstellung und Zahl rechtskundiger und technischer Magistratsmitglieder, sowie über die Aufstellung der Stadt- und Marktschreiber und des übrigen höheren Dienstpersonals.

II Die Feststellung der Zahl des niederen Dienstpersonals nach Maßgabe der hierfür bestimmten Mittel steht dem Magistrat allein zu.

Art. 74.[4]) I Die für die Stelle eines rechtskundigen Bürgermeisters oder Magistratsrats Gewählten müssen in der Gemeinde ihren Wohnsitz nehmen.

Art. 75 u. 76 ersetzt durch Art. 6 Abs. III SG.

Art. 77.[5]) I Die Anstellung eines Stadt- oder Marktschreibers setzt den Nachweis der für dieses Amt erforderlichen Kenntnisse durch Be-

---

[1]) Statt der Königlichen, tritt jetzt ministerielle Bestätigung ein, VO. vom 15. November 1918 (GVBl. S. 1231).

[2]) Abs. II ersetzt durch Art. 6 Abs. VIII SG.

[3]) An Stelle des Art. 71 GO. tritt Art. 6 SG.

[4]) Abs. II und III aufgehoben durch Art. 6 Abs. IV SG.

[5]) GBG. Art. 3.

stehen einer von der Staatsregierung anzuordnenden oder der in Art. 172 Abs. II erwähnten Prüfung voraus.

II Die berufsmäßigen Gemeindebeamten haben Anspruch auf Besoldungen oder Dienstbezüge, außerdem, wenn sie vollbeschäftigt sind, nach zehnjähriger Dienstzeit

1. Anspruch auf Ruhegehalt nach Erreichung des 65. Lebensjahres oder im Falle der Dienstunfähigkeit,
2. Anspruch auf Hinterbliebenenversorgung.

III Das Dienstverhältnis ist widerruflich. Der Magistrat kann jedoch [mit Zustimmung der Gemeindebevollmächtigten] einzelnen Gemeindebeamten unwiderrufliche Anstellung gewähren.

Art. 77 a.[1]) I Die Bezüge der nicht rechtskundigen Bürgermeister (Art. 75 Abs. III), die Besoldungen oder Entschädigungen der technischen Magistratsmitglieder (Art. 76) und die Besoldungen oder Dienstbezüge der sonstigen berufsmäßigen Gemeindebeamten, ferner die Ruhegehalte und die Hinterbliebenbezüge müssen angemessen sein.

II Die beteiligten Gemeindebeamten können eine neue Festsetzung beantragen. Gegen den Bescheid steht ihnen die Aufsichtsbeschwerde (Art. 163) zu.

III Den vollbeschäftigten berufsmäßigen Gemeindebeamten, die der reichsgesetzlichen Krankenversicherung unterliegen, hat die Gemeinde im Falle der Krankheit auf die Dauer der Regelleistungen der Krankenkassen einen Barbezug im anderthalbfachen Betrage des Krankengeldes zu gewähren. Auf diesen Bezug wird der Betrag angerechnet, der dem Gemeindebeamten für die gleiche Zeit als Besoldung, Ruhegehalt oder Unterhaltsbeitrag zukommt. Ist ein vollbeschäftigter berufsmäßiger Gemeindebeamter versicherungsberechtigt, so kann ihn die Gemeinde anhalten, der Versicherung freiwillig beizutreten; sie muß alsdann die vollen Beiträge bestreiten. Jedoch werden die Barleistungen der Krankenkasse auf die dem Gemeindebeamten gegen die Gemeinde für die gleiche Zeit zustehenden Bezüge angerechnet.

IV Ist ein nicht vollbeschäftigter berufsmäßiger Gemeindebeamter krankenversicherungsberechtigt und macht er von diesem Rechte Gebrauch, so hat ihm die Gemeinde ein Drittel der Beiträge zu erstatten.

V Ist ein nicht vollbeschäftigter berufsmäßiger Gemeindebeamter invalidenversicherungs- oder angestelltenversicherungsberechtigt und macht er von diesem Rechte Gebrauch, so hat ihm die Gemeinde die Hälfte des Beitragssatzes der untersten Klasse zu erstatten.

VI Die Vorschriften der Abs. IV und V gelten nicht für Gemeindebeamte, die zugleich als etatsmäßige Staatsbeamte, oder als vollbeschäftigte Gemeindebeamte oder an öffentlichen Volksschulen als Volksschullehrer, [Schulverweser] oder Hilfslehrer im Dienste stehen.

Art. 77 b. I Das Dienstverhältnis der widerruflichen berufsmäßigen Gemeindebeamten kann durch Beschluß jederzeit gelöst werden; jedoch ist, sofern nicht eine grobe Pflichtverletzung inmitte liegt, eine Kündigungsfrist von drei Monaten einzuhalten.

I Hat ein widerruflicher berufsmäßiger Gemeindebeamter drei Dienstjahre als vollbeschäftigter Beamter der Dienstgemeinde zurückgelegt, so

[1]) GVG. Art. 4; Volksschullehrerges. v. 14. Aug. 1919 (GVBl. S. 437).

darf die Lösung des Dienstverhältnisses nur erfolgen, wenn ein wichtiger Grund vorliegt. Liegt dieser nicht in der Person des Gemeindebeamten, so wird ihm eine angemessene Abfindung gewährt.

III Beschwerde (Art. 163) ist zulässig.

Art. 78. Durch das SG. aufgehoben.

Art. 79.[1]) II [Die übrigen Magistratsmitglieder und] Gemeindebeamten sowie das Unterpersonal werden durch den Bürgermeister verpflichtet und angewiesen.

Art. 80.[2]) I Bürgerliche Magistratsmitglieder sind wegen erwiesener körperlicher oder geistiger Dienstesunfähigkeit oder wegen zurückgelegten 60. Lebensjahres zum Austritte berechtigt.

II Der Austritt muß erfolgen, wenn ein bürgerliches Magistratsmitglied die zur Wählbarkeit erforderlichen Eigenschaften verliert, oder wenn Verhältnisse eintreten, welche die Fortführung des Amtes unmöglich machen.

III Über die Zulässigkeit oder Notwendigkeit des Austrittes entscheidet der Magistrat [mit Zustimmung der Gemeindebevollmächtigten].

IV Außerdem kann einem bürgerlichen Magistratsmitgliede aus triftigen Gründen die nachgesuchte Entlassung durch übereinstimmenden Beschluß des Magistrats und der Gemeindebevollmächtigten bewilligt werden.

Art. 81.[3]) I Rechtskundige und technische Magistratsmitglieder können jederzeit ihre Stellen niederlegen, womit alle Ansprüche auf Gehalt und Pension erlöschen.

II Rechtskundige Magistratsmitglieder ohne definitive Anstellung, welche die Wählbarkeit zu Gemeindeämtern [Art. 172] verlieren, werden damit ihres Amtes verlustig.

Art. 82. Magistratsmitglieder und Gemeindebeamte, welche wegen eines Verbrechens oder eines solchen Vergehens, wegen dessen auf Verlust der bürgerlichen Ehrenrechte erkannt werden kann, in die öffentliche Sitzung eines Strafgerichts verwiesen sind, unterliegen für die Dauer des Strafverfahrens der Suspension vom Amte, welche in bezug auf Bürgermeister die vorgesetzte Verwaltungsbehörde, in bezug auf andere Magistratsmitglieder und Gemeindebeamte der Bürgermeister[3]) in Vollzug zu setzen hat.

Art. 83. Die Dienstzeichen der Magistratsmitglieder werden durch Verordnung bestimmt.

II. Wirkungskreis des Magistrats.[4])

A. Eigentliche Gemeindeangelegenheiten.

Art. 84. Der Magistrat verwaltet [unter Vorbehalt der den Gemeindebevollmächtigten zukommenden Befugnisse] die Gemeindeangelegen-

---

[1]) Art. 6 Abs. II SG. und MinBek. v. 22. Nov. 1919 (StA. Nr. 286).

[2]) Art. 172 ist aufgehoben, jetzt ist Art. 2 u. 3 des Wahlgesetzes vom 15. April 1919 (GVBl. S. 170 ff.) maßgebend.

[3]) Jetzt: der erste Bürgermeister, Art. 6 SG.

[4]) Jetzt des „Stadtrats". VA. § 6. Die Bestimmungen über den Magistrat sind sinngemäß auf den Stadtrat anzuwenden und auf alle Gemeinden, die bisher die städt. Verfassung hatten. MBek. v. 22. August 1919 (StA. Nr. 219 v. 7. September 1919).

heiten, erläßt innerhalb seiner Zuständigkeit statutarische Bestimmungen und vertritt die Gemeinde in ihren Rechten und Verbindlichkeiten nach Außen.

Art. 85.[1]) I Der Magistrat ernennt die technischen Magistratsmitglieder [mit Zustimmung], die Stadt- oder Marktschreiber und andere höhere Beamte [nach vorgängiger Vernehmung der Gemeindebevollmächtigten]. Die Anstellung des niederen Dienstpersonals steht dem Magistrat allein zu. Insoweit hierfür Militäranwärter und Inhaber des Anstellungsscheins in Betracht kommen, kann durch Ministerialvorschrift bestimmt werden, daß ein Teil der Militärdienstzeit für die Bemessung des Gehalts nach Maßgabe der entsprechenden Bestimmungen für den Staatsdienst angerechnet wird.

II Die Dienstkleidung der zu polizeilichen Verrichtungen verwendeten Gemeindebeamten wird durch Verordnung bestimmt.

Art. 86. I Der Magistrat führt den Gemeindehaushalt; er hat für Erhaltung des Vermögens und für Erfüllung der Verbindlichkeiten der Gemeinde zu sorgen.

II Seine Mitglieder haften für allen durch die Nichterfüllung ihrer Dienstobliegenheiten entstehenden Schaden.

Art. 87.[2]) I Er verwaltet das Gemeinde- und das örtliche Stiftungs-Vermögen durch die aus seiner Mitte aufgestellten oder besonderen Verwalter.

II Den Bürgermeistern ist untersagt, eine Verwaltung selbst zu führen.

III Die Verwalter haften zunächst für die richtige Erhebung der Einkünfte, für die Einhaltung der Voranschläge und für die vorschriftsmäßige Ordnung in den Ausgaben.

IV Der Magistrat hat [mit Zustimmung der Gemeindebevollmächtigten] über die von den Verwaltern zu leistende Kaution und über die denselben, soferne sie nicht für ihre Funktion einen bestimmten Gehalt beziehen, zu gewährende Entschädigung zu beschließen; er kann jedoch [mit Zustimmung der Gemeindebevollmächtigten] in einzelnen Fällen von Anforderung einer Kaution Umgang nehmen, wenn die Verwaltung durch Mitglieder des Magistrats geführt wird.

Art. 88.[3]) I Das Rechnungsjahr läuft vom 1. Januar bis 31. Dezember.

II Im Monat Oktober hat der Magistrat den Voranschlag sämtlicher voraussehbarer Einnahmen und Ausgaben der Gemeinde für das nächste Jahr aufzustellen und denselben nach vorgängiger Bekanntmachung 14 Tage lang öffentlich aufzulegen.

III Jedem Umlagenpflichtigen steht frei, seine Erinnerungen schriftlich einzureichen oder zu Protokoll zu erklären.

[IV Der Voranschlag nebst den abgegebenen Erinnerungen wird den Gemeindebevollmächtigten mitgeteilt, ist von denselben zu prüfen und noch vor Jahresschluß festzustellen.]

V Gibt der Voranschlag zu keiner Beanstandung Anlaß, so wird derselbe sofort genehmigt. [Findet eine Meinungsverschiedenheit statt und tritt der Magistrat nicht der Ansicht der Gemeindebevollmächtigten bei, so ist eine

---

[1]) Art. 5 GBG.

[2]) Art. 6 Abs. II SG.

[3]) Durch Art. 6 Abs. II SG. hinsichtlich des Gemeindekollegiums gegenstandslos.

gemeinschaftliche Sitzung beider Kollegien zu veranstalten, in welcher auf Grund gemeinsamer Beratung die Feststellung des Voranschlages durch Beschlußfassung der Gemeindebevollmächtigten erfolgt].

[VI Bisher nicht bestandene Einnahmsquellen und bisher nicht bestandene Ausgaben, sowie Erhöhungen der in Antrag gebrachten Einnahmen oder Ausgaben können nur mit Zustimmung des Magistrats von den Gemeindebevollmächtigten in den Voranschlag eingestellt werden].

VII Der vorgesetzten Verwaltungsbehörde ist sofort Abschrift des festgestellten Voranschlages zu übersenden. Sieht sich diese Behörde hiedurch zur Ausübung ihres Aufsichtsrechtes [nach Art. 157] veranlaßt, so hat sie binnen vier Wochen dem Magistrate die geeignete Eröffnung zu machen.

VIII Der Voranschlag bildet die Grundlage des Gemeindehaushaltes. [Unvermeidliche im Etat nicht vorgesehene Ausgaben erfordern die zuvor eingeholte Zustimmung der Gemeindebevollmächtigten].

IX Die Verwalter dürfen ohne schriftliche Zahlungsanweisung des Magistrats bei Meidung eigener Haftung keine Zahlung machen.

X Vorstehende Bestimmungen finden auch Anwendung auf den Stiftungshaushalt. Die Voranschläge können jedoch für eine längere Periode festgestellt werden, soferne die vorgesetzte Verwaltungsbehörde nicht im einzelnen Falle anders verfügt.

Art. 89.[1]) I Die Rechnungen über die Verwaltung des Stiftungs-Vermögens im abgelaufenen Jahre müssen in den einer Kreisregierung unmittelbar untergeordneten Städten spätestens bis zum 1. Juli, in den übrigen Gemeinden spätestens bis zum 1. Mai gestellt sein und nach vorgängiger Bekanntmachung 14 Tage lang öffentlich aufgelegt werden.

II Jedem Umlagenpflichtigen steht frei, binnen dieser Frist bei Vermeidung des Ausschlusses seine Erinnerungen schriftlich einzureichen oder zu Protokoll zu erklären.

[III Sodann sind die Rechnungen mit allen hiezu abgegebenen Erinnerungen den Gemeindebevollmächtigten zur Prüfung mitzuteilen].

[IV Gibt die vorgenommene Prüfung zu keiner Beanstandung Anlaß, so wird von den Gemeindebevollmächtigten sofort die Genehmigung ausgesprochen].

[V Gibt die Prüfung zu Erinnerungen Anlaß, so sind diese dem Rechner zur Beantwortung mitzuteilen. Werden durch diese Beantwortung die Erinnerungen gehoben, so sprechen die Gemeindebevollmächtigten die Genehmigung der Rechnung aus; im entgegengesetzten Falle erfolgt die Entscheidung in gemeinschaftlicher Sitzung auf Grund gemeinsamer Beratung durch Beschluß der Gemeindebevollmächtigten].

[VI Glaubt sich der Rechner bei einem die Feststellung seiner Verpflichtungen betreffenden Beschlusse nicht beruhigen zu können, so entscheidet hierüber die zuständige Verwaltungsbehörde gemäß Art. 158].

VII Die geprüften Rechnungen nebst Belegen werden mit den eingekommenen Erinnerungen [und den Beschlüssen der Gemeindebevollmächtigten] binnen zwei Monaten nach den in Abs. I bezeichneten Terminen an die vorgesetzte Verwaltungsbehörde eingesendet. In den einer Kreisregierung unmittelbar untergeordneten Städten hat die Prüfung der Aufsichtsbehörde nach Maßgabe des [Art. 157] zu geschehen, in den übrigen Gemeinden [mit städtischer Verfassung] hat auch die rechnerische Prüfung und

---

[1]) Durch Art. 6 Abs. II SG. teilweise gegenstandslos; statt Art. 157 im Abs. VII ist jetzt Art. 13 SG. maßgebend.

Verbescheidung zu erfolgen. Ist die Aufsichtsbehörde durch die vorgelegte Rechnung zur Ausübung ihres Aufsichtsrechtes veranlaßt, so hat sie binnen drei Monaten dem Magistrate die geeignete Eröffnung zu machen.

Art. 90. In den einer Kreisregierung unmittelbar untergeordneten Städten hat der Magistrat jährlich nach beendigter Prüfung und Bescheidung und Rechnungen einen Bericht über die Ergebnisse der gesamten Verwaltung des verflossenen Rechnungsjahres und über den Stand der Gemeindeangelegenheiten durch den Druck zu veröffentlichen. In den übrigen Gemeinden [mit städtischer Verfassung] sind die wesentlichen Ergebnisse der Gemeinde- und Stiftungsrechnungen jährlich nach beendigter Rechnungsrevision in ortsüblicher Weise zur öffentlichen Kunde zu bringen.

Art. 91. Der Magistrat nimmt Anteil an der Armenpflege, sowie an dem Kirchen- und Schulwesen nach den hierüber bestehenden Gesetzen und Verordnungen.

B. Polizei- und Distriktsverwaltung.

Art. 92.[1]) I Der Magistrat als Ortspolizeibehörde erläßt die ortspolizeilichen Vorschriften nach Maßgabe der gesetzlichen Bestimmungen.

II Demselben steht die Handhabung und der Vollzug der die Polizeiverwaltung betreffenden Gesetze, gesetzlich erlassenen Verordnungen, polizeilichen Vorschriften und kompetenzmäßigen Anordnungen der vorgesetzten Behörden innerhalb des Gemeindebezirkes zu, soweit hiefür nicht durch Gesetz oder gesetzmäßige Verordnung die Zuständigkeit einer höheren Behörde begründet ist.

Art. 93. In den einer Kreisregierung unmittelbar untergeordneten Städten steht vorbehaltlich der Bestimmungen der Art. 97 und 98 dem Magistrat die Polizeiverwaltung mit Einschluß der den unmittelbaren Distriktspolizeibehörden vorbehaltenen Befugnisse zu.

Art. 94. Die dem Magistrate obliegende Polizeiverwaltung steht unter Leitung des Bürgermeisters, wo deren mehrere vorhanden sind, des ersten. Derselbe erledigt Geschäfte, welche sich zur kollegialen Behandlung nicht eignen, persönlich oder läßt sie unter seiner Leitung durch andere Magistratsmitglieder oder durch höhere Gemeindebeamte besorgen.

Art. 95. I Die Gemeinden sind verpflichtet, soweit ihnen die Polizeiverwaltung zusteht, die damit verbundenen Obliegenheiten zu erfüllen und die hiefür erwachsenden Kosten zu bestreiten.

II Zur Bestreitung des Aufwandes für Handhabung der Distriktspolizei wird nach Maßgabe des jeweiligen Finanzgesetzes ein Beitrag aus Staatsmitteln geleistet.

Art. 96. I Die nichtpolizeilichen Geschäfte der Distriktsverwaltungsbehörden werden in den einer Kreisregierung unmittelbar untergeordneten Städten gleichfalls von dem Magistrate besorgt.

II Die Bestimmungen des Art. 94 finden auch auf diese Geschäfte Anwendung.

Art. 97. In bezug auf die Haupt- und Residenzstadt München findet die Ausscheidung der Zuständigkeiten der Polizeidirektion, des

---

[1]) Abs. III ist durch Art. 12 des Vermarkungsgesetzes vom 30. Juni 1900 ersetzt.

Magistrats und der Lokalbaukommission nach Einvernahme des Magistrats durch Verordnung statt, welche binnen drei Jahren revidiert und dem Landtage zur gesetzlichen Feststellung vorgelegt werden soll.

Art. 98. I Der Staatsregierung bleibt vorbehalten, auch in den übrigen einer Kreisregierung unmittelbar untergeordneten Städten die Ausübung der den Distriktspolizeibehörden vorbehaltenen Befugnisse in bezug auf Fremdenpolizei, Presse, Vereinswesen und Versammlungsrecht, ferner die Handhabung der Sicherheitspolizei zum Schutze des Staates und der bestehenden Staatseinrichtungen, sowie zur Aufrechterhaltung der öffentlichen Ruhe auf Kosten des Staates zu übernehmen und hiefür eigene Beamte mit dem erforderlichen Hilfspersonal aufzustellen.

II Wenn die öffentliche Ruhe bedroht oder gestört ist, hat der Magistrat zu deren Erhaltung oder Wiederherstellung mitzuwirken.

C. Zwangsbefugnisse.

Art. 99. I Der Magistrat ist berechtigt, Verfügungen, welche er in seiner Zuständigkeit als Gemeindeverwaltung oder Polizeibehörde zum Vollzuge von Gesetzen und gültigen Verordnungen, deren Übertretung nicht mit Strafe bedroht ist, an bestimmte Personen erlassen und diesen eröffnet hat, durch gesetzliche Zwangsmittel unter Anwendung der Art. 21 und 22 des Polizeistrafgesetzbuchs vom 26. Dezember 1871 zur Ausführung zu bringen.

II Gleiche Befugnis hat der Bürgermeister in bezug auf jene Verfügungen, welche er innerhalb seiner Zuständigkeit allein erläßt.

D. Vermittlungsamt.

Art. 100. I Die Ausübung des Vermittlungsamtes bei Rechtsstreitigkeiten unter Gemeindeeinwohnern steht dem Bürgermeister zu. Derselbe ist jedoch befugt, hiemit ein anderes Magistratsmitglied oder einen höheren Gemeindebeamten zu beauftragen. Den Beteiligten ist es unbenommen, Männer ihres Vertrauens zu benennen, welche zum Sühneversuche beizuziehen sind. Die Zulassung von Advokaten ist ausgeschlossen.

II Wenn auf gehörige Ladung nicht beide Parteien erscheinen, so ist der Vermittlungsversuch als vereitelt zu erachten. Ist der Kläger nicht erschienen, so verwirkt er eine Geldbuße von dreißig Kreuzern (90 Pfennig) zum Besten der Gemeindekasse.

III Die Verhandlungen und Ausfertigungen des Vermittlungsamtes sind tax- und stempelfrei.

III. Geschäftsgang des Magistrats.

Art. 101.[1] I Die Verteilung der Geschäfte, der Vorsitz in den Sitzungen, die Sorge für den Vollzug der Magistratsbeschlüsse und die Erledigung der für kollegiale Beratung nicht geeigneten Gegenstände steht dem ersten oder einzigen Bürgermeister, bei dessen Verhinderung seinem Stellvertreter zu.

II Alle Ausfertigungen des Magistrats werden von dem geschäftsleitenden Vorstande unterzeichnet.

Art. 102. I Der Magistrat beschließt in Sitzungen über alle zur kollegialen Beratung geeigneten Gegenstände.

---

[1]) Abs. II ersetzt durch Art. 8 SG.

II Zur Gültigkeit eines Plenarbeschlusses wird erfordert:
1. daß alle im Gemeindebezirke anwesenden Magistratsmitglieder, soferne die Sitzungstage nicht vorausbestimmt sind, besondens eingeladen wurden;
2. daß mehr als die Hälfte der in [Art. 71 Ziff. 1 bis 3][1]) bezeichneten Mitglieder an der Beratung und Abstimmung teilgenommen;
3. daß die Mehrheit der Abstimmenden für dieselbe Meinung sich ausgesprochen hat.

III Alle der Zustimmung [der Gemeindebevollmächtigten, der Bürgerschaft oder] der Staatsaufsichtsbehörde unterliegenden Beschlüsse sind in den Plenarsitzungen zu fassen.

IV Zur Erledigung anderer Angelegenheiten können in Städten von 10000 Seelen und darüber Senate gebildet werden, deren Besetzung durch Plenarbeschluß erfolgt. Zur Gültigkeit eines Senatsbeschlusses ist erforderlich, daß alle im Gemeindebezirke anwesenden Senatsmitglieder, soferne die Sitzungstage nicht vorausbestimmt sind, besonders eingeladen wurden, daß mindestens fünf Mitglieder an der Beratung und Abstimmung teilgenommen haben, und daß die Mehrheit der Abstimmenden sich für dieselbe Meinung ausgesprochen hat.

V Bei Stimmengleichheit entscheidet die Stimme des Vorsitzenden.

VI Kein stimmberechtigtes Magistratsmitglied darf sich der Abstimmung enthalten.

Art. 103.[2]) I Magistratsmitglieder können an der Beratung und Beschlußfassung über Angelegenheiten, wodurch ihr Privatinteresse unmittelbar berührt wird, nicht teilnehmen.

[II Kann infolgedessen die Voraussetzung des Art. 102 Abs. II Ziff. 2 nicht erfüllt werden, so haben die Gemeindebevollmächtigten für den besonderen Fall so viele unbeteiligte Mitglieder abzuordnen, als zur Beschlußfähigkeit des Magistrats erforderlich sind]. Wird auch auf diesem Wege die Beschlußfähigkeit nicht erzielt, so hat die vorgesetzte Verwaltungsbehörde die im Interesse der Gemeinde nötige Verfügung zu treffen.

III Tritt die Beschlußunfähigkeit des Magistrats in einer Sache ein, in welcher dieser als Polizei- oder Distriktsverwaltungsbehörde zu beschließen hat, so ist die Sache durch die Kreisverwaltungsstelle an eine andere Polizei- oder Distriktsverwaltungs-Behörde zu verweisen.

IV Das in Abs. II und III vorgezeichnete Verfahren hat auch dann einzutreten, wenn der Magistrat durch andere Hindernisse zeitlich beschlußunfähig wird und unverschiebliche Beratungsgegenstände vorliegen.

Art. 104. Dem Magistrate ist es anheimgegeben, bei Gegenständen, welche besondere Fachkenntnis erheischen, Fachmänner mit ihrem Gutachten zu hören und erforderlichen Falles in die Sitzung zu berufen.

Art. 105. I Die Plenar- und Senats-Sitzungen des Magistrats sind öffentlich, soweit nicht Rücksichten auf das Staats- oder Gemeindewohl oder auch berechtigte Ansprüche Einzelner entgegenstehen.

II Die Frage, ob in einem gegebenen Falle die Öffentlichkeit der Beratung oder Abstimmung auszuschließen sei, wird in geheimer Sitzung entschieden.

---

[1]) Jetzt Art. 6 SG.

[2]) Art. 6 Abs. II SG.

III Die Öffentlichkeit darf jedoch niemals ausgeschlossen werden, wenn sie durch Gesetz für bestimmte Fälle ausdrücklich vorgeschrieben ist.

IV Der Vorsitzende handhabt die Ordnung; er ist verpflichtet, Zeichen des Beifalls oder der Mißbilligung den Zuhörern nicht zu gestatten und nötigenfalls jeden derselben, der die Ruhe der Sitzung in irgend einer Weise stört, aus dem Sitzungssaale wegzuweisen und nach Umständen abführen zu lassen.

Art. 106.[1]) I Zur Verwaltung örtlicher Stiftungen und Anstalten, sowie zur Besorgung bestimmter Geschäfte können auf Beschluß des Magistrats besondere Ausschüsse aus Mitgliedern des Magistrats oder aus zu Gemeindeämtern wählbaren Gemeindebürgern gebildet werden, deren Auswahl dem Magistrate zusteht.

II Die hiezu berufenen Gemeindebürger verrichten ihre Funktion unentgeltlich und haben nur Anspruch auf Ersatz von Auslagen.

III Solche Ausschüsse sind dem Magistrate untergeordnet, an dessen Instruktionen gebunden und können von dem Magistrate aufgelöst werden. Der Bürgermeister oder ein von ihm bezeichnetes Magistratsmitglied führt den Vorsitz.

IV Die Funktion ständiger Ausschüsse endet jedenfalls mit Ablauf der Wahlperiode, in welcher sie gebildet worden sind.

Art. 107.[2]) I Zur Regelung des formellen Geschäftsganges kann der Magistrat eine Geschäftsordnung erlassen. [Zur Bildung von Senaten ist die Zustimmung der Gemeindebevollmächtigten erforderlich.]

II Sämtliche der Verwaltung des Magistrats untergebene Kassen sind regelmäßig mindestens einmal im Jahre unvermutet durch eine aus Mitgliedern des Magistrats [und der Gemeindebevollmächtigten] gebildete [gemischte] Kommission zu untersuchen.

III Die näheren Vorschriften über Führung und Untersuchung der Kassen sind von dem Magistrate zu erlassen und der vorgesetzten Verwaltungsbehörde zur Bestätigung vorzulegen.

IV Die Formulare der Voranschläge, Rechnungen und Rechnungsübersichten können durch Ministerialvorschrift festgestellt werden.

Art. 108—119 aufgehoben durch Art. 6 Abs. II SG.

VII. Distriktsvorsteher.

Art. 120. I Die größeren Städte sollen von dem Magistrate nach Straßen und Plätzen in Distrikte mit eigenen Distriktsvorstehern eingeteilt werden.

II Die Distriktsvorsteher werden vom Magistrate für jeden Distrikt aus den zu Gemeindeämtern wählbaren Einwohnern desselben oder eines anstoßenden Distriktes auf drei Jahre ernannt. Ihr Amt ist unentgeltlich und widerruflich. [Sie schließen sich bei Feierlichkeiten den Gemeindebevollmächtigten an.]

Art. 121. Die Distriktsvorsteher haben den Magistrat in der Ausübung seiner Befugnisse innerhalb ihres Distriktes zu unterstützen und in

[1]) Abs. V durch Art. 6 Abs. II SG. gegenstandslos.

[2]) Durch Art. 6 Abs. II SG. teilweise gegenstandslos.

polizeilichen Angelegenheiten im Falle augenblicklichen Bedürfnisses statt des Bürgermeisters zu handeln.

VIII. Gemeindebeschlüsse.

Art. 122.[1] I In jenen Fällen, in welchen nach gegenwärtigem Gesetze ein Beschluß nur mit Zustimmung einer bestimmten Anzahl von Gemeindebürgern gefaßt werden kann, ist nach öffentlicher Bekanntmachung des Antrages schriftlich zu Protokoll abzustimmen.

II Das Abstimmungsprotokoll ist innerhalb einer ausschließenden Frist zur Aufnahme der Unterschriften derjenigen, welche für den Antrag stimmen, im Gemeindehause aufzulegen.

III In Städten, welche in mehrere Distrikte eingeteilt sind, kann für jeden Distrikt ein solches Protokoll in einem vom Magistrate zu bestimmenden Lokale aufgelegt werden.

IV Ist nach Ablauf der Frist die erforderliche Zahl von Zustimmungen nicht erreicht, so gilt der Antrag als abgelehnt.

Zweiter Abschnitt.[2]

Von der Verwaltung in Gemeinden mit Landgemeindeverfassung.

Art. 123.[3]) Die Gemeindeverwaltung wird [vorbehaltlich der Befugnisse der Gemeindeversammlung] durch den Gemeindeausschuß besorgt.

I. Bildung des Gemeindeausschusses.

Art. 124—126 durch Art. 6 SG. aufgehoben.

Art. 127. I Mitglieder des Gemeindeausschusses sind wegen erwiesener körperlicher oder geistiger Dienstesunfähigkeit oder wegen zurückgelegten sechzigsten Lebensjahres zum Austritt berechtigt.

II Der Austritt muß erfolgen, wenn ein Ausschußmitglied die zur Wählbarkeit erforderlichen Eigenschaften verliert oder wenn Verhältnisse eintreten, welche die Fortführung des Amtes unmöglich machen.

III Über die Zulässigkeit oder Notwendigkeit des Austrittes entscheidet der Gemeindeausschuß.

IV Außerdem kann einem Ausschußmitgliede aus triftigen Gründen die nachgesuchte Entlassung durch Beschluß des Gemeindeausschusses mit Genehmigung der vorgesetzten Verwaltungsbehörde bewilligt werden.

V Ausschußmitglieder, welche wegen eines Verbrechens oder eines solchen Vergehens, wegen dessen auf Verlust der bürgerlichen Ehrenrechte erkannt werden kann, in die öffentliche Sitzung eines Strafgerichts verwiesen sind, unterliegen für die Dauer des Strafverfahrens der Suspension vom Amte, welche durch die vorgesetzte Verwaltungsbehörde in Vollzug gesetzt wird.

---

[1]) Siehe Bemerkung bei Art. 10—21; — vgl. auch mit Art. 27 GemO.

[2]) Die Bestimmungen über die Gemeinden mit Landgemeindeverfassung sind sinngemäß auf die Gemeinderäte anzuwenden, VA. § 6 und auf alle Gemeinden (auch Städte) mit bisher Landgemeindeverfassung. Min.-Bek. vom 22. August 1919 (StAN. 219 vom 7. September 1919.

[3]) Art. 29 Abs. I SG.

Art. 128.[1] I Bei öffentlichen Feierlichkeiten gehen die Mitglieder des Gemeindeausschusses den anderen Gemeindebürgern vor.

II Die Dienstzeichen der Bürgermeister [und der Beigeordneten] werden durch Verordnung bestimmt.

Art. 129. I Dem Bürgermeister kann überlassen werden, gegen angemessene Entschädigung für Herstellung der nötigen schriftlichen Arbeiten Sorge zu tragen. Wird diese Einrichtung nicht getroffen, so ist unter Auswerfung einer angemessenen Besoldung ein Gemeindeschreiber aufzustellen, dem die Verpflichtung aufgelegt werden kann, die Voranschläge und Rechnungen über den Gemeinde- und Stiftungs-Haushalt für die betreffenden Verwalter herzustellen.

II Mehrere benachbarte Gemeinden können sich zur gemeinschaftlichen Bestellung eines Gemeindeschreibers vereinigen.

III Die Gemeinden sind befugt, für sich allein oder in Gemeinschaft mit anderen rechnungsverständige Einnehmer zur Besorgung des Kasse- und Rechnungswesens für den Gemeinde- und Stiftungs-Haushalt aufzustellen und angemessen zu besolden. Die aufgestellten Einnehmer bedürfen der Bestätigung der vorgesetzten Verwaltungsbehörde und sind zur Kautionsleistung verpflichtet.

IV Außerdem haben die Gemeinden das sonst notwendige Dienstpersonal aufzustellen.

V Die Dienstauszeichnung der zu polizeilichen Verrichtungen verwendeten Gemeindebeamten wird durch Verordnung bestimmt.

II. Wirkungskreis des Gemeindeausschusses.[2]

A. Eigentliche Gemeindeangelegenheiten.

Art. 130. Die eigentlichen Gemeindeangelegenheiten werden vom Gemeindeausschusse verwaltet; derselbe erläßt innerhalb seiner Zuständigkeit statutarische Bestimmungen und vertritt die Gemeinde in ihren Rechten und Verbindlichkeiten.

Art. 131.[3] I Vorstand des Gemeindeausschusses ist der Bürgermeister.

II Er sorgt für örtliche Bekanntmachung der den Wirkungskreis der Gemeinde betreffenden Gesetze, Verordnungen und Erlasse und, soweit er hiezu gesetzlich verpflichtet ist, für den Vollzug.

III Ihm liegt ob die Führung und Bewahrung

a) der Beschreibung der Gemeindegrenzen, der Rechte und Gerechtigkeiten und Besitzungen der Gemeinde;
b) der Gemeinde-Grundsteuer-Katasterauszüge und des Gemeindeplanes;
c) des Inventars über alles bewegliche Vermögen der Gemeinde, der Feuerlöschgerätschaften und dergleichen;
d) der Beitragsrollen für die Gemeindeumlagen und für die Gemeindedienste;
e) des Verzeichnisses der Gemeindebürger und der Einwohner;[4]
f) der Wahllisten und der Urlisten für die Wahl der Geschworenen.

---

[1]) Beigeordneter, jetzt weiterer Bürgermeister, Art 6 Abs. 3 SG.

[2]) Die Bestimmungen sind sinngemäß auf den Gemeinderat anzuwenden § 6 BA. und auf alle Gemeinden (auch Städte) mit bisher Landgemeindeverfassung, s. Bem. bei Art. 123.

[3]) Art. 29 Abs. I SG.

[4]) Geändert durch Art. 92 AG. — Siehe auch Bem. bei Art. 10—21.

IV Er hat für die ordnungsmäßige Erhaltung der Gemeinderegistratur, insbesondere für die Aufbewahrung der Gemeinde- und Stiftungsrechnungen nebst Belegen zu sorgen.

V Ihm kommt die Überwachung des Kasse- und Rechnungswesens der Gemeinde und der Stiftungen zu.

VI Er hat in bezug auf die Verwaltung der Gemeindeangelegenheiten die Beschlußfassung des Gemeindeausschusses [in Fällen, wo dies gesetzlich erforderlich ist, die Beschlußfassung der Gemeindeversammlung vorzubereiten und] zu leiten und für den Vollzug der gefaßten Beschlüsse zu sorgen.

Art. 132.[1]) I Der Gemeindeausschuß stellt den Gemeindeschreiber und die sonst erforderlichen Beamten an und bestimmt deren Gehalt sowie für die vollbeschäftigten berufsmäßigen Gemeindebeamten, die eine zehnjährige Dienstzeit vollendet haben, den im Falle der Dienstunfähigkeit oder nach Erreichung des 65. Lebensjahrs zu gewährenden Ruhegehalt und die Hinterbliebenenbezüge. Das Dienstverhältnis ist widerruflich.

II Der Gemeindeausschuß bestimmt ferner vorbehaltlich der Beschwerde an die vorgesetzte Verwaltungsbehörde den Bezug des Bürgermeisters und beschließt über die den Verwaltern des Gemeinde- und Stiftungsvermögens zu gewährende Entschädigung.

III Die Bestimmungen der Art. 77a und 77b finden Anwendung.

Art. 133. I Der Gemeindeausschuß führt den Gemeindehaushalt; er hat für Erhaltung des Vermögens und für Erfüllung der Verbindlichkeiten der Gemeinde zu sorgen.

II Seine Mitglieder haften für allen durch die Nichterfüllung ihrer Dienstesobliegenheiten entstehenden Schaden.

Art. 134.[2]) I Er verwaltet das Gemeinde- und örtliche Stiftungs-Vermögen durch die aus seiner Mitte aufgestellten oder die besonderen Verwalter.

II Dem Bürgermeister [und Beigeordneten] ist untersagt, eine Verwaltung selbst zu führen.

III Die Verwalter haften zunächst für die richtige Erhebung der Einkünfte, für die Einhaltung der Voranschläge und für die vorschriftsmäßige Ordnung in den Ausgaben.

IV Die Verwalter haben eine vom Gemeindeausschusse festzusetzende Kaution zu leisten. Mitgliedern des Gemeindeausschusses kann diese Kautionsleistung aus besonderen Gründen erlassen werden.

Art. 135.[3]) I Das Rechnungsjahr läuft vom 1. Januar bis 31. Dezember.

II Im Monat Oktober hat der Gemeindeausschuß den Voranschlag sämtlicher voraussehbarer Einnahmen und Ausgaben der Gemeinde für das nächste Jahr aufzustellen und denselben im Laufe des Monats November nach vorgängiger Bekanntmachung vierzehn Tage lang öffentlich aufzulegen. Jedem Umlagepflichtigen steht es frei, seine Erinnerungen schriftlich einzureichen oder zu Protokoll zu erklären.

III Nach Ablauf dieser Fristen hat der Gemeindeausschuß den Voranschlag unter Würdigung der eingekommenen Erinnerungen festzustellen

---

[1]) Art. 6 GGB.

[2]) Wegen Art. 6 Abs. III SG. ist zu lesen: Den Bürgermeistern ist untersagt eine Verwaltung selbst zu führen.

[3]) In Abs. III ist Art. 13 SG. zu lesen.

und der vorgesetzten Verwaltungsbehörde sofort vorzulegen. Sieht sich diese Behörde hiedurch zu der Ausübung ihres Aufsichtsrechtes nach [Art. 157][1]) veranlaßt, so hat sie binnen sechs Wochen dem Gemeindeausschusse die geeignete Eröffnung zu machen.

IV Der Voranschlag bildet die Grundlage des Gemeindehaushaltes. Über nicht vorgesehene unvermeidliche Ausgaben hat der Gemeindeausschuß Beschluß zu fassen.

V Vorstehende Bestimmungen finden auch Anwendung auf den Stiftungshaushalt. Die Voranschläge können jedoch für eine längere Periode festgestellt werden, soferne die vorgesetzte Verwaltungsbehörde nicht im einzelnen Falle anders verfügt.

VI Die Verwalter oder besonderen Einnehmer dürfen ohne schriftliche Zahlungsanweisung des Bürgermeisters bei Meidung eigener Haftung keine Zahlung machen.

Art. 136.[1]) I Die Rechnungen über die Verwaltung des Gemeinde- und Stiftungs-Vermögens im abgelaufenen Jahre müssen bis zum 1. Mai von den Verwaltern oder Einnehmern gestellt, nach vorgängiger Bekanntmachung an bestimmten Tagen verlesen und vierzehn Tage lang öffentlich aufgelegt werden.

II Jedem Umlagenpflichtigen steht frei, binnen dieser Frist bei Vermeidung des Ausschlusses seine Erinnerungen schriftlich einzureichen oder zu Protokoll zu erklären.

III Sodann sind die Rechnungen durch den Gemeindeausschuß unter Würdigung der abgegebenen Erinnerungen und nach Vernehmung des Rechners über etwa erhobene Beanstandungen festzustellen und nebst Belegen mit allen Verhandlungen an die vorgesetzte Verwaltungsbehörde einzusenden, von welcher die Rechnungen geprüft und rechnerisch beschieden werden.

IV Betrifft der Bescheid eine Haftungsverbindlichkeit des Rechners, so finden die Bestimmungen des Art. 158 Anwendung.

V Ist die Behörde durch die vorgelegte Rechnung zur Ausübung ihres Aufsichtsrechtes [nach Art. 157] veranlaßt, so hat sie binnen vier Monaten dem Gemeindeausschuß die geeignete Eröffnung zu machen.

Art. 137. Der Gemeindeausschuß nimmt Anteil an der Armenpflege sowie an dem Kirchen- und Schulwesen nach den hierüber bestehenden Gesetzen und Verordnungen.

B. Polizei.

Art. 138. I Die Handhabung der Ortspolizei ist dem Bürgermeister allein übertragen. Hiernach steht demselben der Vollzug der die Polizeiverwaltung betreffenden Gesetze, gesetzlich erlassenen Verordnungen, polizeilichen Vorschriften und kompetenzmäßigen Anordnungen der vorgesetzten Behörden innerhalb des Gemeindebezirkes zu, soweit hiefür nicht durch Gesetz oder gesetzmäßige Verordnung die Zuständigkeit einer höheren Behörde begründet ist.

II Er hat insbesondere die polizeiliche Aufsicht zu pflegen, die nötigen Visitationen vorzunehmen, die ortspolizeilichen Bewilligungen zu erteilen und die ortspolizeilichen Anzeigen zu erstatten.

III Er hat für die Erhaltung der öffentlichen Sicherheit, Ordnung, Ruhe und Sittlichkeit zu sorgen und den Fremdenverkehr zu überwachen;

[1]) In Abs. V ist Art. 13 SG. zu lesen.

er hat das Recht der vorläufigen polizeilichen Einschreitung zur Verhütung strafbarer Handlungen.

IV Er hat bei der Verletzung der Strafgesetze die zur Ermöglichung und Sicherung der gerichtlichen Einschreitung zulässigen vorläufigen Maßregeln, soweit nötig, vorzukehren und die Gerichte bei Führung der Untersuchungen, insbesondere bezüglich der Aufnahme und Sammlung der Beweismittel, entsprechend zu unterstützen, sowie in allen Fällen, in welchen die Festnahme einer Person zulässig und veranlaßt erscheint, diese Festnahme zu bewirken. Er ist verpflichtet, nötigenfalls für den Transport der von den Beamten des Staates im Gemeindebezirke Aufgegriffenen an die Distriktspolizeibehörde oder den Einzelrichter des Bezirkes gegen Ersatz der Kosten aus Staatsmitteln zu sorgen.

V Ihm liegt ob, die augenblicklichen Vorkehrungen gegen Gefahren für das Leben und Eigentum zu treffen, die Anstalten für die Beförderung der allgemeinen Wohlfahrt in der Gemeinde zu beaufsichtigen und namentlich sein Augenmerk auf die öffentliche Reinlichkeit, die Einrichtungen für Gesundheit, die Feuerbeschau und Feuerlöschanstalten, die öffentlichen Wege, Stege, Brücken, Brunnen und Wasserleitungen, den Verkauf von Lebensmitteln, den Marktverkehr, dann auf Maß und Gewicht zu richten und die entsprechenden Verfügungen und Maßregeln zu treffen oder zu veranlassen.

Art. 139.[1]) I [Der Beigeordnete] und die Gemeindebevollmächtigten sind verpflichtet, sich nach Anordnung des Bürgermeisters zu polizeilichen Geschäften verwenden zu lassen.

II In den vom Wohnsitze des Bürgermeisters entfernten Orten kann ein dort wohnendes Mitglied des Gemeindeausschusses, in dessen Ermangelung ein vom Gemeindeausschuß gewählter Ortsführer mit Zustimmung der vorgesetzten Verwaltungsbehörde als Gehilfe der Polizeiverwaltung aufgestellt werden. Dieser hat in dringlichen Fällen statt des Bürgermeisters zu handeln, außerdem dessen Aufträge zu vollziehen, die notwendigen Anzeigen an denselben zu machen und die Beseitigung gesetzwidriger Zustände in der Ortschaft zu veranlassen.

Art. 140. I Der Gemeindeausschuß erläßt die ortspolizeilichen Vorschriften nach Maßgabe der gesetzlichen Bestimmungen.

II Er beschließt über polizeiliche Einrichtungen und Anstalten, mit deren Ausführung Kosten für die Gemeinden verbunden sind.

Art. 141.[2]) I Die Gemeinden sind verpflichtet, für die notwendigen Dienstleistungen bei Handhabung der Ortspolizei, des Feld- und Waldschutzes geeignete Diener aufzustellen und die hierzu verwendeten Personen im Falle erwiesener Untauglichkeit oder Unzuverlässigkeit vom Dienste zu entfernen. Die Bestimmungen der Art. 85 Abs. I Satz 2 und 132 Abs. I und III finden Anwendung.

II Die in Abs. 1 bezeichneten Beamten sind von der vorgesetzten Distriktsverwaltungsbehörde zu verpflichten und haben sodann den amtlichen Glauben öffentlicher Diener.

III In dieser Eigenschaft steht demselben die Befugnis zu, aus Anlaß der Verübung strafbarer Handlungen in den gesetzlich zulässigen Fällen und unter Beobachtung der gesetzlichen Vorschriften Personen festzunehmen,

---

[1]) Wegen Art. 6 Abs. III SG. ist zu lesen: Die weiteren Bürgermeister usw.

[2]) GBG. Art. 7.

sowie zur Sicherung des Beweises gegen die auf frischer Tat Betretenen Pfändungen vorzunehmen.

IV Wenn eine Gemeinde es unterläßt, ungeachtet eines ihr durch die vorgesetzte Behörde erteilten Auftrages innerhalb der ihr vorgesteckten Frist die in Abs. I genannten Diener aufzustellen, so ist die vorgesetzte Verwaltungsbehörde befugt, diese für die Gemeinde zu bestellen, deren Gehalt festzusetzen und auf die Gemeindekasse anzuweisen. Diese Folge der Fristversäumung ist in der Aufforderung ausdrücklich zu erwähnen.

V Mehrere aneinandergrenzende Gemeinden können sich mit Genehmigung der vorgesetzten Verwaltungsbehörde zur gemeinschaftlichen Bestellung der in Abs. I bezeichneten Beamten vereinigen.

VI Hinsichtlich der Aufstellung und Verpflichtung des Waldschutzpersonales finden die besonderen gesetzlichen Bestimmungen Anwendung.

Art. 142. Die Kosten der örtlichen Polizeiverwaltung und der hiefür erforderlichen Einrichtungen und Anstalten sind von den Gemeinden zu tragen.

C. Zwangsbefugnisse.

Art. 143. I Der Gemeindeausschuß ist berechtigt, Verfügungen, welche er in seiner Zuständigkeit als Gemeindebehörde zum Vollzuge von Gesetzen und gültigen Verordnungen, deren Übertretung nicht mit Strafe bedroht ist, an bestimmte Personen erlassen und diesen eröffnet hat, durch gesetzliche Zwangsmittel unter Anwendung der Bestimmungen in den Art. 21 und 22 des Polizeistrafgesetzbuches vom 26. Dezember 1871 zur Ausführung zu bringen.

II Gleiche Befugnis steht dem Bürgermeister hinsichtlich jener Verfügungen zu, welche er innerhalb seiner Zuständigkeit allein erläßt.

D. Vermittlungsamt.

Art. 144. I Die Ausübung des Vermittlungsamtes bei Rechtsstreitigkeiten unter Gemeindeeinwohnern steht dem Bürgermeister zu. Derselbe ist jedoch befugt, hiemit ein anderes Gemeindeausschußmitglied zu beauftragen. Den Beteiligten ist es unbenommen, Männer ihres Vertrauens zu benennen, welche zum Sühneversuch beizuziehen sind. Die Zulassung von Advokaten ist ausgeschlossen.

II Wenn auf gehörige Ladung nicht beide Parteien erscheinen, so ist der Vermittlungsgesuch als vereitelt zu erachten. Ist der Kläger nicht erschienen, so verwirkt er eine Geldbuße von dreißig Kreuzern (90 Pfennig) zum Besten der Gemeindekasse.

III Die Verhandlungen und Ausfertigungen des Vermittlungsaktes sind tax- und stempelfrei.

III. Geschäftsgang.

Art. 145.[1] I Die Verteilung und Leitung der Geschäfte gebührt dem Bürgermeister, in dessen Verhinderung dem gesetzlichen Stellvertreter.

II Der Gemeindeausschuß kann nur dann gültig beschließen, wenn alle im Gemeindebezirke anwesenden Mitglieder gehörig geladen sind und

[1]) Abs. V ist wegen Art. 29 Abs. I SG. teilweise gegenstandslos.

mehr als die Hälfte der gesetzlichen Mitgliederzahl an der Beratung und Abstimmung teilgenommen hat. Kein stimmberechtigtes Mitglied darf sich der Abstimmung enthalten.

III Die Beschlüsse werden durch absolute Stimmenmehrheit gefaßt, bei Stimmengleichheit entscheidet die Stimme des Vorsitzenden. Über die Beschlüsse ist ein fortlaufendes Protokoll zu führen, dessen Einsicht jedem Gemeindebürger zu gestatten ist.

IV Wer bei einer Angelegenheit aus einem Privatinteresse persönlich unmittelbar beteiligt ist, darf an der Beratung und Beschlußfassung hierüber nicht teilnehmen.

V Kann deshalb ein gültiger Beschluß nicht gefaßt werden, [so ist die Angelegenheit der Beschlußfassung der Gemeindeversammlung vorzubehalten, in welcher den unmittelbar beteiligten Gemeindebürgern kein Stimmrecht zukommt. Ist mindestens die Hälfte der Gemeindebürger zur Teilnahme an der Beschlußfassung unfähig,] so entscheidet nach Vernehmung der Beteiligten wie der Unbeteiligten die vorgesetzte Verwaltungsbehörde, welche berechtigt ist, erforderlichen Falles einen Rechtsanwalt zur Vertretung der Gemeindeinteressen aufzustellen.

VI Auf die Sitzungen des Gemeindeausschusses finden die Bestimmungen des Art. 105, auf die Bildung besonderer Ausschüsse die Bestimmungen des Art. 106 Anwendung.

VII Alle Ausfertigungen des Gemeindeausschusses werden von dem geschäftsleitenden Vorstande, Urkunden, welche eine Verpflichtung der Gemeinde begründen, außerdem noch von zwei Mitgliedern des Gemeindeausschusses unterzeichnet.

VIII Zur Regelung des formellen Geschäftsganges kann der Gemeindeausschuß eine Geschäftsordnung erlassen; die formelle Behandlung des Kasse- nnd Rechnungswesens wird durch Ministerialvorschrift geregelt.

Art. 146—149 aufgehoben durch Art. 29 Abs. I SG.

V. Verwaltung der zu einer Bürgermeisterei vereinigten Gemeinden.

Art. 150. I Die im Verbande einer Bürgermeisterei befindlichen Gemeinden werden durch ihre eigenen Gemeindeausschüsse verwaltet.

II In der Gemeinde seines Wohnortes hat der Bürgermeister alle in diesem Gesetze bestimmten Obliegenheiten des Bürgermeisters zu erfüllen.

III In den übrigen Gemeinden liegt ihm die Handhabung der Ortspolizei gemäß Art. 138 ob. Außerdem ist er berechtigt, in denselben alle anderen Geschäfte des Bürgermeisters vorzunehmen, soferne nicht die Gemeinde seines Wohnortes als im entgegengesetzten Interesse beteiligt erscheint. Er ist verpflichtet, die Beratung und Beschlußfassung der Gemeindeausschüsse bei den gemäß Art. 140 zu fassenden Beschlüssen, sowie bei Feststellung der Voranschläge und Rechnungen zu leiten und die Kasseführung zu beaufsichtigen. Bei der Beschlußfassung in eigentlichen Gemeindeangelegenheiten hat er nur dann eine Stimme, wenn Stimmengleichheit vorliegt.

IV Die unter dem Vorsitz des Bürgermeisters vereinigten Gemeindeausschüsse können für den ganzen Bürgermeistereibezirk verbindliche ortspolizeiliche Vorschriften nach Maßgabe der gesetzlichen Bestimmungen erlassen.

V Zur Gültigkeit des Beschlusses ist erforderlich, daß mehr als die Hälfte der Mitglieder eines jeden Gemeindeausschusses an der Beratung und Abstimmung teilgenommen und daß die Mehrheit der Abstimmenden sich für dieselbe Meinung entschieden hat.

Art. 151.[1]) I Der Bürgermeister wird aus den wählbaren Bürgern der vereinigten Gemeinden auf [sechs] Jahre gewählt [und bedarf der Bestätigung, in bezug auf welche die Bestimmungen des Art. 126 Abs. II anwendbar sind.]

II Bei Verhinderung des Bürgermeisters wird derselbe in polizeilichen Angelegenheiten für den ganzen Bürgermeistereibezirk durch den in der Gemeinde seines Wohnsitzes zuständigen Stellvertreter ersetzt. In den eigentlichen Gemeindeangelegenheiten jeder einzelnen Gemeinde steht die Stellvertretung dem nach [Art. 125 Abs. III] hiezu berufenen Mitgliede des betreffenden Gemeindeausschusses zu. Dieses Mitglied hat in dringenden Fällen auch in Polizeisachen statt des Bürgermeisters zu handeln, außerdem dessen Aufträge zu vollziehen, die notwendigen Anzeigen an denselben zu machen und die Beseitigung gesetzwidriger Zustände in der Gemeinde zu veranlassen.

Art. 152. I Die Remuneration des Bürgermeisters, die Bezüge des für die Bürgermeistereigeschäfte verwendeten Gemeindeschreibers und Dieners, sodann die Aversalentschädigung des Bürgermeisters für Regieausgaben sind von den vereinigten Gemeinden nach Maßgabe der von den Ausschüssen der beteiligten Gemeinden hierüber etwa geschlossenen Übereinkunft, in deren Ermangelung nach dem Verhältnisse der Steuersummen zu bestreiten, die sich nach Art. 24, 25 UG. ergeben.[2]) Auf die Remuneration des Bürgermeisters und die Gehalts- und die Dienstverhältnisse des Gemeindeschreibers und Dieners findet Art. 132 Abs. I und III entsprechende Anwendung.[3])

II Über die Feststellung obiger Kosten beschließen in der Regel auf die Dauer einer Wahlperiode die vereinigten Gemeindeausschüsse in der durch Art. 150 Abs. V bezeichneten Weise.

III Die Aufstellung des in Abs. I genannten Personals kommt dem Bürgermeister zu.

Dritter Abschnitt.

Von der Verwaltung der zu einer Gemeinde vereinigten Ortschaften.

Art. 153.[4]) I Wenn in einer Gemeinde eine oder mehrere Ortschaften bestehen, obliegen die Leistungen des Art. 38 Abs. I der Gemeinde.

II Die Ortschaft hat das Recht der Verwaltung ihres Ortschafts- und Stiftungsvermögens und die Sorge für dessen Unterhaltung. Zu diesem Zwecke genießt sie die Rechte einer öffentlichen Körperschaft und kann Umlagen erheben. Bestehende Verpflichtungen der Ortschaften zu Leistungen des Art. 38 Abs. I werden aufgehoben, ohne Unterschied, ob sie

---

[1]) Siehe Art. 5 SG. Wahlzeit jetzt fünf Jahre. Wegen der Wahlen in Bürgermeistereien siehe MinBek. vom 28. April 1919. (StA. Nr. 121 vom 11. Mai 1919.) Im Anhang abgedruckt. — Keine Bestätigung mehr Art. 4 SG. — Statt Art. 125 Abs. III jetzt Art. 8 SG.

[2]) Geändert durch Art. 50 UG.

[3]) GBG. Art. 8.

[4]) Fassung nach Art. 28 SG.

auf Herkommen, Vereinbarung oder Gesetz beruhen, neue dürfen nicht mehr begründet werden. Die freiwillige Weitererfüllung solcher Verpflichtungen ist nur zu Lasten des Ortsvermögens zulässig; Ortsumlagen dürfen für diesen Zweck nicht erhoben werden.

III Die Wege, Straßen, Brücken, Fähren und Stege, die Gebäude, die öffentlichen Uhren und Begräbnisplätze, die öffentlichen Brunnen, Wasserleitungen und Abzugskanäle der Ortschaft, soweit sie künftig von der Gemeinde zu unterhalten sind, gehen mit dem Inkrafttreten des Gesetzes auf die Gemeinde über. Die Gemeinde ist verpflichtet, den Teil der ungetilgten Ortschaftsschulden zu übernehmen, der nachweisbar auf die Herstellung oder den Erwerb dieser Gegenstände erwachsen ist. Streitigkeiten sind nach Art. 11 des Verwaltungsgerichtsgesetzes auszutragen. Die völlige oder teilweise Vereinigung des übrigen Ortschaftsvermögens mit dem Vermögen der Gemeinde bedarf der Zustimmung der Ortsversammlung und der Genehmigung der Aufsichtsbehörde.

IV Jede Ortschaft, der die besondere Verwaltung ihres Vermögens zusteht, hat für diese Verwaltung aus den wählbaren Ortseinwohnern einen aus einem Pfleger und höchstens drei weiteren Mitgliedern bestehenden Ausschuß auf fünf Jahre, den Pfleger mit absoluter Mehrheit, den Ausschuß nach den Grundsätzen des Verhältniswahlrechts zu wählen.[1])

V Der Pfleger ist Vorstand des Ortsausschusses und führt den Vorsitz in der Ortsversammlung. Im Verhinderungsfalle wird er durch das an Lebensjahren älteste Ausschußmitglied vertreten. Die Bestimmungen der Gemeindeordnungen über das Gemeinde- und Stiftungsvermögen gelten entsprechend. Die den Gemeindeausschüssen zukommenden Befugnisse werden durch den Ortsausschuß ausgeübt. Dieser vertritt die Ortschaft nach außen und verwaltet das Ortschaftsvermögen durch die aus seiner Mitte aufgestellten oder die besonderen Verwalter. Weder der Pfleger noch sein Stellvertreter dürfen eine Kassenverwaltung selbst führen.

VI Sind nicht wenigstens drei wählbare Ortseinwohner vorhanden, oder kommt keine Wahl zustande, so kann die vorgesetzte Behörde die Anordnungen für die Verwaltung und Vertretung der Ortschaft treffen und diese auch dem Ausschusse der Gemeinde übertragen.

VII Befindet sich ein gesondertes Gemeinde- oder Stiftungsvermögen im Eigentum einer Ortschaft, die einer Stadtgemeinde zugeteilt ist, oder im Eigentum eines Bezirkes der Gemeinde, so sind die nötigen Anordnungen über die Verwaltung dieses Sondervermögens, wenn hierüber Streit entsteht, nach Art der obigen Bestimmungen durch die Verwaltungsbehörde zu treffen.

VIII Die in Abs. 2, 4 bezeichneten Befugnisse werden jedoch, wo es sich um das gesonderte Vermögen eines städtischen Bezirkes handelt, ausschließlich von den an den Nutzungen dieses Vermögens teilnehmenden Gemeindebürgern ausgeübt.

V. Abteilung.

Von der Staatsaufsicht und der Handhabung der Disziplin.

Art. 154 ersetzt durch Art. 13 SG.

Art. 155. Diejenigen Städte, deren Verwaltung am 1. Juli 1869 einer Kreisregierung unmittelbar untergeordnet ist, verbleiben bis zur legalen Änderung ihrer Verfassung in diesem Verhältnisse.

---

1) Siehe Min.-Bek. vom 2. Juli 1919 im Anhang.

Art. 156. I Die Polizeiverwaltung in den Gemeinden unterliegt der ununterbrochenen Aufsicht der vorgesetzten Behörde.

II Innerhalb ihres polizeilichen Wirkungskreises können die Gemeindebehörden zur Ausführung der gesetzlich bestehenden Vorschriften von der zuständigen Aufsichtsbehörde aufgefordert und nötigenfalls durch Anwendung der Disziplinargewalt angehalten werden. Der Aufsichtsbehörde kommt es zu, wenn Gefahr auf Verzug ist, die zur Ausführung solcher Vorschriften erforderlichen Anordnungen unmittelbar zu treffen.

III Beschwerden gegen polizeiliche Verfügungen der Gemeindebehörden, sowie Beschwerden der Gemeinden gegen Anordnungen, welche die vorgesetzte Aufsichtsbehörde in bezug auf die Polizeiverwaltung getroffen hat, werden in dem vorgeschriebenen Instanzenzuge erledigt.

IV Wenn eine Gemeindebehörde die Schranken ihrer polizeilichen Befugnisse überschreitet, oder die für die Polizeiverwaltung notwendigen Einrichtungen vorzunehmen unterläßt, ist nach den Bestimmungen [des Art. 157 Abs. III und V bis VII][1]) zu verfahren.

V Bezüglich der den Gemeindebehörden durch Gesetz oder Verordnung übertragenen Verrichtungen in Gegenständen der allgemeinen Staatsverwaltung, der gerichtlichen Polizei, der Rechtspflege und der Finanzverwaltung sind die desfallsigen Bestimmungen maßgebend. Neue Verrichtungen dieser Art können den Gemeinden nur durch gesetzliche Anordnung zugewiesen werden.

Art. 157. Ersetzt durch Art. 13 SG.

Art. 158. Die Haftungsverbindlichkeit der Gemeindebeamten wegen Nichterfüllung oder Überschreitung ihrer gesetzlichen Dienstesobliegenheiten gegenüber der Gemeinde wird durch die vorgesetzte Verwaltungsbehörde vorbehaltlich der Beschwerdeführung festgestellt. Die Betretung des Zivilrechtsweges ist durch die Entscheidung der Verwaltungsbehörden nicht ausgeschlossen, hat jedoch keine aufschiebende Wirkung.

Art. 159. Ersetzt durch Art. 14 u. 15 SG.

Art. 160. Aufgehoben durch Art. 13 SG.

Art. 161.[2]) Gegen die in erster Instanz über eigentliche Gemeindeangelegenheiten gefaßten Beschlüsse der Aufsichtsbehörden können die Gemeindeverwaltungen [binnen 14 Tagen] die Beschwerde ergreifen und dieselbe sofort oder binnen einer weiteren Frist von 14 Tagen ausführen. Die nächsthöhere Behörde entscheidet in letzter Instanz, soferne nicht die endliche Entscheidung gesetzlich dem Verwaltungsgerichtshofe zusteht.

Art. 162. Bei streitigen Verwaltungssachen, worüber die den Kreisregierungen unmittelbar untergeordneten Magistrate in ihrer Eigenschaft als Distriktsverwaltungsbehörden in erster Instanz entschieden haben, richtet sich das Beschwerderecht und der Instanzenzug nach den hiefür bestehenden Bestimmungen.

Art. 163.[3]) Beschwerden gegen Beschlüsse der Gemeindeverwaltungen [und der Gemeindeversammlung] in eigentlichen Gemeindeangelegenheiten sind von der unmittelbar vorgesetzten Verwaltungsbehörde zu entscheiden. Gegen diese Entscheidung steht sowohl dem Beschwerdeführer als der

---

[1]) Jetzt des Art. 13 Abs. II—V SG.

[2]) Beschwerdefrist jetzt 4 Wochen, Art. 13 Abs. III SG.

[3]) Hinsichtlich der Gemeindeversammlung gegenstandslos, Art. 29 Abs. I SG. Die Beschwerdefrist in Abs. II ist vom SG. nicht berührt.

Gemeindeverwaltung die Berufung an die nächsthöhere Behörde zu, welche hierüber in letzter Instanz entscheidet, soferne das Gesetz über die Verwaltungsgerichtsbarkeit nichts Anderes bestimmt.

II Die Beschwerden sind, soferne eine Richtigkeit nicht inmitte liegt, an eine Notfrist von 14 Tagen gebunden.

III Beschlüsse der Gemeindeverwaltungen [und Gemeindeversammlungen] können von den Staatsbehörden nur insoweit aufgehoben oder abgeändert werden, als ein Gesetz oder eine andere gültige Rechtsnorm zum Nachteile des Beschwerdeführers verletzt ist.

Art. 164. I Der geschäftsleitende Vorstand der Gemeindeverwaltung darf sich über Nacht nur nach Verständigung seines Stellvertreters und bei einer über acht Tage dauernden Abwesenheit mit Genehmigung des Magistrates oder Gemeindeausschusses und der vorgesetzten Aufsichtsbehörde aus dem Gemeindebezirke entfernen.

II Derselbe kann Mitgliedern des Magistrats oder Gemeindeausschusses auf 14 Tage Urlaub geben. Ein längerer Urlaub kann nur mit Genehmigung des Magistrates oder Gemeindeausschusses erteilt werden.

III Für die Versehung des Dienstes während des Urlaubs hat, soweit das Gesetz nicht Maß gibt, der Magistrat oder Gemeindeausschuß die etwa nötigen Vorkehrungen zu treffen.

IV Nach den Bestimmungen des Abs. II und III ist auch die Erteilung des Urlaubs an höhere Gemeindebeamte zu behandeln; zur Urlaubserteilung an das niedere Personal ist der Bürgermeister allein zuständig.

V Wegen ungerechtfertigter Verweigerung des Urlaubs steht den Beteiligten das Recht der Beschwerdeführung zu.

Art. 165.[1] I Die Magistrate, [Gemeindebevollmächtigten] Gemeinde- und Ortsausschüsse sind befugt, gegen diejenigen ihrer Mitglieder, welche ohne gültige Entschuldigungsursache die Sitzungen versäumen, oder als Stimmberechtigte sich der Abstimmung enthalten, Ordnungsstrafen bis zu 25 Gulden (45 ℳ) zum Besten der Armenkasse zu verhängen. Nach fruchtloser mehrmaliger Bestrafung und vorheriger Androhung können solche Mitglieder durch Beschluß des Kollegiums als ausgetreten erklärt werden.

II Gegen die gemäß Abs. I gefaßten Beschlüsse ist dem Beteiligten nur der binnen 8 Tagen nach der Zustellung einzulegende Einspruch gestattet, worüber in einer der nächsten Sitzungen zu beschließen ist.

III Auf rechtskundige und technische Magistratsmitglieder finden diese Bestimmungen keine Anwendung.

Art. 166. I Vorbehaltlich der Bestimmungen des Art. 165 steht die Handhabung der Disziplinargewalt über die Mitglieder der Magistrate, über die Stadt- und Marktschreiber, sowie über jene höheren Gemeindebeamten, welchen dies durch Dienstvertrag zugesichert wurde, der vorgesetzten Kreisregierung zu.

II Vorbehaltlich der Bestimmungen des Art. 167 wird die Disziplin über Mitglieder der Gemeindeausschüsse und über die als Gemeindeschreiber verwendeten Schullehrer durch die vorgesetzte Distriktsverwaltungsbehörde ausgeübt.

III In Bürgermeistereien wird die Disziplin über das vom Bürgermeister aufgestellte Dienstpersonal, in Landgemeinden die Disziplin über

---

[1] Art. 6 Abs. 2 SG.

das niedere Dienstpersonal wegen im polizeilichen Dienste verschuldeter Ordnungswidrigkeiten durch den Bürgermeister allein gehandhabt.

IV In bezug auf die übrigen Gemeindebeamten steht die Disziplinarbefugnis in Gemeinden mit städtischer Verfassung dem Magistrate, in den übrigen Gemeinden dem Gemeindeausschusse zu. Der Bürgermeister kann jedoch auch außer den Fällen des Abs. III Geldstrafe bis zu fünf Gulden (9 ℳ) verhängen.[1])

Art. 167.[2]) I Auf Mitglieder der Magistrate und Gemeindeausschüsse und jene höheren Gemeindebeamten, die Unwiderruflichkeit erlangt haben, findet das Dienststrafrecht des Beamtengesetzes vom 16. August 1908 entsprechend Anwendung. Bei dem Verfahren gegen nicht berufsmäßige Gemeindebeamte werden die beiden dem Berufskreise des Beschuldigten zu entnehmenden Mitglieder der Disziplinarkammer (Art. 121 Abs. II des Staatsbeamtengesetzes) ebenso wie die drei entsprechenden Mitglieder des Disziplinarhofes (Art. 125 Abs. II StBG.) aus den nicht berufsmäßigen Gemeindebeamten ausgewählt.

II Magistratsmitglieder, welche nicht die Rechte der in etatsmäßiger Weise unwiderruflich angestellten Staatsbeamten besitzen, dann Mitglieder der Gemeinde- oder Ortsausschüsse und Ortspfleger können wegen grober Pflichtverletzungen, unsittlicher und unehrenhafter Handlungen durch Disziplinarerkenntnis der vorgesetzten Kreisregierung des Dienstes entlassen werden, wenn sich in Gemeinden [mit städtischer Verfassung das Kollegium der Gemeindebevollmächtigten] dafür ausgesprochen hat, und in Landgemeinden der Distriktsausschuß der betreffenden Distriktsgemeinde seine Zustimmung erteilt hat.

III Die gegen Gemeindebeamte, auf welche nicht Abs. I anwendbar ist, zulässigen Disziplinarstrafen bestehen in Verweis, Geldbuße bis zu fünfzig Gulden (90 ℳ) zum Besten der Armenkasse oder eines etwa vorhandenen Unterstützungsfonds für untergeordnete Gemeindebeamte, Suspension vom Dienste und Gehalt auf bestimmte Zeit und Dienstentlassung.

IV Mit der Dienstentlassung erlöschen alle aus dem Dienstverhältnisse fließenden Ansprüche an die Gemeinde.

Art. 168.[3]) I Das Verfahren in Disziplinarfällen, auf welche nicht die Bestimmung des Art. 167 Abs. I Anwendung findet, richtet sich nach folgenden Grundsätzen:

II Vor jeder Disziplinarverfügung ist der Beteiligte mit seiner Rechtfertigung zu hören.

III Beschwerden sind an eine Notfrist von 14 Tagen gebunden und werden von der nächst vorgesetzten Behörde entschieden. Ist diese eine Distriktsverwaltungsbehörde, so ist eine weitere Berufung an die Kreisverwaltungsstelle zulässig, soweit es sich nicht um Entlassung oder Suspension vollbeschäftigter berufsmäßiger Gemeindebeamten handelt. Im letzteren Falle ist gegen den Bescheid der nächstvorgesetzten Behörde unmittelbar Beschwerde zum Verwaltungsgerichtshofe zulässig. Das Verfahren in Dienststrafsachen wird durch das Staatsministerium des Innern

---

[1]) GBG. Art. 10.

[2]) GBG. Art. 11 und SG. Art. 31. — Abs. II gilt für berufsmäßige Stadt- oder Gemeinderäte nicht. An Stelle des Gemeindekollegiums tritt in unmittelbaren Städten der Kreisausschuß, sonst der Bezirksausschuß.

[3]) GBG. Art. 12.

geregelt. In Fällen, in welchen auf Dienstentlassung oder Suspension erkannt ist, wird durch die Beschwerde die vorläufige Entfernung vom Dienste und die vorläufige Entziehung des Gehaltes nicht ausgeschlossen.

IV Die Beschwerde hat keine aufschiebende Wirkung, wenn die erkannte Strafe 1 fl. 30 kr. (2 ℳ 70 ₰) an Geld nicht übersteigt.

V Der Bürgermeister ist befugt, Gemeindebeamte in dringenden Fällen vorbehaltlich der Verfügung des Magistrats oder Gemeindeausschusses sofort vom Dienste zu suspendieren.

Art. 169. I Die vorgesetzten Aufsichtsbehörden sind berechtigt, die Handhabung der den Gemeindebehörden zustehenden Disziplin zu überwachen und dieselben auf Grund eigener Wahrnehmung oder eingekommener Anzeigen und Beschwerden zur disziplinären Einschreitung gegen Gemeindebeamte zu veranlassen.

II Sie sind befugt, gegen diese Personen selbst einzuschreiten:

1. wenn die Gemeindebehörde begründete Beschwerden Einzelner gegen untergeordnete Beamte nicht abstellt und hiewegen die Beschwerde gegen die Gemeindebehörde ergriffen wird;
2. wenn gegen die Gemeindebehörde selbst wegen vernachlässigter Handhabung der Aufsicht und Disziplin über das ihr untergeordnete Personal ein Disziplinarverfahren eingeleitet ist.

VI. Abteilung.

Von den Wahlen zu Gemeindeämtern.

Erster Abschnitt.

Allgemeine Bestimmungen.

Art. 170—172 aufgehoben durch das Wahlgesetz vom 15. April 1919 (GVBl. S. 170 ff.).

Art. 173 aufgehoben durch Art. 2 SG.

Art. 174. Die Wahl zu den in Art. 172 Abs. I bezeichneten Gemeindeämtern kann abgelehnt werden:

1. wegen erwiesener körperlicher oder geistiger Unfähigkeit;
2. wegen zurückgelegten sechzigsten Lebensjahres;
3. wenn der Gewählte, das Amt eines Bürgermeisters, Beigeordneten, Magistratsrats oder Gemeindeausschußmitgliedes während voller [sechs] Jahre verwaltet hat;
4. wegen einer Beschäftigung, die eine häufige oder lang andauernde Abwesenheit von der Gemeinde mit sich bringt.

II Außerdem bildet die Anstellung im Dienste des Staates oder der Kirche oder als Notar oder öffentlicher Lehrer in allen Fällen, [in welchen die Wahl solcher Personen durch Art. 173 Abs. I nicht ohnehin ausgeschlossen ist,] einen Ablehnungsgrund. Advokaten können die Wahl zum Bürgermeister, [Beigeordneten] oder Magistratsrat ablehnen.

III Wer, ohne einen Entschuldigungsgrund geltend zu machen, oder nachdem dieser verworfen worden ist, die Übernahme eines Gemeindeamtes verweigert, ist an Geld von 25 bis zu 150 fl. (45 bis 270 ℳ) zugunsten der Gemeindekasse zu strafen.

IV Die Aburteilung erfolgt durch das zuständige Gericht.

Art. 175. Die Bestechung der Wähler hat die Ungültigkeit der Wahl, soweit sie die Bestechenden und Bestochenen betrifft, und für beide den Verlust des Wahlstimmrechts und der Wählbarkeit bei der betreffenden Wahl zur Folge.

Art. 176—180 aufgehoben durch das Wahlgesetz vom 15. April 1919 (GVBl. S. 170 ff.).

Art. 181.[1]) I Der Wahlkommissär hat alle Vorbereitungen zu treffen, welche erforderlich sind, damit die Wahlen unaufgehalten zu rechter Zeit stattfinden. Die Gemeindeverwaltungen sind verpflichtet, seinen desfallsigen Requisitionen ungesäumt zu entsprechen, insbesondere das nötige Dienstpersonal bereit zu stellen und für ein geeignetes Wahllokal, sowie für die erforderliche Anzahl von Formularien zu den Protokollen, Stimmlisten und Bekanntmachungen zu sorgen.

Art. 182—185 aufgehoben durch das Wahlgesetz vom 15. April 1919 (GVBl. S. 170 ff.).

Art. 186. Bis die neu Gewählten in ihr Amt eingewiesen sind, haben die Austretenden ihre Funktion fortzusetzen.

Art. 187—195 aufgehoben durch das Wahlgesetz vom 15. April 1919 (GVBl. S. 170 ff.).

Art. 196.[2]) I Nach Beendigung der Wahlen werden die Wahlakten mit einer Übersicht des gesamten Bestandes des Magistrats, der Gemeindebevollmächtigten und der Ersatzmänner durch den Wahlkommissär an die vorgesetzte Verwaltungsbehörde eingesendet.

III Wird eine Nichtigkeit der Wahl erkannt, so ist dieselbe in einer mit Entscheidungsgründen versehenen Entschließung auszusprechen und vorbehaltlich der Beschwerde die Vornahme einer neuen Wahl anzuordnen.

IV Als Nichtigkeitsgründe sind bei obiger Prüfung von Amts wegen nur zu berücksichtigen:

a) wenn eine nicht wählbare Person gewählt wurde;

b) [wenn bei der Wahl nicht die erforderliche Anzahl von Wählern abgestimmt und]

c) wenn der Gewählte die erforderliche Stimmenzahl nicht erhalten hat.

V Innerhalb vierzehn Tagen nach der Bekanntmachung des Wahlresultats kann jeder Gemeindebürger wegen Verletzung wesentlicher vorgeschriebener Förmlichkeiten bei der Wahlhandlung die Wahl anfechten oder wegen gesetzwidriger Anerkennung von Ablehnungsgründen, sowie wegen rechtswidriger persönlicher Benachteiligung durch das Verfahren oder die Beschlüsse eines Wahlkommissärs oder Wahlausschusses die Beschwerde ergreifen. In diesen Fällen entscheiden die vorgesetzten Verwaltungsbehörden in dem durch Art. 163 vorgezeichneten Instanzenzuge, soweit nicht das Gesetz über die Verwaltungsgerichtsbarkeit anders bestimmt. Diese Beschwerden haben keine aufschiebende Wirkung.

---

[1]) Abs. II durch §§ 29, 31, 32 WO. ersetzt.

[2]) Abs. II ist durch SG. aufgehoben, siehe § 4 BA. — Abs. IV Buchst. b ist durch das Wahlgesetz v. 15. April 1919 (GVBl. S. 170 ff.) gegenstandslos.

Dritter Abschnitt.

Wahlen in Gemeinden mit Landgemeindeverfassung.

Art. 197. [Aufgehoben durch das Wahlgesetz vom 15. April 1919 (GVBl. S. 170 ff.)].

Art. 198.[1]) I In den zu einer Bürgermeisterei vereinigten Gemeinden hat jede Gemeinde für sich die Wahlen des Beigeordneten, der Bevollmächtigten und der Ersatzmänner zu vollziehen.

IV Wird als Bürgermeister ein Beigeordneter der vereinigten Gemeinden erwählt, so ist dessen Stelle durch Neuwahl zu besetzen.

V Wird als Bürgermeister ein Gemeindebevollmächtigter der vereinigten Gemeinden gewählt, so ist dessen Stelle durch Eintritt des Ersatzmannes zu besetzen.

VI Ist der erwählte Bürgermeister mit einem Mitgliede des Gemeindeausschusses einer der vereinigten Gemeinden in den in [Art. 192 Abs. III] bezeichneten Weise verwandt [oder verschwägert,] so ist letzteres zum Austritte verpflichtet und dessen Stelle nach Vorschrift des Abs. IV oder V zu besetzen.

Vierter Abschnitt.

Wahlen in den zu einer Gemeinde vereinigten Ortschaften.

Art. 199.[2]) In den Fällen des Art. 153 werden die Ortspfleger und Ortsausschüsse von [sechs] zu [sechs] Jahren unter Leitung des Bürgermeisters mit Zuziehung des Gemeindeschreibers in direkter Wahl mittelst mündlicher oder schriftlicher Abstimmung gewählt. Der Bürgermeister hat hierüber ein Protokoll aufzunehmen, die Gewählten einzuweisen und der vorgesetzten Verwaltungsbehörde Anzeige zu erstatten.

Fünfter Abschnitt.

Außerordentliche Gemeindewahlen.

Art. 200.[3]) I Tritt im Laufe der Wahlperiode die Erledigung von Gemeindeämtern ein, für welche Ersatzmänner nicht gewählt worden oder nicht mehr vorhanden sind, so ist eine Ergänzungswahl vorzunehmen, wenn der Magistrat, der Gemeindeausschuß, [das Kollegium der Gemeindebevollmächtigten, die Gemeindeversammlung] oder die vorgesetzte Verwaltungsbehörde es als notwendig erklärt.

III Infolge einer Ergänzungswahl eingetretene rechtskundige Bürgermeister und rechtskundige Magistratsräte haben die für ihr Amt vorgeschriebene Dienstzeit zu erfüllen. In allen anderen Fällen tritt der Gewählte nur für jene Zeit ein, welche derjenige, an dessen Stelle er berufen wird, noch zu erfüllen gehabt hätte.

---

[1]) Abs. II, III und VII durch das Wahlgesetz vom 15. April 1919 (GVBl. S. 170 ff.) gegenstandslos. In Abs. VI ist statt „Arr. 192 Abs. III" zu lesen Art. 3 Abs. II SG.). — Über die Wahl der Bürgermeister siehe Min.-Bek. vom 28. April 1919 im Anhang.

[2]) Die Wahlzeit beträgt jetzt 5 Jahre, Art. 5 GG. Über die Wahl der Ortschaftsvertretungen siehe Min.-Bek. vom 2. Juli 1919 im Anhang.

[3]) Art. 6 Abs. II und Art. 29 SG. — Abs. III gilt jetzt für die berufsmäßigen Bürgermeister und Stadt- oder Gemeinderäte; sie werden auf die Zeit ihres Dienstvertrages gewählt.

VII. Abteilung.

Vorübergehende und Schlußbestimmungen.

Art. 201.[1]) I Jene Personen, welche am 1. Juli 1869 die Eigenschaft eines wirklichen Gemeindeglieds in einer Gemeinde besitzen, erwerben daselbst mit diesem Tage kraft des Gesetzes das Bürgerrecht, wenn bei demselben die Voraussetzungen des Art. 11 oder 15 zutreffen. Haben an diesem Tage mehrere Personen auf Grund des ungeteilten gemeinschaftlichen Eigentums eines Hauses oder Anwesens die Eigenschaft wirklicher Gemeindeglieder besessen, so erwirbt nur einer der Miteigentümer, welcher von den Beteiligten der Gemeindeverwaltung bezeichnet worden ist, das Bürgerrecht.

II Personen, welche bisher in der Eigenschaft wirklicher Gemeindemitglieder an den Nutzungen des Gemeindevermögens teilgenommen haben, behalten auch dann, wenn sie nicht auf Grund des Abs. I das Bürgerrecht erwerben, ihr bisheriges Nutzungsrecht, so lange die Voraussetzungen desselben fortdauern.

III Eine Gemeinderechtsgebühr kann unter Vorbehalt des Art. 22 Abs. III nur von solchen Personen erhoben werden, welche nicht schon am 1. Juli 1869 Anspruch auf Gemeindenutzungen haben. In Fällen des Art. 22 Abs. III beginnt mit dem Tage, an welchem die Einführung einer Gemeinderechtsgebühr in der Gemeinde in Wirksamkeit tritt, für die zuvor schon nutzungsberechtigten juristischen Personen oder privatrechtlichen Vereinigungen der Lauf der fünfundzwanzigjährigen Frist.

IV Personen, welche an die Gemeinde früher eine Insassen- oder Beisassen-Gebühr bezahlt haben, oder welchen dieselbe von der Gemeinde erlassen worden ist, können bei Erwerbung des Bürgerrechts in dieser Gemeinde den bezahlten oder nachgelassenen Betrag von der betreffenden Bürgeraufnahmsgebühr in Abzug bringen. Auf diese Personen findet die Bestimmung des Art. 17 Abs. I keine Anwendung.

Art. 202. Bei Berechnung des in Art. 17 Abs. I bezeichneten Zeitraumes kommt die vor dem 1. Juli 1869 abgelaufene Zeit nicht in Betracht.

Art. 203. Wo im gegenwärtigen Gesetze die Seelenzahl der Gemeinden berücksichtigt wird, ist diese nach dem Ergebnisse der in den Zollvereinsstaaten vorgenommenen letzten Volkszählung unter Einrechnung der Zivil- wie der Militär-Bevölkerung zu bemessen.

Art. 204 vgl. Art. 32 SG.

Art. 205. I Gegenwärtiges Gesetz tritt mit dem 1. Juli 1869 in den Landesteilen rechts des Rheins in Wirksamkeit. Die an diesem Tage bestehenden Gemeindebehörden bleiben jedoch bis zum 1. Januar 1870 in Tätigkeit und üben ihr Amt nach Maßgabe des gegenwärtigen Gesetzes.

II Die in diesem Gesetze angeordneten Organe der Gemeindeverwaltung und Gemeindevertretung werden in den Monaten November und Dezember 1869 gewählt. Die Gemeindebevollmächtigten in den Gemeinden mit städtischer Verfassung beginnen ihre Tätigkeit sofort, nachdem sie gewählt sind, die neugebildeten Gemeindeverwaltungen mit dem 1. Januar 1870.

Art. 206. I Am 1. Juli 1869 erlöschen:

1. die Verordnung vom 17. Mai 1818, die künftige Verfassung und Verwaltung der Gemeinden im Königreiche betr.;

---

[1]) Wegen des Bürgerrechts siehe Bem. bei Art. 10—21.

2. das Gesetz vom 1. Juli 1834, die Revision in dieser Verordnung betr.;
3. die Gemeindewahlordnung vom 5. August 1918;
4. das Gesetz vom 22. Juli 1819, die Umlagen für Gemeindebedürfnisse betr.;
5. alle sonstigen entgegenstehenden gesetzlichen Bestimmungen und alle auf die Gemeindeverwaltung bezüglichen Verordnungen, Vollzugsinstruktionen und generalisierten Entschließungen, insbesondere auch die in einzelnen Landesteilen bestehenden Gesetze und Vorschriften in bezug auf die Einführung von Verbrauchs- und anderen örtlichen Abgaben, sowie die bisherigen Bestimmungen über die ausnahmsweise bestehende Zuständigkeit der Polizeibehörden zur Aburteilung der Defraudation an gemeindlichen Brückenzöllen, Pflasterzöllen, Marktgefällen und ähnlichen örtlichen Abgaben; ferner die in den einzelnen Landesteilen gültigen Vorschriften über die Notwendigkeit eines Streitkonsenses oder einer Prozeßermächtigung bei Rechtsstreiten der Gemeinden und der von den letzteren verwalteten Stiftungen.

II Aufrecht erhalten bleiben jedoch bis auf weiteres:
die abweichenden Bestimmungen der Gesetze vom 12. März 1850, den Ersatz des bei Aufläufen entstandenen Schadens betr., vom 30. März 1850, die Ausübung der Jagd betr., und vom 25. Juli 1850, die Einquartierungs- und Vorspannslasten betr.[1])

Gegeben München, den 29. April 1869.

Ludwig.

Fürst v. Hohenlohe. v. Pfretzschner. v. Greffer. v. Schlör.
Frhr. v. Pranckh. v. Lutz. v. Hörmann.

---

[1]) Abs. II geändert durch Art. 112 RGO.

2. Distriktsratsgesetz.

Gesetz vom 28. Mai 1852, die Distriktsräte betr.
(GBl. 1851/52 S. 245.)

Maximilian II. von Gottes Gnaden König usw.

Art. 1. I Jeder Amtsbezirk einer Distriktsverwaltungsbehörde — in der Pfalz jeder Kanton — bildet eine Distriktsgemeinde und in einem jeden derselben besteht als Vertreter dieser Korporation ein Distriktsrat.

II [Werden infolge einer Amts-Organisation mehrere Landgerichtsbezirke in einen Verwaltungsdistrikt vereinigt, so kann jeder dieser Bezirke als Distrikts-Gemeinde mit besonderer Vertretung fortbestehen].[1])

Art. 2—7 aufgehoben durch das WahlG. vom 15. April 1919 (GVBl. S. 170 ff.), durch Art. 9 SG., vgl. auch §§ 1 und 2 VA. wegen Art. 6 Abs. II.

Art. 8.[2]) I Eine Ablehnung oder freiwillige Niederlegung der Wahl findet nur statt:

a) wegen zurückgelegten 60sten Lebensjahres;
b) wegen nachgewiesener geistiger oder körperlicher Unfähigkeit;
c) wenn der Gewählte schon einmal die Stelle eines Distriktsrates [sechs] Jahre lang ununterbrochen bekleidet hat.

II Der Distriktsrat entscheidet hierüber ohne Zulassung einer Berufung.

III Der Verlust der die Wählbarkeit bedingenden Eigenschaften hat den Austritt zur notwendigen Folge.

Art. 9.[3]) [I Bei eintretender Erledigung der Stelle eines Distriktsrates findet eine neue Wahl statt].

II Der Gewählte tritt an die Stelle des Austretenden auf die Dienstesdauer, welche dieser noch zu erfüllen gehabt hätte.

III Die ordentliche Erneuerung der Wahlen geschieht alle [drei] Jahre.

IV Die Austretenden sind wieder wählbar, soferne sie die die Wählbarkeit bedingenden Eigenschaften nicht verloren haben.

Art. 10.[4]) Die Wahlakten werden durch die Distrikts-Verwaltungsbehörde dem Distriktsrate zugestellt, welcher über Wahlanfechtungen, [sowie über die gehörige Bevollmächtigung der in Art. 2 lit. b und d bezeichneten Vertreter selbst und] ohne Zulässigkeit einer Berufung beschließt.

---

[1]) Vgl. Art. 11 SG.

[2]) Durch Art. 3 SG. ausdrücklich aufrecht erhalten. Bei c ist statt sechs zu lesen 5 Jahre.

[3]) § 78 der Wahlordnung vom 15. April 1919 (GVBl. S. 173 ff.). Die Wahlzeit beträgt jetzt 5 Jahre.

[4]) § 73 der Wahlordnung und § 64 der VollBek. vom 22. April 1919 (GVBl. S. 188). Abs. II durch das WahlG. vom 15. April 1919 (GVBl. S. 170 ff.) aufgehoben.

Art. 11 durch Art. 21 SG. ersetzt.

Art. 12 durch Art. 18 SG. aufgehoben.

Art. 13.[1] I **Zu einem gültigen Beschlusse des Distriktsrates ist die Anwesenheit von wenigstens zwei Dritteilen seiner Mitglieder erforderlich.**

II **Die Beschlüsse werden nach Stimmenmehrheit gefaßt.**

[III Bei Gleichheit der Stimmen entscheidet der Vorstand, der außerdem nicht mitzustimmen hat].

IV **Die Übertragung des Stimmrechts ist nicht gestattet.**

[V Im Falle des Art. 11 lit. i hat der Vorstand den Vorsitz an das hiefür von dem Distriktsrate zu bestimmende Mitglied desselben abzugeben und an der Beratung und Beschlußfassung keinen Teil zu nehmen].

Art. 14 verträgt sich nicht mehr mit dem SG.

Art. 15 aufgehoben durch Art. 3, 19 SG., siehe § 18 VA.

Art. 16 aufgehoben durch Art. 22 SG.

Art. 17.[2] I **Der Distriktsausschuß faßt seine Beschlüsse nach Stimmenmehrheit.** [Zur Fassung gültiger Beschlüsse ist die Anwesenheit von wenigstens drei oder vier Mitgliedern des Ausschusses erforderlich, je nachdem dieser aus vier oder mehreren Mitgliedern besteht. Bei Stimmengleichheit entscheidet der Vorstand. Glaubt der letztere nach pflichtmäßiger Überzeugung annehmen zu sollen, daß ein Beschluß des Ausschusses den Gesetzen oder Verordnungen zuwiderlaufe, so ist derselbe berechtigt und verpflichtet, die Vollziehung zu vertagen und die Verhandlungen der vorgesetzten Kreisregierung binnen acht Tagen vorzulegen.

II Diese hat sodann ohne Verzug über die Aufrechterhaltung oder Aufhebung des angefochtenen Beschlusses nach kollegialer Beratung zu entscheiden, und im Falle der Aufhebung unter Angabe der Gründe die Sache an den Distriktsausschuß zu neuer Beschlußfassung zurückzuweisen].

Art. 18.[3] [Der Distriktsausschuß versammelt sich nur auf Einladung des Vorstandes]. **Die Einberufung hat jedoch zu erfolgen, wenn wenigstens die Hälfte der Mitglieder des Ausschusses darauf anträgt.** — [Die Bestimmungen des Art. 14 gelten auch für den Ausschuß.]

Art. 19 durch Art. 12 SG. aufgehoben.

Art. 20. I **Neben dem Distriktsausschusse wählt der Distriktsrat mit absoluter Stimmenmehrheit für die Erhebung, Verwendung und Verrechnung des Distriktsgemeinde-Einkommens einen Distriktskassier, welcher von der Distriktsverwaltungsbehörde für sein Amt verpflichtet wird.**

II **Ob und welche Kaution derselbe zu leisten habe, bleibt dem Beschlusse des Distriktsrates anheimgegeben.**

Art. 21.[4] I **Der Kassier hat am Schlusse eines jeden Verwaltungsjahres Rechnung zu stellen, welche nach vorausgegangener Revision im Ausschusse der Beratung des Distriktsrates** [(Art. 11 lit. c)] **unterstellt wird.**

---

[1] Abs. III und V gelten nicht mehr, § 18 VA.

[2] Von Art. 17 ist nur der erste Satz noch gültig, Art. 22 SG.

[3] Der erste Satz von Art. 18 gilt nicht mehr, Art. 22 SG.; auch der letzte Satz gilt nicht mehr, s. Bem. bei Art. 14.

[4] In Abs. 1 ist statt Art. 11 Art. c zu lesen: Art. 21 Abs. 1, c SG. Zu Abs. IV siehe Art. 21 Abs. III SG.

II An der diesfallsigen Abstimmung haben die Mitglieder des Ausschusses keinen Anteil zu nehmen.

III Die Rechnung wird sodann samt den Beschlüssen durch die Distriktsverwaltungsbehörde an die Kreisregierung zur schließlichen Prüfung und Bescheidung vorbehaltlich der Berufung eingesendet.

IV Die Rechnungsergebnisse werden durch das Kreisamtsblatt zur öffentlichen Kenntnis gebracht.

V Die festgesetzten Etats, an deren Einhaltung der Distriktsausschuß und Kassier gebunden und hiefür haftbar sind, bilden die Grundlage für die Verrechnung.

VI In dem Etat nicht vorgesehene Ausgaben können [in dem Falle des Artikels 25 von dem Distriktsausschusse, außerdem] nur mit Zustimmung des Distriktsrates angewiesen werden.

Art. 22. I Die Sitzungen des Distriktsrates sind öffentlich, soweit diese Öffentlichkeit dem Staate, einer Gemeinde oder den Einzelnen nicht nachteilig zu werden droht.

II Die Frage, ob ein solcher die Öffentlichkeit ausschließender Fall vorliege, wird von dem Distriktsrate in geheimer Sitzung selbst beurteilt und entschieden.

Art. 23—24 durch Art. 12 SG. aufgehoben.

Art. 25 ersetzt durch Art. 21 Abs. III SG.

Art. 26.[1] I [Die Mitglieder des Distriktsrates verrichten ihr Amt unentgeltlich.]

II [Den Mitgliedern des Ausschusses und] dem Kassier können von dem Distriktsrate angemessene Vergütungen aus Distriktsmitteln bewilligt werden.

Art. 27. In bezug auf die Bestreitung der Distriktslasten kommen insbesondere folgende Vorschriften zur Anwendung:

a) Jede Distriktsgemeinde ist verbunden, alle Leistungen zu bestreiten, welche ihr nach Gesetz, besonderen Rechtstiteln oder infolge der Beschlüsse des Distriktsrates obliegen;

b) als gesetzliche Distriktslasten sollen insbesondere angesehen und behandelt werden:
   1. die Verzinsung und Tilgung der Distriktsgemeinde-Schulden;
   2. die Ergänzung des Grundstockvermögens der Distriktsgemeinde;
   3. die Unterhaltung bestehender oder künftig neu entstehender Distriktsanstalten;
   4. die Anlegung und Unterhaltung von Distriktsstraßen;
   5. die Beischaffung und Erhaltung der zum gemeinsamen Gebrauche bestimmten Feuerlöschmaschinen;
   6. die Kosten des Unterrichtes der Schülerinnen der Entbindungskunst;
   7. die Unterhaltsbeiträge für die nach Maßgabe der jeweiligen Gesetze oder Verordnungen angestellten Tierärzte.

Über die Art und Weise der Erfüllung der unter Ziffer 1 bis 7 aufgezählten Verbindlichkeiten beschließt [nach Maßgabe des Artikels 23] der Distriktsrat.

---

[1]) Abs. I ist durch Art. 19 Abs. II SG. aufgehoben, die ersten Worte des Abs. II sind durch diese Bestimmung ersetzt.

Art. 28.[1]) I Als Distriktsstraßen sollen nur jene Straßen erklärt werden, welche einen über die nachbarliche Verbindung einzelner Gemeinden erheblich hinausgehenden Verkehr zu vermitteln bestimmt oder geeignet sind.

Art. 29. I Andere, als die in Art. [25], 27 und 28 bezeichnete Distriktslasten erfordern die Zustimmung des Distriktsrates.

II Die Deckung der gesetzlich begründeten Distriktsgemeinde-Bedürfnisse darf dagegen von dem Distriktsrate nicht verweigert werden und muß im Falle entgegengesetzten Verfahrens des Distriktsrates von der vorgesetzten Kreisregierung durch Anordnung der nötigen Distriktsumlage, vorbehaltlich der Berufung an das betreffende Staatsministerium bewirkt werden.

Art. 30.[2]) I Die Mittel zur Bestreitung der Distriktsbedürfnisse sind vor allem:

a) aus den Nutzungen des Distrikts-Gemeindevermögens, welches jedoch im Grundstocke ungeschmälert erhalten werden soll:
b) aus den, auf Gesetz oder besonderen Rechtstiteln beruhenden Leistungen des Staates, der Stiftungen, der Gemeinden oder anderer juristischer oder physischer Personen;
c) aus den freiwilligen Zuschüssen von Staats- oder Kreisfonds, oder von den aus der Unternehmung zunächst Vorteil ziehenden Gemeinden und Privaten;

zu schöpfen, und in Ermangelung oder bei Unzureichenheit dieser Quellen durch Distriktsumlagen zu decken.

II [Für solche Zwecke, welche nach Art. 29 Abs. I von der Zustimmung des Distriktsrates abhängig sind, wird hiemit ein Maximum und zwar auf fünf vom Hundert der jährlichen Steuersumme festgesetzt, über welche sich in keinem Jahre der Betrag der hiefür bestimmten Distriktsumlagen erhöhen darf.]

Art. 31.[3]) I [Die Verteilung der Distriktsumlagen geschieht vorbehaltlich der Bestimmung des Art. 32 nach dem Gesamtbetrage der in dem Distrikte zur Erhebung kommenden direkten Steuern, wozu jedoch die Witwen- und Waisenfondsbeiträge und die Einkommensteuer, letztere mit Ausnahme der Fälle des Art 36, nicht zu zählen sind.

II Bezüglich des Staatsärars macht es keinen Unterschied, ob die Steuern wirklich erhoben oder nur in Vormerkung geführt werden.]

III Die Naturaldienste werden nach dem Geldanschlage umgelegt mit der Rücksicht, daß sie, wo tunlich, den nächstgelegenen Gemeinden gegen Abrechnung der sie treffenden Geldleistungen zugewiesen werden.

Art. 32.[4]) I Dem Distriktsrate ist vorbehalten, die Beitragsquote für einzelne Gemeinden oder abgesonderte Gemarkungen je nach der Teilnahme an den Vorteilen der betreffenden Anstalt oder Einrichtung verschieden abzustufen.

II [Die desfallsigen Beschlüsse des Distriktsrates unterliegen der Genehmigung der vorgesetzten Kreisregierung.]

---

[1]) Abs. 2 ist ersetzt durch Art. 13 SG.

[2]) Abs. II ist durch Art. 14 und 15 SG. aufgehoben.

[3]) Abs. I und II durch Art. 49 des UmlGes. v. 14. Aug. 1910 (GVBl. S. 581) aufgehoben.

[4]) Abs. II durch Art. 12 SG. aufgehoben.

Art. 33.[1]) [Bezüglich der Beitreibung der Distriktsumlagen finden die Vorschriften über die Beitreibung der Gemeindeumlagen Anwendung.]

Art. 34.[2]) I Wenn eine Distriktslast das Interesse mehrerer Distriktsgemeinden berührt, so haben diese nach dem Verhältnisse ihrer Beteiligung beizutragen.

II Ist eine Übereinstimmung in den Beschlüssen der einzelnen Distriktsräte nicht erzielt worden, so sind die betreffenden Distriktsausschüsse in einer gemeinschaftlichen Versammlung zu vernehmen, welche unter der Leitung eines von der Kreisregierung bestimmten Verwaltungsbeamten abgehalten, und wobei die Abstimmung für jeden einzelnen Ausschuß besonders vorgenommen wird.

III [Die Verhandlungen werden von der vorgesetzten Kreisregierung vorbehaltlich der Berufung beschieden (Artikel 23).]

IV Gehören die beteiligten Distrikte verschiedenen Regierungsbezirken an, so hat das zuständige Staatsministerium diejenige Kreisregierung zu bezeichnen, welche die Abordnung des Beamten zu der Versammlung [und die Beschlußfassung über die Verhandlungen] zu übernehmen hat.

Art. 35. I Auf die einer Kreisregierung unmittelbar untergeordneten Städte findet die Bildung von Distriktsräten keine Anwendung.

II Im Falle des Artikels 34 sind je zwei Mitglieder des Magistrates und der Gemeindebevollmächtigten in der Versammlung der vereinigten Distrikts-Ausschüsse abzuordnen.

Art. 36.[3]) I Die Distriktsarmenpflege richtet sich nach den dieselbe diesseits regelnden gesetzlichen Normen.

II [Distriktsumlagen zum Behufe derselben fallen dem Wirkungskreise des Distriktsrates nach Maßgabe des Art. 27 lit. a gegenwärtigen Gesetzes anheim.

III Die Anregung derselben kommt dem Distrikts-Armenpflegschaftsrate zu, welcher berechtigt ist, seine Anregungen und Vorschläge in dem Distriktsrate durch Abgeordnete zu vertreten.]

IV Bezüglich der Behandlung der Kriegs- und Einquartierungslasten, dann der Uferschutz- und sonstigen Bauten verfügen die besonderen Gesetze.

Art. 37.[4]) [Einzelnen Gemeinden bleibt vorbehalten, für Unternehmungen und Einrichtungen, die ihren ausschließenden Gemeindenutzen betreffen, oder bezüglich welcher ihnen ausschließliche Verpflichtungen obliegen, unbeschadet der Bestimmungen des gegenwärtigen Gesetzes in besondere Verbindung zu treten oder in solcher zu verbleiben.]

---

[1]) Durch Art. 49 des Umlagengesetzes vom 14. August 1910 (GVBl. S. 581) aufgehoben.

[2]) Abs. III gilt nicht mehr (Art. 12 SG.), insofern ist auch Abs. IV entsprechend teilweise gegenstandslos.

[3]) Durch Art. 39 und 40 des AG. aufgehoben.

[4]) Ersetzt durch Art. 26 SG.

Art. 38.[1] I Alle Berufungen in Distriktsgemeinde-Angelegenheiten sind an die Notfrist [von vierzehn Tagen], von dem der Eröffnung der beschwerenden Verfügung folgenden Tage an gerechnet, gebunden, und bei der betreffenden Distrikts-Verwaltungsbehörde einzureichen oder zu Protokoll zu erklären.

II Das zuständige Staatsministerium bildet in solchen Angelegenheiten die letzte Instanz.

Art. 39. I Vorstehendes Gesetz tritt mit dem Tage der Verkündung durch das Gesetzblatt und das Amtsblatt der Pfalz in Wirksamkeit.

II Von diesem Zeitpunkte an sind alle entgegenstehenden Bestimmungen, namentlich das Gesetz vom 11. September 1825 über die Behandlung der Distriktsumlagen, und die einschlägigen Vorschriften des Gesetzes vom 22. Juli 1819, die Umlagen für Gemeindebedürfnisse betreffend, aufgehoben.

---

[1]) In Staatsaufsichtssachen beträgt die Beschwerdefrist 4 Wochen, Art. 13 SG.

3. Landratsgesetz.

Gesetz vom 28. Mai 1852, die Landräte betr.

(GBl. 1851/52 S. 269)

Maximilian II. von Gottes Gnaden König usw.

Art. 1. Jeder Regierungsbezirk bildet eine Kreisgemeinde und in jedem derselben besteht als Vertreter dieser Korporation ein Landrat.

Art. 2—9 aufgehoben durch Wahlgesetz vom 15. April 1919 (GVBl. S. 170 ff.).

Art. 10.[1] I [Außer dem im Art. 9 Abs. 1 bezeichneten Falle] kann eine Ablehnung oder freiwillige Niederlegung der Wahl nur aus denselben Gründen stattfinden, aus welchen die Wahl zum Distriktsrate abgelehnt oder niedergelegt werden kann.

II Die desfallsigen Gesuche sind bei dem Landrate anzubringen, und werden von diesem ohne Zulassung einer Berufung beschieden.

III Der Verlust der die Wählbarkeit bedingenden Eigenschaften hat den Austritt zur notwendigen Folge.

Art. 11.[2] I Bei eintretender Erledigung der Stelle eines Landrates tritt für den Ausgeschiedenen dessen Ersatzmann auf die Dienstesdauer ein, welcher jener noch zu erfüllen gehabt hätte.

II Ist kein Ersatzmann mehr vorhanden, so findet eine außerordentliche Wahl statt.

Art. 12 ersetzt durch Art. 5 SG.

Art. 13.[3] [Die Wahlakten mit den Nachweisen über die Wählbarkeit der Gewählten werden der vorgesetzten Kreisregierung vorgelegt, welche die Wahlergebnisse in dem Kreisamtsblatte bekannt macht, und die Wahlakten selbst dem Landrate bei seinem Zusammentritte mitteilt.] Diesem steht es zu, über die Gültigkeit jeder Wahl selbst und ohne Zulassung einer Berufung zu beschließen.

Art. 14 ersetzt durch Art. 19 Abs. II SG.

Art. 15 ersetzt durch Art. 21 SG.

Art. 16 aufgehoben durch Art. 49 des Umlagengesetzes vom 14. August 1910 (GVBl. S. 581).

Art. 17—22 sind ersetzt durch Art. 12, 18 SG., siehe auch VA. § 18.

Art. 23. I Die Verhandlungen des Landrates sind öffentlich.

II Demselben steht frei, ausnahmsweise in geheimer Sitzung zu beraten und zu beschließen.

III Dies muß geschehen, wenn wenigstens ein Drittel der anwesenden Mitglieder es verlangt.

---

1) Ausdrücklich aufrechterhalten, Art. 3 SG.

2) § 78 der Wahlordnung vom 15. April 1919 (GVBl. S. 173 ff.).

3) §§ 75, 76 der Wahlordnung, Ziff. 66 der Vollz.-Bekanntm. vom 22. April 1919 (GVBl. S. 188).

Art. 24.[1]) I [Nach jedesmaliger Eröffnung der Versammlung wird unter der Leitung des an Lebensjahren ältesten Mitgliedes die Wahl eines Präsidenten und Sekretärs für die Dauer der Jahressitzung durch absolute Stimmenmehrheit vorgenommen.]

II Der Präsident leitet die Verhandlungen, eröffnet und schließt die Sitzungen, und handhabt die Ordnung in der Versammlung. Er kann jeden Zuhörer aus dem Sitzungszimmer entfernen lassen, welcher öffentliche Zeichen des Beifalls oder des Mißfallens gibt, oder Unruhe in irgendeiner Art verursacht.

III Zur Beschleunigung des Geschäftsbetriebes können Ausschüsse durch Wahl aus der Mitte des Landrates gebildet werden.

Art. 25.[2]) I Zu einem gültigen Beschlusse des Landrates ist die Anwesenheit von wenigstens zwei Dritteilen der Mitglieder erforderlich.

II Die Beschlüsse werden nach Stimmenmehrheit gefaßt. [Der Präsident hat nur bei Stimmen-Gleichheit seine Stimme abzugeben, wo sie sodann entscheidet.]

III Die Übertragung des Simmrechts ist nicht gestattet.

Art. 26. I Zur Besorgung der Dienst- und Kanzleigeschäfte wird von dem Präsidenten und Sekretär für die Dauer der Versammlung die erforderliche Anzahl verpflichteter Schreiber aufgenommen. Ein Bote wird dem Landrate aus der Zahl der Regierungsboten zur Verfügung gestellt.

II Die Regiekosten werden innerhalb des Etats aus Kreismitteln bestritten.

Art. 27—34 aufgehoben durch Art. 12, ersetzt durch Art. 18 Abs. II Art. 19 Abs. II, Art. 22 Abs. III SG.

Art. 35.[3]) I [Der Ausschuß kann nur beraten und beschließen, wenn zwei Dritteile seiner Mitglieder anwesend sind.]

II Er faßt seine Beschlüsse nach absoluter Stimmenmehrheit.

III Bei Gleichheit der Stimmen entscheidet jene des Vorstandes.[4])

IV [Kann wegen Nichterscheinens der erforderlichen Mitgliederzahl die Sitzung nicht stattfinden, so kommen die Vorschriften im Artikel 14 des Gesetzes über die Distriktsräte zur Anwendung.]

Art. 36 durch Art. 12 SG. aufgehoben.

Art. 37. I Das gegenwärtige Gesetz ist durch das Gesetzblatt und das Amtsblatt der Pfalz zu verkünden und tritt zugleich mit dem Gesetze über die Distriktsräte in Wirksamkeit.

II Von diesem Zeitpunkte an erlöschen das Gesetz vom 15. August 1828 über Einführung der Landräte, der § 16 des Landtagsabschiedes vom 29. Dezember 1831 und das Gesetz vom 17. November 1837, einige Abänderungen des Gesetzes über die Einführung der Landräte betreffend, sodann die Bestimmungen im Art. VI Nr. 5 des Gesetzes vom 23. Mai 1846, die Ausscheidung der Kreislasten von den Staatslasten und die Bildung der Kreisfonds betreffend, und alle sonstigen entgegenstehenden Vorschriften.

---

[1]) Abs. I ersetzt durch Art. 18 Abs. I SG.

[2]) Abs. II Satz 2 gilt nicht mehr, BA. § 18.

[3]) Abs. I ersetzt durch Art. 22 SG. — Abs. IV gilt nicht mehr, weil auch Art. 14 DRG. nicht mehr gilt.

[4]) Siehe BA. § 19.

4. Kreislastenausscheidungsgesetz.

Gesetz vom 23. Mai 1846, die Ausscheidung der Kreislasten von den Staatslasten und die Bildung der Kreisfonds betr.

(GBl. S. 45).

Art. 1. Als Kreislasten werden erklärt und auf die dafür zu bildenden Fonds der einzelnen Regierungsbezirke überwiesen:

1. der Aufwand für Erhebung und Verwaltung der Kreisfonds;
2. der Bedarf des Landrates;
3. Kreislandwirtschafts- und Gewerbsschulen, dann sonstige Kreisanstalten für Industrie und Kultur;
4. allgemeine Sanitäts-Anstalten des Regierungsbezirkes, namentlich Kranken-, Gebär- und Irrenhäuser;
5. Kreis-Armen- und Findelhäuser:
6. Kreis-Beschäftigungsanstalten;
7. alle Ausgaben, welche etwa künftig noch durch besondere Gesetze den Kreisfonds werden überwiesen werden;
8. alle Ausgaben, welche auf den Antrag des Landrates wegen ihres Nutzens für das Gesamtinteresse des Regierungsbezirkes, oder zur Erleichterung von Distrikts- und Gemeindelasten, mit Genehmigung des Königs auf die Kreisfonds innerhalb des durch das Budget festgesetzten Maximums des Kreisaufwandes übernommen werden.

Art. 2. In dem pfälzischen Kreise sollen noch insbesondere in Rücksicht auf die eigentümlichen Institutionen und Anstalten desselben den Kreislasten beigezählt und den Kreisfonds überwiesen bleiben;

1. die bestehenden Kreisstipendien für Studierende an Universitäten;
3. die Unterstützungen, welche am Arme, außerhalb der Armenanstalt zu Frankenthal verabreicht werden;
4. die Belohnungen für erlegte Raubtiere;
8. die Beiträge zum Unterhalt der Bezirkswege.

Art. 3. Der Bedarf für die in den Art. 1 und 2 ausgesprochenen Kreislasten ist nur insoweit aus Kreisfonds zu bestreiten, als derselbe nicht in den Mitteln zunächst verpflichteter Stiftungen, Gemeinden oder Distrikte seine Deckung findet.

Art. 4. Bestehende Kreisanstalten sind aus den Kreisfonds solange zu erhalten, als ihre Aufhebung nicht [mit Zustimmung des Landrats vom König] beschlossen wird.

Art. 5. Wo nicht der in Art. 4 vorgesehene Fall eintritt, und wo nicht besondere Gesetze oder Rechtstitel die Kreisfonds zu bestimmten Leistungen verpflichten, da kann die Verwendung der Kreisfonds überhaupt, und namentlich die Errichtung neuer Kreisanstalten auf Kosten dieser Fonds nur mit Zustimmung des Landrates geschehen.

Art. 6.[1] I Die zur Deckung sämtlicher Kreisausgaben zu bildenden Kreisfonds werden gebildet:

1. Durch die auf bestehenden speziellen Rechtstiteln und Bewilligungen beruhenden Fundations- und Dotationsbeiträge des Staates oder der Gemeinden;

---

[1]) Abs. I Ziff. 2 ist durch Art. 75 des Schulbedarfges. vom 14. August 1919 (GVBl. Nr. 55, S. 511) aufgehoben, Abs. III ist infolge Art. 12 SG. gegenstandslos geworden.

[2. durch die aus der Staatskasse nach den Budgets zu entrichtende Kreisschuldotation;]

3. durch den budgetmäßigen Zuschuß der Staatskasse für Industrie und Kultur, oder für andere Kreiszwecke;

4. durch die Zuflüsse aus sonstigen Einnahmsquellen.

II Der Betrag der zu erhebenden Kreisumlagen wird alljährlich mit Zustimmung des Landrates [von dem Könige durch den Landratsabschied] bestimmt.

[III Die Verhandlungen der Landräte sind jeder Ständeversammlung vorzulegen.]

Art. 7. Die budgetmäßig oder aus einem sonstigen Rechtsgrunde für einen gewissen Zweck bestimmten Zuflüsse dürfen ausschließlich nur hiefür verwendet werden.

Art. 8.[1]) [Die ganze ordentliche Kreisschuldotation, wie solche durch das Budget von 1843 festgesetzt ist, und die allenfalls künftig noch durch das Budget zu gewährende Erhöhung der Dotation wird nach Abzug der auf den Etats der Lyzeen, Gymnasien und der damit verbundenen Lateinschulen, dann der die Schullehrerseminarien nach dem Etat von 1844/45 treffenden Summen, den deutschen und isolierten lateinischen Schulen überwiesen, und die Verteilung unter die einzelnen Anstalten dieser Art mit Zustimmung der Landräte vorgenommen.]

Art. 9. I Wenn entbehrliche Staatsgebäude zur unentgeltlichen Benützung für Kreisanstalten überlassen werden, so gehen die Adaptierungs- und Unterhaltungskosten auf die Kreisfonds für die Dauer dieser Benützung über.

II Werden dergleichen Gebäude durch eine Regierungsverfügung zur Erfüllung eines allgemeinen Staatszweckes wieder zurückgenommen und dem Regierungsbezirke entzogen, so hat die Staatskasse nicht nur die Melioration, sondern auch die auf die Herrichtung für den besonderen Kreiszweck erlaufenden Ausgaben dem Kreisfonds zu ersetzen.

Art. 10. I Das gegenwärtige Gesetz tritt mit dem 1. Oktober 1849 in Wirksamkeit.

[II Von eben diesem Zeitpunkt an werden alle entgegenstehenden gesetzlichen Bestimmungen insbesondere

a) das Gesetz vom 17. November 1837, die Ausscheidung der Kreislasten von den Staatslasten betreffend;

b) die Bestimmung des § 2 Ziff. 2 des Landratsgesetzes v. 15. August 1828 über die dreijährige Festsetzung des Maximums der Kreisumlagen mit Ausscheidung der notwendigen und fakultativen Zwecke;

c) Die Bestimmung des Art. 6 des Gesetzes vom 17. November 1837, einige Abänderungen des Landratsgesetzes v. 15. August 1828 betreffend;

d) die Bestimmung des Heimatsgesetzes vom 11. September 1825 § 5 Ziff. 1 außer Wirksamkeit gesetzt.]

Art. 11—13 enthalten Übergangsbestimmungen.

Art. 14. Unser Ministerium des Innern und unser Finanzministerium sind mit der Bekanntmachung und dem Vollzuge des vorstehenden Gesetzes beauftragt.

Gegeben München, den 23. Mai 1846.

---

[1]) Durch Art. 75 des Schulbed.-Ges. vom 14. August 1919 aufgehoben (GVBl. S. 511).

5. Ministerial-Erlasse.

A. Zu § 9 BA. S. 47.

StA. Nr. 148 vom 14. Juni 1919. — MBl. S. 116.

Staatsministerien der Justiz und des Innern.

Bekanntmachung

über die Wahl von Armenratsmitgliedern und Waisenräten.

Die Vorschriften über die Wahl von Mitgliedern des Armenrates (Art. 25 und 103 Abs. 3 des Armengesetzes) und über die Wahl der Waisenräte (Art. 96 des Ausführungsgesetzes zum Bürgerlichen Gesetzbuch in der Fassung des Art. 96 des Armengesetzes und Art. 103 Abs. 4 des Armengesetzes) sind durch die Artikel 1, 5, 6 und 33 des Gesetzes über die Selbstverwaltung vom 22. Mai 1919 (Bayer. Staatsanz. Nr. 134) teilweise geändert worden. Es gilt nunmehr folgendes:

1. Der Armenrat wird nach Beendigung der regelmäßigen Gemeindewahl durch die neugewählte Gemeindevertretung (Stadtrat, Gemeinderat) gebildet.

Alle Mitglieder des Armenrates, die durch die Wahl berufen werden sind neu zu wählen. Die Wahl wird in den Städten durch den Stadtrat in den übrigen Gemeinden durch den Gemeinderat vorgenommen.

Für diese Mitglieder (Abs. 2) können nach Beendigung der Wahl Ersatzleute gewählt werden. Die Gemeindevertretung (Stadtrat, Gemeinderat) bestimmt ihre Zahl und die Reihenfolge ihrer Einberufung.

Die Wahlen erfolgen nach den Grundsätzen des Verhältniswahlrechtes (vergleiche § 14 Satz 2 des vorläufigen Staatsgrundgesetzes des Freistaates Bayern vom 17. März 1919 — GVBl. Seite 109 und § 1 Abs. 3 der Wahlordnung für den neuen Bayerischen Landtag vom 7. Dezember 1918 — GVBl. Seite 1257).

Die Wahlzeit dauert fünf Jahre.

2. Die Zahl der Waisenräte (Art. 95 Satz 1 des AG. zum BGB.) wird von der neugewählten Gemeindevertretung (Stadtrat. Gemeinderat) festgesetzt. Das gleiche gilt von der Bildung mehrerer Gemeindewaisenräte nach Art. 93 Abs. 2 a. a. O. Der Gemeinderat bestimmt in den Fällen des Art. 94 Abs. 2 a. a. O. auch die Bezirke der einzelnen Waisenräte.

Zur Wahl der Waisenräte ist nach der Vollendung der regelmäßigen Gemeindewahl und nach der Bildung des Armenrates zu schreiten. Alle zur Zeit dieser Wahl im Amte befindlichen Waisenräte scheiden aus.

Die Wahl wird in den Städten durch den Stadtrat, in den übrigen Gemeinden durch den Gemeinderat vorgenommen.

Als gewählt ist zu erachten, wer bei der Wahl die meisten Stimmen erhalten hat.

Die Wahlzeit dauert (wie die der Gemeindevertretung) fünf Jahre.

Bamberg, den 12. Juni 1919.

Endres. J. A.: Ministerialdirektor Schmitt.

StA. Nr. 154 vom 22. Juni 1919.

Staatsministerium des Innern.

An die Regierungen, Kammern des Innern, Bezirksämter und Gemeinden

Bekanntmachung.

Betreff: Wahl der Armenratsmitglieder.

Unter Bezug auf Ziff. 1 der MB. vom 12. ds. Mts. („Bayer. Staatsanzeiger" Nr. 148 vom 14. ds. Mts.) wird bestimmt, daß die Wahl der Armenratsmitglieder unter sinngemäßer Anwendung der Wahlordnung vom 15. April ds. Js. für die Gemeinde-, Bezirks- und Kreiswahlen insbesondere des § 81, sowie der Vollzugsbestimmungen hierzu, stattzufinden hat, wenn nicht der Stadt- oder Gemeinderat sich über die anderweitige verhältnismäßige Verteilung der Sitze im Armenrat einigt. Der Bürgermeister leitet die Wahl.

München, den 20. Juni 1919.

J. A.: Staatsrat Völk.

StA. Nr. 161 vom 1. Juli 1919. MBl. S. 128.

Staatsministerium des Innern.

Bekanntmachung.

Betreff: Die Zusammensetzung und die Vorstände der Armenräte.

Die Auslegung der Artikel 22 und 24 des Armengesetzes hat insoferne Anlaß zu Zweifeln gegeben, als die dort erwähnten Unterschiede in der Verfassung der Gemeinden durch das Gesetz über die Selbstverwaltung vom 22. Mai 1919 beseitigt worden sind und anderseits nach diesem Gesetze die Zahl der Bürgermeister in den Städten und den übrigen Gemeinden gegen früher vermehrt werden kann, während es Beigeordnete und in den Gemeinden mit pfälzischer Gemeindeverfassung Adjunkten nicht mehr gibt.

Nach dem Sinne der gesetzlichen Bestimmungen ist anzunehmen, daß künftig in allen Gemeinden die sämtlichen Bürgermeister dem Armenrat angehören.

Die Zahl und die Person der von den Gemeindevertretungen in den Armenrat abzuordnenden Mitglieder (Artikel 22 Abs. I, II und V) bestimmt der Stadtrat oder Gemeinderat.

Soweit im übrigen die Artikel 22 und 24 des Armengesetzes eine verschiedene Regelung für Gemeinden mit städtischer Verfassung, für solche mit pfälzischer Gemeindeverfassung und für andere Gemeinden vorgesehen, sind diese Vorschriften bis zur etwaigen Änderung im Wege der Gesetzgebung als weiterhin maßgebend für diejenigen Gemeinden anzusehen, auf welche die bezeichneten Voraussetzungen bisher zugetroffen haben. Hiernach bestimmt sich insbesondere auch der Vorstand des Armenrates.

München, den 27. Juni 1919.

Endres.

B. Zu § 19 VA. S. 65.

StA. Nr. 125 v. 16. Mai 1919. — GVBl. S. 173.

Bekanntmachung.

betreffend Gemeinde-, Kreis- und Bezirkswahlen.

Das Ministerium des Freistaates Bayern hat auf Grund des § 1 Ziffer 1 und des § 2 des Gesetzes vom 28. März 1919 über die Ermächtigung der Regierung zu gesetzgeberischen Maßnahmen folgendes Gesetz beschlossen:

Art. 9 Ziff. 10 des Wahlgesetzes vom 15. April 1919 für die Gemeinde-, Bezirks- und Kreiswahlen erhält folgenden Zusatz:

Bei gemeinsamen Wahlvorschlägen mehrerer Gruppen kann die Reihenfolge der Ersatzmänner anders geregelt werden.

Bamberg, den 14. Mai 1919.

Hoffmann. Segitz. Schneppenhorst. Steiner. Frauendorfer.
Endres. J. V.: Dr. Haller. J. V.: Gasteiger.

C. Zu S. 93.

StA. Nr. 151 v. 18. Juni 1919.

Auszug.

Staatsministerium des Innern.

An die Regierungen, Bezirksämter und Gemeinden.

Bekanntmachung.

Betreff: Zusammentritt der neugewählten Verwaltungen.

2. Die rechtskundigen Bürgermeister, die sich nach Art. 32 des Selbstverwaltungsgesetzes einer Wiederwahl unterziehen müssen, haben bis dahin volles Stimmrecht im Stadtrat; sie nehmen auch an der Wahl der weiteren Bürgermeister und der berufsmäßigen Stadt- oder Gemeinderäte teil.

3. Die rechtskundigen oder technischen Magistratsräte, die sich nach Art. 32 des Selbstverwaltungsgesetzes einer Wiederwahl unterziehen müssen, haben bis dahin Sitz im Stadtrat, Stimmrecht aber nur in Gegenständen ihrer Geschäftsaufgaben. An der Wahl der weiteren Bürgermeister und der berufsmäßigen Stadt- oder Gemeinderäte nehmen sie nicht teil.

Bamberg, den 17. Juni 1919.

Endres.

D. Zu Art. 151 GemO., S. 123.

StA. Nr. 121 v. 11. Mai 1919.

Auszug.

Staatsministerium des Innern.

An sämtliche Regierungen, Kammern des Innern, Bezirksämter und Gemeinden.

Bekanntmachung.

Betreff: Gemeinde, Bezirks- und Kreiswahlen, hier.

2. Bürgermeisterwahl in Bürgermeistereien.

2. Die Wahl der Bürgermeister wird auch in den zu einer Bürgermeisterei vereinigten Gemeinden (Art. 198/123 der beiden Gemeindeordnungen) wie in den übrigen Gemeinden von sämtlichen Wahlberechtigten vorgenommen. Die Ergebnisse der Wahlen werden in den einzelnen zu der Bürgermeisterei gehörigen Gemeinden von den Gemeindewahlkommissären dieser Gemeinden festgestellt und dann dem vom Bezirksamt zur Feststellung des Gesamtwahlergebnisses für die Bürgermeisterei zu bestimmenden Bürgermeistereiwahlkommissär übermittelt. Dieser hat sie dann entsprechend dem § 67 der Wahlordnung vom 15. April 1919 mit dem Gemeindewahlausschuß seiner Gemeinde zusammenzustellen und das Ergebnis zu ermitteln und zu verkünden.

Bamberg, den 28. April 1919.

Segitz.

E. Zu S. 130.

StA. Nr 165 v. 5. Juli 1919

Staatsministerium des Innern.

An die Regierungen, Kammern des Innern, Bezirksämter und Gemeinden.

Bekanntmachung.

Betreff: Wahl der Ortschaftsvertretungen.

Nachdem die neuen Gemeindevertretungen nunmehr überall vollständig gewählt sind, erübrigt noch die Wahl der Ortschaftsvertretungen. Nach Art 28 Ziff. 1 Abs. 4 des Selbstverwaltungsgesetzes vom 22. Mai 1919 hat jede Ortschaft, der die besondere Verwaltung ihres Vermögens zusteht, für diese Verwaltung aus den wählbaren Ortseinwohnern einen aus einem Pfleger und höchstens drei weiteren Ausschußmitgliedern bestehenden Ausschuß auf fünf Jahre, den Pfleger mit absoluter Stimmenmehrheit, den Ausschuß nach den Grundsätzen des Verhältniswahlrechtes, zu wählen. In Ortschaften mit weniger als 50 Einwohnern kann die Wahl zunächst solange unterbleiben,[1]) bis ein Bedürfnis sich herausstellt oder die Durchführung aus der Ortschaft selbst beantragt wird. Über Wahlrecht und Wählbarkeit gelten die gleichen Bestimmungen wie für die Gemeindewahl. Maßgebend ist der Aufenthalt in der Ortschaft.

---

[1]) Nach einer MinE. v. 3. Dez. 1919 Nr. 3002 d 200 können die Regierungen auch in Ortschaften bis zu 100 Einwohnern die Vornahme der Wahl vorläufig erlassen, soferne ein besonderes Bedürfnis nicht besteht.

I. Zunächst haben die Bezirksämter festzustellen, welchen Ortschaften ihres Bezirkes die besondere Verwaltung ihres Vermögens zusteht, sodann soweit die alsbaldige Durchführung einer Wahl veranlaßt ist, durch die bisherige Verwaltung dieser Ortschaften, gegebenenfalls durch die Ortsversammlung die Anzahl der zu wählenden Ausschußmitglieder (zwei oder drei ohne den Pfleger) bestimmen zu lassen und weiter die Termine für ihre Wahl festzusetzen.

Auf die Wahl finden die Vorschriften für die Gemeinde-, Bezirks- und Kreiswahlen mit folgender Abweichung Anwendung:

1. Das Bezirksamt bestimmt einen Wahlkommissär und einen Vertreter hierfür.

2. Der Wahlausschuß hat mindestens 3 Mitglieder zu zählen.

3. Wenn die Wählerliste für die Gemeindewahl nach Ortschaften getrennt angelegt war und die Wahl der Ortschaftsvertretung vor dem 1. Oktober erfolgt, kann die Wählerliste auch für diese Wahl verwendet werden. Wer nach dem 15. Juni noch wahlberechtigt geworden ist, kann gemäß § 17 der Wahlordnung zur Wahl zugelassen werden.

4. Für die Wahlvorschläge gelten folgende Besonderheiten;

a) Für Wahlvorschläge in Ortschaften mit weniger als 50 Einwohnern genügen drei, mit 50 bis 100 Einwohnern fünf Unterschriften;

b) Die Zahl der zu wählenden Ausschußmitglieder ist spätestens eine Woche vor dem Wahltage vom Wahlkommissar in ortsüblicher Weise bekannt zu geben;

c) Die Wahlvorschläge sind spätestens am fünften Tage vor dem Wahltage beim Wahlkommissär einzureichen;

d) Etwaige Mängel der Wahlvorschläge müssen spätestens am vierten Tage vor dem Wahltage behoben sein;

e) Der Wahlausschuß entscheidet am dritten Tage vor dem Wahltage über die Zulassung und die Gültigkeit der Wahlvorschläge. Am gleichen Tage sind die gültigen Wahlvorschläge in ortsüblicher Weise bekannt zu geben.

5. Der Pfleger und die Ausschußmitglieder werden auf einem Stimmzettel gewählt. Dieser ist durch einen Querstrich in zwei Hälften zu teilen, wovon die obere zur Wahl des Pflegers, die untere zur Wahl der Ausschußmitglieder dient.

6. Die Dauer der Wahl bestimmt der Wahlausschuß spätestens am dritten Tage vor dem Wahltage, gegebenenfalls bei der Beschlußfassung nach Ziffer 4e. Die Wahl hat mindestens eine Stunde zu dauern, wenn nicht nach der Zahl der Wähler oder nach den Ortsverhältnissen eine längere Dauer für notwendig erachtet wird. Die Wahldauer ist in ortsüblicher Weise bekannt zu geben. (Siehe § 32 der Wahlordnung). Sobald sämtliche Stimmberechtigte abgestimmt haben, kann die Wahl geschlossen werden.

7. Für die Wahl des Pflegers und die Feststellung des Wahlergebnisses für diesen gelten die Bestimmungen über die Wahl des Bürgermeisters.

8. Über die Wahlhandlung ist unter Benutzung der Muster für die Gemeindewahl eine Niederschrift aufzunehmen und mit den übrigen Wahlverhandlungen dem Bezirksamt vorzulegen.

II. Wenn in einer Ortschaft nicht wenigstens drei wählbare Ortseinwohner vorhanden sind oder wenn keine Wahl zustande kommt, kann die vorgesetzte Behörde nach Art. 28 Ziff. 1 Abs. 6 des Selbstverwaltungsgesetzes die Anordnungen über die Verwaltung und Vertretung der Ortschaft treffen und diese auch dem Gemeinderat übertragen.

Bamberg, den 2. Juli 1919.

Endres.

F. Kommunal- und Lieferungsverband.[1])

GVBl. S. 320, StA. Nr. 157 vom 26. Juni 1919.

Staatsministerium des Äußern, der Justiz, des Innern, für Unterricht und Kultus, der Finanzen, für Verkehrsangelegenheiten, für Soziale Fürsorge, für Landwirtschaft, für Handel, Industrie und Gewerbe und für militärische Angelegenheiten.

Verordnung
über die Kommunalverbände.

Auf Grund der Reichsgetreideordnung und der sonstigen reichsrechtlichen Versorgungsvorschriften wird verordnet, was folgt:

Art. 1. I Als Kommunalverbände, die zur Durchführung der Volksernährung berufen sind, sind anzusehen:

a) die Bezirke unter Ausscheidung der unter c genannten Städte,
b) die unmittelbaren Städte,
c) die Städte Frankenthal, Kaiserslautern, Ludwigshafen a. Rh., Neustadt a. H., Pirmasens, Speyer, St. Ingbert, Zweibrücken und Selb.

II Zuteilungen und Abtrennungen einzelner Gemeinden oder Gemeindeteile bleiben in Kraft und können durch Ministerialentschließung verfügt werden.

Art. 2. I Den Kommunalverbänden, deren Bereich sich nicht mit dem Bereich eines Bezirkes oder einer Stadt deckt, wird die Rechtsfähigkeit verliehen.

II Die Kommunalverbände haben das Recht der Selbstverwaltung, soweit dieses nicht ausdrücklich eingeschränkt ist.

Art. 3. In den Kommunalverbänden, deren Bereich mit dem Bereich eines Bezirkes oder einer Stadt nicht übereinstimmt, sind zur Aufbringung des Bedarfs des Kommunalverbandes vorbehaltlich anderer Vereinbarungen die Gemeinden, die ganz oder teilweise zum Kommunalverband gehören, nach dem Verhältnis der Bevölkerungszahl verpflichtet. Hierbei ist die Bevölkerungszahl der in den Kommunalverband einbezogenen Gemeinden und Gemeindeteile nach der letzten allgemeinen Volkszählung maßgebend; Bevölkerungsklassen, die vom Kommunalverband nicht oder nur teilweise zu versorgen sind (Heeresangehörige, Fremde usw.), werden mitgezählt. Der gleiche Maßstab gilt mangels anderer Vereinbarung auch für die Verteilung der Überschüsse auf die Bestandteile des Kommunalverbandes.

---

[1]) Über das Verhältnis des Kommunalverbandes zum Bezirk, Entsch. d. Staatsmin. f. Landw. v. 11. Dez. 1919 Nr. 6406 b 92: In vielen Fällen verschiedene Rechtspersönlichkeit, Kommunal-Verbandsausschuß kein Sonderausschuß des Bezirks, Sitzungen nicht notwendig öffentlich.

Art. 4. I Vorstand des Kommunalverbandes ist in ländlichen Kommunalverbänden (Art. 1 Abs. I Buchst. a) der Vorstand des Bezirksamtes, in städtischen Kommunalverbänden (Art. 1 Abs. I Buchst. b und c) der erste Bürgermeister.

II Stellvertreter des Vorstandes des Kommunalverbandes ist der Stellvertreter des Vorstandes des Bezirksamtes oder des ersten Bürgermeisters.

III Abtrennungen oder Zuteilungen von Gemeinden oder Gemeindeteilen (Art. 1 Abs. II) werden hierbei nicht berücksichtigt.

Art. 5. I Für jeden Kommunalverband wird ein Kommunalverbandsausschuß gebildet.

II In ländlichen Kommunalverbänden besteht der Kommunalverbandsausschuß aus

1. dem Vorstand des Kommnnalverbandes oder seinem Vertreter als Vorsitzenden,
2. einem Vertreter der Erzeuger,
3. einem Vertreter der Verbaucher,
4. einem Vertreter der Handel- und Gewerbetreibenden,
5. zwei oder drei weiteren Beisitzern.

Der Bezirkstag wählt die unter 2 bis 5 genannten Mitglieder nebst je zwei Ersatzleuten tunlichst aus seiner Mitte. Angehörige der Gemeinden, die aus dem Kommunalverband ihres Bezirkes ausgeschieden sind (Art. 1 Abs. I Buchst. c, Abs. II), können nicht in den Kommunalverbandsausschuß gewählt werden. Im übrigen werden Abtrennungen und Zuteilungen (Art. 1 Abs. II) nicht berücksichtigt. Personen, welche das 25. Lebensjahr nicht vollendet haben oder die bürgerlichen Ehrenrechte nicht besitzen, sind nicht wählbar.

III In städtischen Kommunalverbänden gilt als Kommunalverbandsausschuß der Stadtrat. Dieser kann jedoch als Kommunalverbandsausschuß einen besonderen Ausschuß nach Art. 106 der rechtsrheinischen und Art. 67 der pfälzischen Gemeindeordnung bestellen.

IV Die mit der Bearbeitung der Kommunalverbandsangelegenheiten betrauten Personen können, soweit sie nicht Mitglieder des Ausschusses sind, vom Vorsitzenden zu den Sitzungen des Kommunalverbandsausschusses mit beratende Stimme zugezogen werden. Der Kommunalverbandsausschuß kann zur Beratung bestimmter Angelegenheiten Sachverständige mit beratender Stimme beiziehen.

V Die Beschlüsse werden mit Stimmenmehrheit gefaßt: bei Stimmengleichheit entscheidet der Vorsitzende. Zur Beschlußfähigkeit ist die Anwesenheit von mehr als der Hälfte der Ausschußmitglieder erforderlich.

VI Über die Beschlüsse des Ausschusses ist von einem Schriftführer, den der Vorstand des Kommunalverbandes beruft, eine Niederschrift zu führen, die vom Vorsitzenden und vom Schriftführer zu unterzeichen ist. Die Beschlüsse des Ausschusses werden durch die Niederschrift beurkundet.

Art. 6. I Der Kommunalverbandsausschuß beschließt

a) über die Aufstellung und Entlassung der Kommissionäre, Geschäftsführer und sonstigen Angestellten des Kommunlverbandes sowie über das Dienstverhältnis mit ihnen,
b) über die Aufbringung des Geldbedarfs, über die Verteilung des ungedeckten Bedarfs auf die zum Kommunalverband gehörigen Gemeinden (Art. 3), über die Verwaltung des Vermögens und über die Verwendung von Überschüssen,

c) über die Art der Verteilung der dem Kommunalverband zustehenden oder zugewiesenen Lebensmittel,
d) über die Beteiligung der Handel- und Gewerbetreibenden, der Genossenschaften und der sonstigen Vereinigungen an der Erfassung, Übernahme und Verteilung der Lebensmittel,
e) über die Maßnahmen zur Überwachung des Lebensmittelverkehrs und zur Bekämpfung des Schleichhandels,
f) über Beschwerden in Lebensmittelangelegenheiten gegen Verfügungen des Vorstandes des Kommunalverbandes,
g) über den Zusammenschluß mit anderen Kommunalverbänden zur Besorgung gemeinsamer Angelegenheiten und die Abordnung von Vertretern hierzu,
h) über die Prüfung und Anerkennung der Rechnungen des Kommunalverbandes und über die Beanstandungen der Rechnungen durch die Rechnungsprüfer oder die Kommunalverbandsangehörigen,
i) über alle sonstigen grundsätzlichen und wichtigen Angelegenheiten des Kommunalverbandes.

II Für die Aufbringung der auf die Gemeinden ausgeschlagenen Bedarfsanteile (Art. 3) sind die Vorschriften der Gemeindeordnungen und des Umlagengesetzes maßgebend.

III Der Kommunalverbandsausschuß ist an die Vorschriften der zuständigen Reichs- und Staatsbehörden gebunden.

Art. 7. I Der Vorstand des Kommunalverbandes erledigt alle Geschäfte des Kommunalverbandes, die nicht nach Art. 6 dem Kommunalverbandsausschuß vorbehalten sind. Er vertritt den Kommunalverband nach außen, jedoch unbeschadet seiner Verpflichtung, in den in Art 6 aufgeführten Fällen die Beschlußfassung des Ausschusses herbeizuführen.

II In dringenden Fällen ist der Vorstand des Kommunalverbandes befugt, auch in den in Art. 6 bezeichneten Angelegenheiten selbständig die unverschieblichen Anordnungen zu treffen; er hat jedoch dem Ausschuß bei seinem nächsten Zusammentritt hiervon Mitteilung zu machen.

III Der Kommunalverbandsausschuß kann dem Vorstand in jederzeit widerruflicher Weise weitere Befugnisse übertragen.

Art. 8. I Die Jahresrechnung ist nach Abschluß zwei Wochen lang öffentlich zur Einsicht aufzulegen. Außerdem ist ein Auszug, der einen Überblick über die finanzielle Geschäftsführung des Kommunalverbandes ermöglichen muß, im Amtsblatt zu veröffentlichen.

II Nach Ablauf der Auflagefrist entscheidet der Kommunalverbandsausschuß über die erhobenen Einwendungen.

Art. 9. I Die Regierungen, Kammern des Innern, beaufsichtigen die Kommunalverbände. Außerdem sind die Verwaltungsabteilungen der Landeslebensmittelstellen für ihren Geschäftsbereich zur Beaufsichtigung der Kommunalverbände berechtigt und verpflichtet.

II Das Staatsministerium für Landwirtschaft führt die Oberaufsicht über die Kommunalverbände.

III Die Kommunalverbände haben den Aufsichtsbehörden jede Auskunft zu erteilen und die Einsicht in die Bücher, Akten und Geschäftspapiere zu gestatten. Die Aufsichtsbehörden können gesetzwidrige Beschlüsse aufheben und die Erfüllung der gesetzlichen oder übernommenen Verpflichtungen erzwingen.

IV Die Kosten der Aufsicht können den Kommunalverbänden auferlegt werden.

Art. 10. I Alle Verhandlungen und Entscheidungen der Kommunalverbände und ihrer Aufsichtsbehörden sind gebührenfrei.

II Bei der Erteilung von Genehmigungen können die Kommunalverbände, soweit die bisher schon üblich war, mäßige Beiträge zur Deckung ihrer Kosten erheben.

Art. 11. Die Staatsministerien des Innern und für Landwirtschaft erlassen die zum Vollzuge dieser Verordnung etwa erforderlichen Vorschriften.

Art. 12. I Diese Verordnung tritt mit der Verkündung in Kraft.

II Umfaßt ein Bezirksamt bis zum 1. Januar 1920 mehrere Distrikte, so bilden diese zusammen auch schon vor dem 1. Januar 1920 einen Kommunalverband. Für diese Distrikte gelten Art. 3 und Art. 6 Abs. III entsprechend.

Bamberg, den 24. Juni 1919.

Hoffmann. Dr. Müller. Endres. Speck. Frauendorfer. Segitz. Freyberg. Hamm. Schneppenhorst.

StA. Nr. 164 v. 4. Juli 1919.

Staatsministerien des Innern und für Landwirtschaft.

An die Landeslebensmittelstellen, die Regierungen, Kammern des Innern und die Kommunalverbände.

Bekanntmachung
über die Kommunalverbände.

Zum Vollzug der Verordnung vom 24. Juni 1919 über die Kommunalverbände (GVBl. S. 320) wird folgendes bestimmt:

Zur Einleitung: Die Verordnung soll sich auf das ganze Tätigkeitsgebiet der Kommunalverbände, nicht bloß auf die Aufgaben beim Vollzug der Reichsgetreideordnung beziehen.

Zu Art. 1: Der bestehende Rechtszustand soll aufrecht erhalten bleiben.

Zu Art. 2 Absatz I: Die Kommunalverbände, deren Bereich sich mit dem Bereich eines Bezirkes oder einer Stadt deckt, besitzt die Rechtsfähigkeit schon als Bezirk oder Stadt. Daß sie in Art. 2 Abs. I nicht nochmals aufgeführt sind, soll zum Ausdruck bringen, daß bei ihnen die Rechtspersönlichkeit des Kommunalverbandes von der Rechtspersönlichkeit des Bezirkes oder von der Stadt nicht verschieden ist, daß also nicht zwei juristische Personen nebeneinander bestehen.

Zu Art. 2 Absatz II: Das Recht der Selbstverwaltung ist allgemein durch die Verordnung über die Kommunalverbände und durch sonstige organisatorische Vorschriften, in zahlreichen Einzelbeziehungen durch die Reichs- und landesrechtlichen Vorschriften über die Bewirtschaftung der verschiedenen Bedarfsgegenstände eingeschränkt.

Zu Art. 3: Die Aufbringung des Bedarfs eines Kommunalverbandes, dessen Bereich sich mit dem Bereich eines Bezirks oder einer Stadt deckt, braucht nicht besonders geregelt zu werden; denn der Bedarf eines solchen

Kommunalverbandes ist nichts anderes als ein Teil des Bedarfs des Bezirks oder der Stadt und ist ebenso wie der übrige Bedarf des Bezirks oder der Stadt aufzubringen. Dagegen ist eine Regelung für solche Kommunalverbände notwendig, deren Bereich nicht mit dem Bereich eines Bezirks oder einer Stadt zusammenfällt. Hier sollen in erster Linie die getroffenen Vereinbarungen maßgebend sein; erst in zweiter Linie soll die Regelung des Art. 3 eintreten.

Zu Art. 4: Art. 4 bringt eine Abweichung von dem neuen Bezirksrecht. Der Vorstand des Bezirksamts ist in allen Fällen gesetzlicher Vorstand des Kommunalverbandes. Der Bezirkstag kann hieran nichts ändern.

Absatz 3 soll ausdrücken, daß die Zuteilung der Gemeinde eines anderen Bezirks zu dem Kommunalverbande dem Vorstande des anderen Bezirks kein Recht auf Mitwirkung bei den Vorstandsgeschäften des Kommunalverbandes gewährt.

Zu Art. 5 Abs. I: Der neue Kommunalverbandsausschuß unterscheidet sich wesentlich von dem bisherigen Kommunalverbandsausschusse. Dieser hatte lediglich begutachtende Aufgaben, während die Beschlußfassung in wichtigeren, insbesondere vermögensrechtlichen Angelegenheiten, dem Distriktsausschuß zustand. Der neue Kommunalverbandsausschuß übernimmt die Aufgaben sowohl des alten Kommunalverbandsausschusses als auch des Distriktsausschusses, die noch wesentlich erweitert sind.

Zu Art. 5 Abs. II: Die Zusammensetzung der ländlichen Kommunalverbandsausschüsse ist so geregelt, daß die wichtigsten Bevölkerungsgruppen in ihm vertreten sind. Es ist daher vorgesehen, daß, abgesehen von dem Vorstande des Kommunalverbandes, je ein Vertreter der Erzeuger, der Verbraucher und der Handel- und Gewerbetreibenden dem Ausschusse angehören müssen. Außerdem sollen noch zwei oder drei weitere Beisitzer Mitglieder des Ausschusses sein. Für diese ist nicht vorgesehen, welcher Personengruppe sie angehören sollen. Diese Regelung wurde deswegen getroffen, damit in Kommunalverbänden mit überwiegend landwirtschaftlicher Bevölkerung, den Vertretern der Erzeuger, in Kommunalverbänden mit starker Arbeiterbevölkerung den Vertretern der Verbraucher mehr Sitze zugestanden werden können.

Die Ersatzleute für die Beisitzer (Abs. II Nr. 5) sollen aus der Personengruppe entnommen sein, welcher der Beisitzer selbst angehört. Die Ersatzleute sind daher für jeden einzelnen Beisitzer besonders zu bestimmen.

Die Mitglieder und die Ersatzleute für den Kommunalverbandsausschuß sind vom Bezirkstag bei seinem ersten Zusammentritt zu wählen.

Zu Art. 5 Abs. IV: Absatz IV soll es insbesondere ermöglichen, daß die mit der Bearbeitung von Kommunalverbandsangelegenheiten betrauten Assessoren, Akzessisten, Sekretäre usw. im Kommunalverbandsausschuß selbst Vortrag erstatten können. Dasselbe gilt für die Geschäftsführer in kaufmännischen Angelegenheiten.

Zu Art. 5 Abs. VI: Der Schriftführer ist nicht Mitglied des Ausschusses und hat als solcher daher weder entscheidende noch beratende Stimme. Der Vorstand kann jedoch auch ein Mitglied des Kommunalverbandsausschusses mit der Besorgung der Geschäfte des Schriftführers betrauen.

Zu Art. 6 Abs. I: Bei der Beschlußfassung ist der Kommunalverbandsausschuß an die Vorschriften der zuständigen Reichs- und Staatsbehörden gebunden (Abs. III). Die Art der Verteilung der Lebensmittel (Buchstabe c) kann daher nur innerhalb des Rahmens dieser Vorschriften geregelt werden. Die Bestimmung in Buchstabe f soll einerseits der Herstellung eines möglichst engen Verhältnisses zwischen Bevölkerung und Kommunalverband dienen, anderseits die Regierungen von Beschwerden entlasten. Buchstabe i soll zum Ausdruck bringen, daß die Aufzählung der Aufgaben des Ausschusses nicht erschöpfend ist.

Zu Art. 7 Abs. I: Zur Beschleunigung und Erleichterung des Geschäftsverkehrs mit dem Kommunalverbande ist vorgesehen, daß jemand, der Geschäfte mit dem Kommunalverband abschließt, lediglich mit dem Vorstande des Kommunalverbandes zu verhandeln und sich nicht darum zu kümmern braucht, ob ein Beschluß des Kommunalverbandsausschusses vorliegt. Die Notwendigkeit der Beschlußfassung des Ausschusses hat lediglich die Bedeutung einer Dienstanweisung an den Vorsitzenden, daß er in den dem Ausschuß vorbehaltenen Fällen nicht selbständig verfügen darf. Verfügt er gleichwohl selbständig, so ist die Verfügung für den Kommunalverband bindend, der Vorstand aber haftbar.

Zu Art. 9 Abs. IV: Grundsätzlich sind von den Kommunalverbänden die Kosten der kaufmännischen Büchersachverständigen einzufordern, nicht aber die Tagegelder und Reisekosten staatlicher Beamter.

Zu Art. 10 Abs. II: Die Übung, von der in Abs. II die Rede ist, muß eiue sachliche, nicht eine örtliche sein. Es ist daher die Erhebung von Beiträgen für die Ausstellung der Schlachtscheine in ganz Bayern zulässig, nicht aber z. B. für die Ausstellung der Mahlscheine, auch wenn letztere entgegen den bisherigen Vorschriften noch in einem Kommunalverbande üblich gewesen sein sollten.

Bamberg, den 30. Juni 1919. Freyberg. Endres.

StA. Nr. 160 v. 29. Juni 1919.

Staatsministerium des Innern.

An die Distriktsverwaltungsbehörden und die Regierungen, Kammern des Innern.

Bekanntmachung,

betreffend Familienunterstützung.

Die Verpflichtung zur Gewährung der Familienunterstützung obliegt nach § 3 des Reichsgesetzes über die Unterstützung von Familien zum Dienst eingezogener Mannschaften vom 28. Februar 1888 und 4. August 1914 (RGBl. S. 59 und 332) den nach § 17 des Gesetzes über Kriegsleistungen vom 13. Juni 1873 gebildeten Lieferungsverbänden. In Ziff. 1 der Vollzugsanweisung vom 13. August 1914 („Bayer. Staatsanzeiger" Nr. 190b, Kriegsbeilage zu MABl. S. 93) sind als Lieferungsverbände in diesem Sinne die Distrikte und kreisunmittelbaren Städte bestimmt. Durch das Gesetz über die Selbstverwaltung vom 22. Mai 1919 (GVBl. S. 239) wurde an der Sache selbst nichts geändert. Formell treten aber an die Stelle der Distrikte nunmehr die Bezirke und als Kommissionen der Lieferungsverbände an die Stelle der Distriktsratsausschüsse und unmittelbaren Stadtmagistrate nunmehr die Bezirksausschüsse und unmittelbaren Stadträte. Wie bisher die Distriktsratsausschüsse und Stadtmagistrate, so sind künftig die Bezirksausschüsse und Stadträte befugt, für die Bescheidung der Unterstützungsgesuche Sonderausschüsse oder Ausschüsse nach Art. 106 GemO. zu bilden.

In den Bezirkslieferungsverbänden obliegt die Vorbereitung der Unterstützungsanträge und die Ausführung der Ausschußbeschlüsse auch weiterhin den Bezirksämtern.

München, den 25. Juni 1919. Endres.

G. Bezirkstag u. Kreistag.

A. Min.-Entschließung vom 1. Sept. 1919 Nr. 3002 d 156 an die Bezirksämter rechts des Rheins.

Betreff: Vollzug des Selbstverwaltungs-Gesetzes.

1. Der Haushaltsvoranschlag der Bezirke auf das Jahr 1920 soll möglichst bis Ende Oktober d. Js. aufgestellt sein und durch die Bezirksämter den Regierungen, Kammern des Innern, in einer von den Bezirksämtern zu fertigenden Abschrift vorgelegt werden. Bei der Vorlage ist § 21 Abs. III der VA. zum SG. zu beachten. Die Regierungen können noch weitere Vorlagen anordnen.

2. Die Rechnungen der Bezirke auf das Jahr 1918 sollen bis zu dem gleichen Zeitpunkt ebenfalls durch die Bezirksämter den Regierungen vorgelegt werden, soweit nicht die Regierungen die Vorlage etwa erlassen.

Zurzeit schweben noch Verhandlungen über Bildung eines Prüfungsverbandes nach Art. 16 des SG. Sie werden voraussichtlich noch in diesem Jahre zum Abschlusse gelangen. Es wird aber kaum möglich sein, die Prüfung der Bezirksrechnungen bereits in diesem Jahre durchzuführen; in diesem Falle hat § 21 Abs. V der VA. zu SG. maßzugeben.

3. Bis auf weiteres haben die Bezirke bei allen Neu- oder Umbauten an Bezirksstraßen oder Brücken (Durchlässen) die Entwürfe vor der Ausführung der Regierung vorzulegen, wenn sie auf einen Zuschuß aus öffentlichen Mitteln zu den Kosten der Ausführung rechnen wollen. Es wird aber auch sonst den Bezirken nahegelegt, alle Entwürfe für Hoch- und Tiefbauten von größerer Bedeutung vorher der Regierung zur technischen Überprüfung einzusenden.

4. Das Wesen der Selbstverwaltung liegt in der Befreiung von der alten Staatskuratel und in der breiten Heranziehung des Volkes zur Entscheidung über die Bezirksangelegenheiten. Dabei soll in der Hauptsache keine Verschiebung und auch keine Vermehrung der Arbeit gegen früher eintreten. Es soll der Bezirk nicht etwa gezwungen werden, sich eine eigene Kanzlei oder eigene Beamte zu halten; vielmehr hat das Bezirksamt mit den bezirksamtlichen Beamten auch fernerhin die Arbeit zu leisten. Es soll insbesondere nicht zu einem förmlichen Schriftwechsel zwischen dem Bezirksausschuß und dem Bezirksamte kommen. Die Behandlung aller Angelegenheiten, auch der eigentlichen Bezirksangelegenheiten (Art. 22 SG.) bis zur Beschlußreife, deren Vortrag im Bezirksausschuß oder Bezirkstag und der weitere Vollzug des Beschlusses soll Sache des Bezirksamts bleiben, solange nicht der Bezirkstag ausdrücklich eine andere Regelung haben will (§ 22 Abs. II VA. z. SG.). Von diesem

Standpunkt aus werden sich eine Reihe von Zweifelsfragen lösen (z. B. Erledigung der Schreibgeschäfte, Unterstützung des Schriftführers bei Abfassung der Niederschriften und der Sitzungsbeschlüsse, Bereitstellung von Sitzungsräumen usw.). Es soll in Bezug auf Vorbereitung und Vollzug der Beschlüsse und auch sonst am bisherigen Verfahren möglichst wenig geändert werden; jedenfalls soll der Anstoß dazu niemals vom Bezirksamte ausgehen.

5. Wenn der Bezirk Unternehmungen bisher betrieben hat oder künftig betreiben will, die einen gewissen selbständigen Geschäftscharakter tragen, z. B. eine Jungviehweide, eine Fischanstalt, einen Obstgarten und ähnliches, so empfiehlt es sich, eigene kleinere Sonderausschüsse aufzustellen und zur Vertretung nach außen einen Geschäftsführer zu bevollmächtigen; als solcher kann auch der Bezirksamtmann selbst in Betracht kommen, wenn er bisher solche Unternehmen als Distriktsvorstand geleitet hat und Wert darauf legt, die Leitung zu behalten.

6. Die Aufsicht über Bezirksanstalten führt das Bezirksamt jetzt nur noch als Staatsverwaltungsbehörde und als Werkzeug der mit der Staatsaufsicht betrauten Stelle (Kreisregierung). In dieser Eigenschaft steht dem Bezirksamt auch fernerhin nicht nur das Recht, sondern auch die Pflicht zu, sich über den Zustand der Bezirksanstalten fortwährend auf dem Laufenden zu halten, also die Beaufsichtigung des Straßenwesens (Bezirkstechniker, Straßenwärterpersonal), ferner der Bezirkskranken- und Erziehungsanstalten usw. Wahrnehmungen wird das Bezirksamt in der Regel erst dann der Regierung unterbreiten, wenn das unmittelbare Benehmen mit der Bezirksverwaltung (Stellung geeigneter Anträge) zu keinem Erfolge geführt hat.

7. In der Staatsaufsicht der Regierung (Art. 13 Abs. I SG.) liegt auch das Recht, auf Beschwerde jeden Beschluß der Bezirksverwaltung auf förmliche und sachliche Gesetzmäßigkeit zu prüfen und bei Gesetzesverletzungen einzugreifen (Art. 13 Abs. II SG.). So hat z. B. der Bezirkstag die (förmliche) gesetzliche Pflicht, bei Vorausleistungen die Gemeinden vorerst zu hören, die (sachliche) gesetzliche Pflicht die Vorausleistungen gerecht zu verteilen. Verletzt er diese Pflicht, so kann von der benachteiligten Gemeinde die Regierung mittels Beschwerde angerufen werden; im Gegensatze zu Art. 163 der GemO. ist diese Beschwerde an keine Frist gebunden.

8. Der Vorsitzende des Bezirkstags und der Schriftführer müssen aus der Mitte des Bezirkstages gewählt werden. Das ist im Gesetze zwar nicht ausdrücklich gesagt, ergibt sich aber schon aus der in Art. 9 des Gesetzes unabänderlich festgelegten Anzahl der Mitglieder des Bezirkstags. Es ist das übrigens die Regel bei den Hauptverwaltungskörpern im Gegensatze zu den Ausschüssen, bei denen bisweilen auch Zuwahlen zulässig sind (vgl. z. B. Art. 106 Abs. I GemO. oder Art. 20 SG.). Nur aus diesem Grunde mußte in Art. 19, der von der Bildung des Kreis- und Bezirksausschusses handelt, die Vornahme der Wahl aus der Mitte des Verwaltungskörpers besonders zum Ausdrucke gebracht werden.

Der Bezirksamtmann kann also nur, wenn er Mitglied des Bezirkstags ist, zum Vorsitzenden gewählt werden. Das gleiche gilt auch hinsichtlich der Wahl des Schriftführers. Daneben kann allerdings ein Beamter aus der Bezirksamtskanzlei dem gewählten Schriftführer zur Erleichterung beigegeben werden; das wird sich in vielen Fällen sogar empfehlen und auch ermöglichen lassen.

Wo gegen diese Grundsätze bisher verstoßen wurde, hat die Richtigstellung alsbald zu geschehen.

9. Die Termine in Ziff. 1 u. 2 oben gelten entsprechend bis auf weiteres auch für die folgenden Jahre.

B. Durch eine gleichzeitig ergangene Entschließung vom 1. Sept. 1919 Nr. 3002 d 156 an die Regierungen, Kammern des Innern (mit Ausnahme der Pfalz), wurde bestimmt,

a) daß die Haushaltsvoranschläge der Kreise jährlich bis Ende November aufgestellt und noch vor Jahresschluß dem Staatsmin. des Innern mit gutachtlicher Äußerung (§ 21 Abs. 3 der VA. z. SG.) vorgelegt sein müssen,

b) daß die Ziffer 4—6 der vorhergehend unter Ziff. 1 abgedruckten MinE. vom 1. Sept. 1919 sinngemäß auch für das Verhältnis der Regierung zur Kreisverwaltung gelten solle.

3. MinE. vom 2. November 1919 Nr. 3515 a 14 an die Regierungen, Kammern des Innern (mit Ausnahme der Pfalz).

Betreff: Aufstellung der Kreisvoranschläge für das Jahr 1920.

Das Rechnungsjahr des Staatshaushalts läuft künftig vom 1. April bis 31. März (§ 78 der Bayer. Verfassungsurkunde). Wegen des engen Zusammenhanges des Kreishaushalts mit dem Staatshaushalte muß auch das Rechnungsjahr des Kreises der neuen Ordnung angepaßt werden.

Für den Staatshaushalt wird ein Nachtrag für das erste Vierteljahr 1920, welches dem Rechnungsjahr 1919 angeschlossen wird, nicht angefertigt, vielmehr wird auf Grund eines besonderen Gesetzes die Weiterführung des Staatshaushalts für den fraglichen Zeitraum ermöglicht werden. In entsprechend gleicher Weise ist auch für den Kreishaushalt zu verfahren.

Für das erste Vierteljahr 1920 können für den Kreis bestimmte Umlagen so wenig wie für den Staat bestimmte Steuern in Rechnung gestellt werden, weil bezüglich der Steuerveranlagung für diesen Zeitraum zurzeit noch nichts feststeht und deshalb zunächst Erhebungsgrundlagen für die Steuern und Kreisumlagen fehlen. Es wird daher nur erübrigen, durch den Kreistag die Fortführung der Kreishaushalts für das erste Vierteljahr 1920 auf Grund des Haushalts für 1919 beschließen zu lassen.

6. Das Selbstverwaltungsgesetz in der Pfalz.

Vorbemerkung.

1. Die französische Besatzungsgewalt hatte weder das Wahlgesetz vom 15. April 1919 für die Gemeinde-, Bezirks- und Kreiswahlen, noch das Selbstverwaltungsgesetz vom 22. Mai 1919 für das Gebiet der Pfalz anerkannt. Die Wahlen für die Vertretungen der Gemeinden, Bezirke und Kreise konnten infolgedessen in der Pfalz auch nicht stattfinden. Am 28. September 1919 genehmigte der Kommandierende General der 8. Armee den Vollzug der beiden Gesetze.

Die Staatsregierung hat in engster Fühlung mit der pfälzischen Volksvertretung davon abgesehen, die Gemeindewahlen noch am Ende des Jahres 1919 abhalten zu lassen. Da die laufende Wahlzeit für die Gemeindevertretungen in der Pfalz am 31. Dezember 1919 zu Ende ging, die laufende Wahlzeit der Distrikts- und Kreisvertretung nach dem Gesetze vom 24. Dezember 1917 (GVBl. S. 609) und durch die Ministerialbekanntmachung vom 18. September 1918 (GVBl. S. 778) ebenfalls nur bis 31 Dezember 1919 hatte verlängert werden können, so mußte bis zum Zusammentritte der neuen Vertretungen für die Zeit nach dem 1. Januar 1920 ein anderer Ausweg getroffen werden. Eine Verlängerung der Wahlzeiten kam nicht mehr in Frage, da die alten Gesetze in dieser Beziehung durch das Selbstverwaltungsgesetz bereits außer Kraft getreten waren. Es wurde hier im Grundsatze die gleiche Regelung getroffen, wie sie für das rechtsrheinische Bayern nach Art. 33 Abs. II des SG. für die Zeit bis zum Zusammentritte der neu gewählten Vertretungen vorgesehen war, aber mit dem Unterschiede, daß mit Rücksicht auf die Haushaltsberatungen die Geschäfte des Bezirkstags und des Kreistags nicht den Ausschüssen der bisherigen Vertretungen, sondern den Distriktsräten und dem Landrate selbst übertragen wurden.

2. Die 8 Städte der Pfalz mit mehr als 10000 Einwohnern, nämlich
Ludwigshafen, Kaiserslautern, Pirmasens, Speyer, Neustadt a. H., Frankenthal, St. Ingbert und Zweibrücken,
waren bereits durch eine Notverordnung vom 7. Dezember 1918 (GVBl. S. 1252) ab 1. Januar 1919 auf die Dauer der feindlichen Besatzung für kreisunmittelbar erklärt und im Bezirksverbande belassen worden (vgl. oben S. 67, Art. 17 Ziff. 1 der Erl.). Diese als Gesetz zu betrachtende, später auch in das Verzeichnis der Notgesetze (GVBl. 1919 S. 402) aufgenommene Verordnung war von der französischen Besatzungsgewalt ebenfalls nicht anerkannt und infolgedessen auch nicht in Vollzug gesetzt worden. Auf Grund des Art. 17 des SG. wurden nunmehr nach Anerkennung des SG. durch die französische Besatzungsgewalt die oben aufgezählten 8 Städte mit Wirkung vom 1. März 1920 endgültig der unmittelbaren Aufsicht der Kreisregierung unterstellt, vorläufig aber im Bezirksverbande belassen. (MinBek. vom 18. Dezember 1919, GVBl. Nr. 83 S. 838, StA. Nr. 310 vom 24. Dezember 1919). Das Verbleiben der Städte im Bezirksverbande würde beim Vollzuge des Art. 23

des SG. nunmehr eine doppelte Zuständigkeit für die Behandlung der dort aufgezählten Angelegenheiten ergeben, diese Bestimmung mußte also für die Pfalz wieder außer Kraft gesetzt werden, jedoch in der Weise, daß das Staatsministerium es in der Hand hat, die Geltung zu einem geeigneten Zeitpunkte wieder eintreten zu lassen. In ähnlicher Weise mußte auch mit Art. 11 des SG. um deswillen verfahren werden, weil die neue Unmittelbarkeit der größeren Städte in der Pfalz voraussichtlich nicht ohne Rückwirkung auf die Einteilung der Bezirksämter sein wird und es sich empfiehlt, diese Entwicklung noch vorher abzuwarten, ehe sich die mehreren Distrikte eines Bezirksamtes verschmelzen.

3. Auf die Geschäftsführung der pfälzischen Städte hat die pfälzische Gemeindeordnung Anwendung zu finden; da diese die Senatsbildung nicht kennt, so mußte diese Möglichkeit für die Pfalz ausdrücklich auf gesetzlichem Wege vorgesehen werden.

Die oben unter Ziff. 2 erwähnte Notverordnung vom 7. Dezember 1918 hatte den neuen unmittelbaren Städten mit mehr als 20000 Einwohnern freigestellt, die nach Art. 55 pfälz. GemO. bestimmte Anzahl der Gemeinderäte bis zu 30 Mitgliedern durch Zuwahl zu verstärken. Hievon wurde aber beim Entwurfe des Gesetzes wieder abgesehen.

Nach diesen Gesichtspunkten bestimmte sich der Gesetzentwurf über die Geltung des Selbstverwaltungsgesetzes in der Pfalz, den das Staatsministerium des Innern dem Landtag am 9. Dezember 1919 zugehen ließ. Dieser Entwurf (abgedruckt in Beil. 659 der Drucksachen des Bayer. Landtags, Tagung 1919/20) ist mit einem von der Staatsregierung selbst beantragten Zusatz (Art. 3 Abs. 2) durch den Beschluß des Landtags vom 19. Dezember 1919 (Beilage 757) zum Gesetze vom 20. Dezember 1919 (GVBl. Nr. 83 S. 833) erhoben worden. (Stenogr. Ber. II. Bd. N. 32 S. 109.)

Gesetz vom 20. Dezember 1919 (GVBl. S. 833) über die Geltung des Selbstverwaltungsgesetzes in der Pfalz.

Der Landtag des Freistaats Bayern hat folgendes Gesetz beschlossen:

Art. 1. I Bis zum Zusammentritte der auf Grund des Selbstverwaltungsgesetzes vom 22. Mai 1919 neu gewählten Vertretungen der Gemeinden, Bezirke und des Kreises versehen die in der Pfalz bestehenden Gemeinderäte die Geschäfte der Stadt- oder Gemeinderäte im Sinne des Selbstverwaltungsgesetzes. Die Adjunkten gelten als weitere Bürgermeister im Sinne des Selbstverwaltungsgesetzes.

II In Landau versieht bis dahin die Geschäfte des Stadtrats der Stadtmagistrat, soweit gesetzlich notwendig unter Mitwirkung des Gemeindekollegiums. Die Anzahl der Stadträte bestimmt der Stadtmagistrat allein ohne Mitwirkung des Gemeindekollegiums.

III Für die Wahl der ersten Bürgermeister gelten bis dahin die Bestimmungen der Gemeindeordnung.

IV Die Geschäfte des Bezirkstags und des Bezirksausschusses versieht bis dahin der jetzt bestehende und zuständige Distriktsrat und Distriktsausschuß, die des Kreistags und des Kreisausschusses der jetzt bestehende Landrat und Landratsausschuß. Im Falle dauernder Verhinderung von Ausschußmitgliedern wird der Ausschuß aus den Ersatzleuten ergänzt.

V **Auf Ersatzwahlen finden die bisherigen Vorschriften des Distrikts- rats- und des Landratsgesetzes Anwendung.**

Erläuterungen.

1. Die alten Vertretungen führen die Geschäfte fort, aber bereits mit den Rechten, die sich aus dem Selbstverwaltungsgesetze vom 22. Mai 1919 ergeben. Der Staatsminister des Innern gab in der Ausschußberatung des Gesetzes vom 20. Dezember 1919 am 16. Dezember 1919 folgende Erklärung ab:

   Die Bestimmungen in Abs. 4 des Art. 1 sind so gemeint, daß die alten Vertretungen bereits die Selbstverwaltungsrechte der neuen Körperschaften besitzen. Die Beschlüsse des Distriktsrats und auch die Beschlüsse des Landrats bedürfen also in der Pfalz keiner Genehmigung mehr. Der Distriktsrat und der Distriktsratsausschuß werden vom Vorstande des Bezirksamts einberufen, wie bisher, der Landrat und der Landratsausschuß von der Regierung, Kammer des Innern.

   Für die Gemeinden gelten infolgedessen ebenfalls bereits an Stelle der Art. 61—63 und Art. 91 pf. GemO. die Art. 14 und 15 des SG.
2. Nur die Stadt Landau hat auf Grund des pf. StVGes. vom 15. August 1908 vom 1. Januar 1910 ab die magistratische Verfassung angenommen und die Kreisunmittelbarkeit erlangt. Für sie wird der Art. 33 Abs. 2 des SG., der nur für die rechtsrheinischen Landesteile gilt, durch das Gesetz auch auf die Pfalz ausgedehnt. Die Festsetzung der Anzahl der Stadträte innerhalb der Grenzen des Art. 6 Abs. III Ziff. 3 ist auch hier dem Stadtmagistrat allein überlassen, weil die hier einschlägige rechtsrheinische Gemeindeordnung keinen Weg vorsieht, wie eine Meinungsverschiedenheit in dieser Beziehung zwischen Stadtmagistrat und Gemeindekollegium zu entscheiden wäre.
3. Die Bestimmungen für die Wahl der ersten Bürgermeister sind aufrecht erhalten für den Fall, daß aus besonderen Gründen noch vor den allgemeinen Neuwahlen eine solche Wahl notwendig werden sollte. Sie soll aber in der Regel vermieden werden, auch wenn eine Erledigung noch vor den allgemeinen Neuwahlen eintritt.
4. Die Formen für die Geschäfte und Beschlüsse des Distriktsrats und des Distriktsratsausschusses bleiben die gleichen wie bisher, nur bedürfen die Beschlüsse des Distriktsrats keiner Genehmigung mehr durch die Regierung. Das gilt entsprechend auch für den Landrat und den (ständigen) Landratsausschuß. Über die Einberufung dieser Vertretungen siehe die Erklärung des Staatsministers oben bei Ziff. 1 der Erläuterungen.
5. Für die Bestimmungen über die Ersatzwahlen für unbedingt notwendig werdende Ergänzungen der alten Vertretungen waren die gleichen Erwägungen maßgebend wie in Ziff. 3 der Erläuterungen. Auch hier sollen Ersatzwahlen vor den allgemeinen Neuwahlen tunlichst vermieden werden.

Art. 2. **Den Zeitpunkt der Gemeinde-, Bezirks- und Kreiswahlen in der Pfalz bestimmt das Staatsministerium des Innern. Auf diese Wahlen finden das Wahlgesetz vom 15. April 1919, die Wahlordnung vom 15. April 1919 und die Vollzugsbekanntmachung vom 22. April 1919 zum Wahlgesetz Anwendung.**

Erläuterungen.

1. S. Ziff. 1 der Vorbemerkung zu diesem Abschnitte.

Art. 3. [I] Art. 11 und 23 des Selbstverwaltungsgesetzes werden in der Pfalz bis 31. März 1921 außer Wirksamkeit gesetzt. Nötigenfalls bestimmt das Staatsministerium des Innern innerhalb dieser Frist den Zeitpunkt, wann jeder dieser Artikel wieder in Kraft tritt.

[II] Nach Inkrafttreten des Art. 11 bilden die Bezirkstage der verbundenen Bezirke (Distrikte) den Bezirkstag des vereinigten Bezirkes.

Erläuterungen.

1. Wegen der Gründe, die dazu führten, die Art. 11 und 23 für die Pfalz vorläufig außer Wirksamkeit zu setzen, siehe die Vorbemerkung zu diesem Abschnitte Ziff. 2.
2. Abs. 2 soll verhindern, daß nach der Zusammenlegung der mehreren Distrikte eines Bezirksamts (Art. 11 SG.) eine Neuwahl für die Bezirksvertretung eintreten muß. Es ist möglich, daß die Anzahl der Bezirksvertreter, die sich hier nur nach Art. 9 SG. bestimmt, geringer ist, als nach Art. 11 Abs. 4 SG. Die Ergänzung hat erst bei den allgemeinen Neuwahlen einzutreten.

Art. 4. Auf die kreisunmittelbaren Städte der Pfalz findet Art. 102 Abs. 4 mit 6 der rrh. GemO. entsprechend Anwendung. An Stelle des Magistrats tritt der Gemeinderat.

Erläuterungen.

1. Siehe die Vorbemerkung zu diesem Abschnitte, Ziff. 3.
2. Die Höchstzahl der pfälzischen Gemeinderäte beträgt nach Art. 55 pf. GemO. nur 24. Die Städte werden also bis zu den Neuwahlen gezwungen sein, kleine Senate zu bilden und sich in der Regel mit der Mindestzahl von 5 (Art. 102 Abs. 5 rrh. GemO.) zu begnügen. Während alle übrigen Bestimmungen des Gesetzes vom 20. Dezember 1919 nur eine vorübergehende Bedeutung haben, soll Art. 4 eine Lücke der pfälz. Gemeindeordnung, den Mangel der Senatsbildung, ausfüllen und hat also auch noch Bedeutung nach den allgemeinen Neuwahlen. Nach diesem Zeitpunkte können die Städte wegen Art. 6 Abs. 3 SG. die Senate verstärken.
3. Die kreisunmittelbaren Städte der Pfalz bleiben sämtlich im Bezirks-(Distrikts-)Verbande. Hinsichtlich der Wahlen von Vertrauensmännern und Sachverständigen, die vom Distrikte vorgenommen werden, ist es auf die Dauer dieses Rechtszustandes so zu halten, wie es der jetzt aufgehobene Art. 3 des pfälzischen Städteverfassungsgesetzes vom 15. August 1908 und die zugehörigen Ziff. VI, VII und VIII der Vollzugsbekanntmachung vom 18. August 1908 bisher bestimmt haben. Die vom 1. März 1920 ab kreisunmittelbaren Städte haben nach Bedarf diese Wahlen seinerzeit vorzunehmen. Zum Landrate wählen diese Städte keinen Vertreter mehr, da das Landratsgesetz in dieser Beziehung bereits aufgehoben ist. (ME. vom 31. Dezember 1919 an die pfälz. Regg.)

Art. 5. Das Gesetz wird als dringlich bezeichnet und tritt mit seiner Verkündigung in Kraft.

Erläuterungen.

1. Der Art. 32 des SG. gilt auch für die berufsmäßigen besoldeten Mitglieder des Gemeinderats in der Pfalz, siehe § 32 VA. An Stelle des 1. Juli 1920 in Abs. 1 des Art. 32 wird nötigenfalls ein anderer Termin bestimmt werden müssen. Bei der Erlassung des Gesetzes vom 20. Dezember 1919 wurde absichtlich davon Umgang genommen.
2. Das Dienstesprovisorium im Sinne des Art. 74 Abs. 2 rrh. GemO. ist in der Pfalz nur in der Stadt Landau möglich, weil die pf. GemO. dieses Rechtsinstitut nicht kennt. In der Pfalz wird zu unterscheiden sein, ob der Dienstvertrag Versorgungsrechte einräumt oder nicht. Im ersteren Falle wird Ziff. 1 des Abs. 3 des Art. 32 zur Anwendung zu kommen haben. Im übrigen wird der letzte Satz der Ziff. 2 des Abs. 3 des Art. 32 entsprechend maßgebend sein.
3. Wegen der außer Kraft getretenen Bestimmungen der pf. GemO. siehe § 33 VA. Ziff. 2. Nun ist dort versehentlich der Art. 118 als aufgehoben bezeichnet. Er gilt aber nach Art. 3 Abs. 2 SG. noch. Ebenso gilt noch Art. 16a und b, soweit es sich um die Gebühr für die Teilnahme an den Gemeindenutzungen handelt.

Sachregister

zum SG. mit Erläuterungen.

Die Zahlen bedeuten die Seiten.

E.

F.

G.

H.

J.

K.

L.

M.

N.

O.

P.

R.

S.

T.

U.

V.

W.

Z.

FSC
www.fsc.org
MIX
Papier | Fördert
gute Waldnutzung
FSC® C083411

Kolibri 360 GmbH
Ferdinand-Jühlke-Straße 7
99095 Erfurt, Deutschland
produktsicherheit@kolibri360.de